배지윤의
아테나
유아교육과정
워크북
WORKBOOK

유아교육
총론편

이 책의 구성과 특징

이 책은 개정판 배지윤의 아테나 유아교육과정 총론편의 내용을 총 복습할 수 있도록 주요 개념과 내용을 빈칸으로 처리하여 수험생이 직접 답을 적을 수 있도록 구성한 복습용 확인문제집입니다.

총론편 이론서를 학습한 뒤 총 정리용 워크북으로 활용할 것을 권장합니다.

이렇게 활용해 보세요.

1 좌우 옆면에 있는 정답을 책 표지의 정답 가림판으로 가리고 문제를 풀어봅니다.

2 답을 적을 때는 적색 펜으로 적습니다.

3 제공되는 적색 체크시트를 문제 위에 덮으면 적색 펜으로 쓴 정답이 빈칸으로 보입니다.
이 상태에서 다시 문제를 풀면서 제대로 알고 있는지 확인합니다.

4 수록되어 있는 회독표를 활용하여 유아교육과정 총론편 이론 및 핵심 내용을 완벽하게
이해할 수 있습니다.

워크북 회독표를 활용한 4단계 학습법

단계	내용
4단계	적색시트로 가리고 읽기 **3**회
3단계	정답 확인하면서 읽기 **3**회
2단계	가림판으로 정답 가리고 정답 쓰기
1단계	정답 보면서 읽기 **3**회

차례

part 3 **상담심리학**

PART 1

유아교육 사상사 및 프로그램

1 철학과 교육

1 철학의 영역

(1) _____ : 진리의 본질을 탐구하는 것으로 사물의 본질을 이해하려는 시도이다.

(2) _____ : 지식의 구성, 즉 진리나 지식의 성질과 기원, 범위 등에 대해 연구하는 것으로, 지식은 불변하고 영원하며 보편적 진리가 존재한다는 _____적 절대주의와 보편적 진리는 없고 '인간은 만물의 척도'라고 생각하는 _____적 상대주의가 있다.

(3) _____ : 인간 삶의 영역에서 가치의 정의와 위계를 결정하는 철학이다.

2 전통 철학의 교육관

(1) _____ : 플라톤이 중심이 된 _____은/는 세상에 존재하는 진리의 근원이 관념에 있다는 입장이며, 형태가 변하거나 구성요소가 바뀌는 것은 진리라고 볼 수 없다.

(2) _____ : 실재주의는 아리스토텔레스가 주장한 철학으로, 진리가 존재하는 실재에 있다는 것을 강조한다.

(3) _____ : 17세기 영국에서 시작된 철학사조로, 인간의 인식은 감각적 경험에 근거해서만 성립한다는 것이다.

(4) _____ : 원래 타고난 것을 존중하자는 주의이다. 자연에는 아름다운 질서가 있으며, 이 질서에 따라 사는 것이 가장 올바르고 행복한 삶이다.

3 교육철학

(1) 교육 의미(기준 제시)의 분석(피터스 Peters)

① _____ : 교육목표와 관련된 것으로, 인간을 인간답게 해야 한다는 교육은 가치 지향성을 가져야 한다.

② _____ : 교육내용과 관련된 것으로, 지적 이해와 안목을 높일 수 있는 내용이 선정되어야 한다.

③ _____ : 교육방법과 관련된 것으로, 교육방법은 도덕적으로 온당해야 한다.

정답

(2) 교육철학의 기능

① ＿＿＿＿＿＿＿ : 교육 관련 이론 혹은 용어의 개념과 논리적 근거를 밝히는 것이다.

② ＿＿＿＿＿＿＿ : 교육 관련 상황에 대한 가치 판단의 평가 준거로 활용하는 것이다.

③ ＿＿＿＿＿＿＿ : 다양한 교육 문제나 문제 상황에 대해 다양한 사고의 관점을 제공하고 해결점과 제언을 준다.

④ ＿＿＿＿＿＿＿ : 교육에 관한 다양한 이론이나 관점을 한 가지 관점에 치우치지 않고 종합적으로 이해하게 한다.

(3) 현대 교육철학의 기초

① ＿＿＿＿＿＿＿ : 실용주의 철학에 근거를 둔 것으로, 경험중심, 생활중심, 능동적 아동관 등을 표방하며 교육을 통한 계속적인 성장을 교육목표로 설정했다.

② ＿＿＿＿＿＿＿ : 실재론과 관념론을 절충한 것으로, 세상에는 변하지 않는 기본적 질서가 있다고 보고 학교는 인류의 문화유산 중에서 가장 소중한 본질적인 사상과 핵심을 모든 학생에게 가르쳐야 한다고 보았다.

③ ＿＿＿＿＿＿＿ : 절대적·보편적 진리를 담고 있는 고전을 바탕으로 현대문화와 현대교육을 재건하고자 했다.

④ ＿＿＿＿＿＿＿ : 진보, 본질, 항존주의를 비판하면서 교육의 목적을 사회적 자아실현에 두고, 민주적 사회를 재건하고 현대문명의 위기를 극복하고자 했다.

4 아동관과 유아교육

(1) ＿＿＿＿＿＿＿ : 유아를 성인의 축소판으로 바라보는 관점으로, 유아와 성인은 능력과 역할에서 다르지 않고 신체적 크기만 다르다고 본다.

(2) ＿＿＿＿＿＿＿ : 로크(John Locke)가 주장한 것으로, 유아는 태어날 때 선하고 악한 존재가 아닌 무(無)의 백지 상태라는 것이다.

① ＿＿＿＿＿＿＿ : 유아의 정신은 주위 환경과의 영향에 의해 점차 채워져 인격이 형성된다는 것이다.

(3) ＿＿＿＿＿＿＿ : 인간의 성품은 본래부터 선한 것이라고 바라보는 관점이다.

정답

(2) ① 분석적 기능
② 평가적 기능
③ 사변적 기능
④ 종합적 기능

(3) ① 진보주의
② 본질주의
③ 항존주의
④ 재건주의

(1) 전성설

(2) 백지설
① 환경결정론

(3) 성선설

(4) 능동적 아동관

(5) 수직적 아동관

(6) 수평적 아동관

(7) 발달예정설

(8) 아동중심
　① ⓐ 준비도
　　ⓑ 자유선택
　　ⓒ 유아의 필요
　　ⓓ 놀이
　　ⓔ 스스로에 의한 발견

(4) _____ : 인격적 존재로서의 아동관으로, 유아는 흥미와 호기심을 바탕으로 스스로 발달할 수 있는 존재이며, 내적 흥미와 호기심은 외부와의 접촉을 통해 더욱 잘 발달하게 된다. 또한, 아동중심적 관점의 연장선상에서 나타난 아동관으로, 자기 발달의 권리를 가진 존재이자 인격체로서 유아의 가치를 인정하는 관점이다.

(5) _____ : 성인 지향적 아동관으로 성인은 유아의 보호자로서 돌보며 가르침을 제공해야 한다고 보는 입장이다.

(6) _____ : 유아를 능동적이고 적극적인 존재로 바라보며, 성인과 유아의 삶 자체가 질적으로 다르다는 관점이다.

(7) _____ : 유아의 능력은 시간에 따라 자연스럽게 펼쳐진다는 관점이다. 성숙주의에서는 태어날 때 가지고 태어난 내적 기제는 보편타당한 순서로 시간의 흐름에 따라 전개되며, 여기에는 결정적 시기와 개인차가 있다고 보았다.

(8) _____ : _____ 은/는 원(圓)의 중앙에 유아가 있다는 말로 유아가 중심 역할을 한다는 것을 의미한다. 또한, _____ 은/는 유아가 선택하고 추진하며 이의 책임이 유아에게 있음을 말한다.
　① 버만(Burman)의 정의
　　ⓐ _____ : 유아 내면의 동기, 흥미, 호기심이 시간의 흐름에 따라 준비되는 것을 말한다.
　　ⓑ _____ : 이것은 의사결정과 주도성, 흥미와 호기심의 표현 등을 내포한다. _____ 에는 환경적 제약과 타인의 존중이라는 제한점도 있다.
　　ⓒ _____ : 외적 필요는 부족에 대한 보충이고, 내적 필요는 내부의 발달이나 흥미에서 나온다.
　　ⓓ _____ : 피아제는 인지적 동화작용이라고 설명했고, 비고츠키는 사회적 상호작용의 장이라고 했다.
　　ⓔ _____ : 발견을 통해 유아는 스스로의 지식을 구성할 수 있다. 다양한 환경 속에서 차이를 발견하고 변화를 추구해야 한다.

2 고대의 유아교육

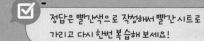

1 소크라테스(Socrates, B.C. 479~399)

(1) _____ : '덕은 지식이다'라고 주장하며 교육의 출발점으로 도덕적 삶을 강조했다.

(2) _____ 은/는 교사가 질문을 던짐으로써 학생으로 하여금 스스로 생각해 보고 진리를 탐색하게 하는 방법이다. 오늘날의 토의법, 질문법, 탐구학습 및 발견학습 등에 큰 영향을 미쳤다.

① _____ : 계속적인 질문을 통해 고정관념을 깨뜨리고 스스로의 무지를 깨우치게 하는 방법이다.

② _____ : 무지를 자각한 학생에게 다시 적절한 질문을 함으로써 스스로 진리에 도달하도록 유도하는 방법이다.

2 플라톤(Platon, B.C. 428~348)

(1) 이상주의자였던 플라톤은 궁극적 실재는 물질보다는 _____(으)로서만 이해 가능하고 표현 가능하다고 믿었다.

(2) 플라톤은 우리가 발견할 수 없는 ① ____, ② ____, ③ ____의 절대적 가치가 존재하며, 이것을 관념의 원리로 설명하고자 했다.

(3) 플라톤의 4육론은 ① _____, ② _____, ③ _____, ④ _____(이)다.

(4) _____(이)란 절대적인 존재로서 사람의 감각기관이나 경험을 초월하여 존재하는 것이며, 비공간적·무시간적이고, 변치 않는 어떤 것, 사고만이 접근할 수 있는 것이다.

(5) 『국가론』의 3계급론에서는 철학자인 ① ____ 계급, 용기와 인내심의 정신이 풍부한 ② ____ 계급, 사람의 행동에 감정이 지배되는 ③ ____ 계급으로 나누어진다.

(6) 철인 양성을 위한 교육 단계

① _____ (0~6세) : 가정교육의 단계로 신화와 동화, 서사가 주된 교육내용이 된다.

② 1도야기(7~14세) : 국가 주도의 학교에서 놀이, 유희, 음악, 체육, 문예 교육을 한다.

③ 2도야기(15~20세) : 1도야기 중 우수한 자를 선발하여 문법, 문학, 음악, 체육, 군사 훈련을 한다.

정답

(1) 지덕합일설

(2) 문답법
① 반문법
② 산파법

(1) 관념

(2) ① 선
② 미
③ 진

(3) ① 지육
② 덕육
③ 체육
④ 미육

(4) 이데아

(5) ① 통치
② 군인
③ 노동

(6) ① 무릎 학교기

(7) 플라톤 사상의 유아교육적 의미

① _____ 의 중요성 : 성인 행동 모방이 주된 교육방법이다.

② _____ 의 중요성 : 음악과 체육 중심의 유아교육 내용을 주장했다.

③ _____ 교육 : 체육과 음악은 상호 균형을 이뤄야 한다.

④ _____ 의 중요성 : 6세 유아들은 동화와 신화를 기반으로 한 _____ 이/가 중요하다.

⑤ 각 _____ 에 따라 교육내용을 달리해야 한다고 보았다.

3 아리스토텔레스(Aristoteles, B.C. 384~322)

(1) _____ : 외계는 정신 또는 관념의 그림자나 환상이 아니라 실제로 구체적으로 존재하는 것이라는 것으로 아리스토텔레스로부터 시작된 철학사조이다.

(2) _____ 중시 : 플라톤에게 _____ 은/는 일종의 장애물이며 믿을 수 없는 것인 반면, 아리스토텔레스에게 _____ 은/는 모든 지식의 기본이 된다.

(3) 아리스토텔레스의 삼육론

① _____ : 좋은 신체적 조건을 갖추어 신체로 하여금 영혼의 명령을 잘 수행하도록 한다.

② _____ : 이성보다 욕망이 더 먼저 나타나므로 이성보다 먼저 습관을 훈련해야 하며, 욕망의 만족이나 좌절에 따라 쾌락과 고통의 노예가 되는 일이 없어야 한다.

③ _____ : 이성은 인간을 인간답게 만들며, 인간을 신적인 경지로 끌어올리는 적극적인 활동도 한다.

(4) 교육의 기본 구조는 교육의 3체인 ① _____, ② _____, ③ _____ (이)며 인간은 이 세 가지 것들을 통해 선하고 귀하게 된다.

(5) 개인의 ① _____ 을/를 최고 목적으로 하는 개인의 완성을 위하는 것이 교육의 목적이라고 하면서 ② _____ 을/를 이용한 객관적이고 과학적인 방법과 경험적인 관찰과 탐구를 강조하였다.

3 중세의 유아교육

정답은 빨간색으로 작성해서 빨간 시트로 가리고 다시 한번 복습해 보세요!

1 중세의 아동관

(1) _____ : 본성적으로 악한 아동을 순종하고 복종하게 하기 위한 최적의 교육 방법은 신체적 처벌이라고 여겼다.

(2) _____ : 어린이의 복장은 어른들의 것과 동일하였고, 어릴 때 부터 어른의 활동에 참가해야 하는 등 아동기의 본성에 대한 성인들의 특별한 인식이 부족했으며 아동이라는 단어도 없었다.

2 중세 교육의 실제

(1) 서민계급이었던 신흥세력이 나타나 승려나 귀족계급과 맞서는 제3세력이 되었다. 신흥세력은 조합을 형성하여 라틴 중학교와 직업학교라는 _____을/를 만들어 교육하였다.

3 르네상스시대(14~15세기)

(1) 르네상스의 의미는 인간성 회복 운동으로 인간 본위의 인간 중심 문화를 이룩하려는 것이었으며, 인간의 선천적인 모든 능력을 최대한 발전시키고자 하는 _____을/를 발전시켰다.

4 종교개혁기(16~17세기)

(1) 교육의 ____ 책임론 : 교육운영의 주체를 교회가 아니라 ____ (으)로 봄으로써 교육의 ____ 책임론을 확립시켰다.

(2) _____ : 생산업에 종사하는 시민계급이 중심이 되어 이루어진 종교개혁은 일반인의 교양을 함양하고자 하는 _____을/를 낳았다.

(3) 종교개혁기의 유아교육 : _____ 의 관점에 근거하여 유아를 바라보던 관점과 달리 체벌 금지나 사랑으로 교육하기 등의 주장과 남녀평등 교육을 강조하기도 하였다.

정답

1
(1) 성악설
(2) 성인의 축소물(전성설)

2
(1) 조합학교

3
(1) 인문주의

4
(1) 국가
(2) 보통교육
(3) 성악설

실학주의와 유아교육

정답

(1) 실용적 지식

(2) 시청각 교수법

(3) ① 인문적 실학주의
  ② 사회적 실학주의
  ③ 감각적 실학주의

(1) 범지학

(2) 공립적 집단교육

(3) ① 지식
  ② 도덕성
  ③ 신앙
  ④ 조기교육
  ⑤ 부모교육

1 실학주의(17세기)

(1) 실학주의는 실용성과 실천성을 교육의 궁극적인 목표로 삼아 구체적 사물과   을/를 존중했다.

(2) 실학주의의 교육방법은 암기나 기억보다 이해와 감각 경험을 요구했고   을/를 중시했다.

(3) 실학주의의 유형

  ①   : 그리스와 로마의 고전을 연구하여 실생활에 사용하고자 했다.

  ②   : 사회생활의 경험을 중시하여 사교나 여행을 강조했다.

  ③   : 자연과학의 지식을 배워 인간생활을 향상시키고자 했고, 귀납적인 사고방법을 강조했다.

2 코메니우스(Johann Amos Comenius, 1592~1670)

(1)   : 범교육을 내포하는 것으로, '모든 사람에게 모든 것을 모든 방법으로' 라는 것이다. 사물의 지적 측면, 감각적 측면, 영적 측면을 하나의 전체로 파악하고자 했다.

(2) 자연과학과 리얼리즘의 사상을 도입한 교육론과   사상을 강조했다.

(3) 유아교육의 목적

  ①   교육 : 자연에서 나타나는 하나님의 활동을 이해하는 것이다.

  ②   교육 : 인간 상호관계의 조화를 추구하는 것이다.

  ③   교육 : 하나님과 인격적 관계를 형성하는 것이다.

  ④   의 강조 : 다 자란 다음에는 변화시킬 수 없는 것처럼 성인이 되면 이미 형성된 것을 버리거나 바꾸기 어렵다.

  ⑤   의 강조 : 유아의 습관 형성에 부모의 역할은 절대적이다.

(4) 『　　　　　　　　』(1632)에 나타난 교육사상

① 학교제도 : 연령과 발달에 맞는 　　　　　　　의 틀을 제시했다.

② 교육단계 : ⓐ 　　　　　　　　　　　　　, ⓑ 　　　　　　　　　　,
ⓒ 　　　　　　　　　　, ⓓ 　　　　　　　　　　

③ 　　　　　　 : 모든 아동은 학교에 다녀야 하고, 모든 아동은 모든 인간적인 것
으로부터 가르침을 받아야 한다. 또한, 모든 아동은 모든 덕행에서 겸손과 일치,
상호 섬김의 준비를 위해 교육되어야 한다.

(5) 『　　　　　　　　』(1633)에 나타난 유아교육 사상

① 6세 미만 유아를 위한 교육내용은 경건, 도덕, 　　　　　　　　　, 건강이다.

② 건전한 학습(sound learning)

ⓐ 　　　　　　　　　　　　　 : 유아의 주변에 있는 사물이나 사건을 생
활하는 동안 알게 하는 것이다.

ⓑ 　　　　　　　　　　 : 생활하는 중에 아는 것을 활용하여 활동
하는 것이다.

ⓒ 　　　　　　　　 : 하는 것마다 말로 표현하는 습관을 길러
주어야 한다.

③ 　　　　　 : 유아들이 늘 기쁜 마음을 갖도록 한다.

④ 　　　　　　　　　　의 활용 : 아기를 안았을 때 "저기 봐! 말이 있네, 새
가 있네, 고양이가 있네." 하며 사물을 보는 동시에 말을 해준다.

(6) 코메니우스의 교육방법

① 　　　　　　　　　　　 : 자연적 순서에 따라 교육과정이 진행된
다면 학습이 쉽게 될 것이다.

② 　　　　　　　　　　　　　　 : 실물을 통한 감각교육은 모든
교육의 기초이며 학습은 감각을 통해 가장 잘 성취된다.

③ 　　　　　　　　　　　 : 생활, 도덕, 신앙교육을 강조하고 교사는
모범을 보이며 연습과 훈련으로 훈육하되, 애정을 가지고 행해야 한다.

정답

(4) 대교수학
① 공교육
② ⓐ 어머니의 무릎 학교
ⓑ 모국어 학교
ⓒ 라틴어 학교
ⓓ 대학 및 외국여행
③ 범교육

(5) 유아학교
① 건전한 학습
② ⓐ 사물에 대해 알기
ⓑ 행하면서 배우기
ⓒ 말하면서 배우기
③ 건강
④ 시청각 교수법

(6) ① 합자연의 교육원리
② 감각과 직관 교육의 원리
③ 모범과 훈육의 원리

(7) ① 대교수학
　　② 세계도회
　　③ 유아학교

(7) 코메니우스의 주요 저작

　　①『　　　　　　　　』: 코메니우스의 교육사상과 교육방법론을 알 수 있는 체계
　　적 저서이며, 조직적으로 논술된 세계 최초의 교육학 저서로서 자연의 법칙에 따른
　　교육방법 등을 제시했다.

　　②『　　　　　　　　』: 어린이를 위해 최초로 삽화를 넣은 책으로, 근대적 의미의
　　최초의 시청각 교재이다.

　　③『　　　　　　　　』: 교사와 어머니들을 위한 안내서로 놀이를 중요한 교육내
　　용으로 간주하면서 감각적 직관과 시청각 교육을 강조했다.

5 계몽주의 시대의 유아교육

1 계몽주의(18세기)

(1) _____ 은/는 모든 전통의 구속에서 벗어나 자유롭고 선입견에 구애됨 없이 사고방식, 학문, 도덕 등 모든 것에 대한 비판적·합리적인 태도를 보급시켜 일반 민중의 질적 수준을 높이는 것을 말한다.

2 로크(John Locke, 1632~1704)

(1) _____ : 인간은 태어날 때 선하거나 악하지도 않은 아무것도 없는 백지 상태라는 관점이다.

(2) _____ 와/과 습관 형성 : 『교육에 관한 의견』에서 밝히고 있는 로크의 교육 목표이다. 신사가 되기 위해 가장 필요한 것은 도덕적인 도야와 자기통제이며 이를 위한 습관 형성이 요구된다.

(3) _____ 의 영향 : 교육을 위해 좋은 조건의 _____ 을/를 마련해야 한다고 주장했다.

(4) 『교육에 관한 의견』에서 로크가 제시한 교육내용은 건강을 중시한 ① _____ 와/과 ② _____, ③ _____, ④ _____ (이)다.

(5) 로크는 저서 『_____』에서 출생 때의 인간의 상태는 백지나 비어 있는 판자와 같다고 가정하면서 감각을 통해 사물들이 내부세계로 수용되어 관념이 형성되나 그 자체가 지식은 아니라고 주장했다.

(6) _____ 은/는 로크가 주장한 것으로 기억, 추리, 상상 등과 같은 정신기능을 개발하는 데 적합한 교과의 학습을 통해 모든 사물의 학습에 전이될 수 있는 능력과 태도를 습득하는 교육을 말한다.

(7) 로크의 교육방법

① _____ 와/과 습관 형성을 통한 학습을 강조하였으며, 칭찬과 존중을 통한 학습을 통해 유아들에게 습관을 효과적으로 형성하게 한다.

② 학교교육보다 _____ 을/를 중시했으며, 주변에 모범이 될 만한 인물들을 통해 감화를 받아야 한다.

③ _____ 을/를 사용하여 유아가 나쁜 행동을 했을 때 꾸짖기보다는 그것이 나빴다고 스스로 깨닫고 뉘우치는 방법을 사용하는 것이 좋다.

④ 유아가 사물을 직접 만들어 볼 수 있도록 _____ 에 의한 경험이 필요하다.

정답

(1) ① 사회
② 자연인

(2) ① 성선설
② 선성

(3) ① 자유
② 평등
③ 박애

(4) 에밀
① 성선설
② 합자연의 원리
ⓐ 자연
ⓑ 사물
ⓒ 인간
ⓓ 사물, 환경

(5) ① 자연인
② 소극적
③ 연령별
④ 아동중심

(6) ① 유아
② 아동
③ 소년
④ 청년

(7) ① 주관적
② 아동중심

(8) ① 습관
② 노작

(9) ① 사회계약론
② 에밀

---

3 루소(Jean Jacques Rousseau, 1712~1778)

(1) 루소의 교육목적

① _____ 속의 ② _____ 을/를 형성하는 것인데, ② _____ (으)로서의 시민은 단지 자유로운 개인은 아니다. ② _____ (으)로서의 시민은 자주적이며 ① _____ 의 정의에 충실하고 공동의 복지를 위해 자기를 억제할 줄 아는 사람, 자연적인 자유가 아니라 ① _____ 적인 자유를, 나아가 도덕적 자유를 체득한 인간을 말한다.

(2) 루소의 인간관과 아동관

① 성악설의 반대인 _____ (으)로, 아동은 본래부터 선하고, 성인의 축소판이 아니라고 했다.

② 아동은 _____ 을/를 지닌 존재로서, 아동이 사회의 악(惡)에 오염되지 않고 가능한 한 자연적으로 발달하게 해야 한다고 주장했다.

(3) 루소의 교육사상은 인간 본래의 기본적인 미덕인 ① _____, ② _____, ③ _____ 이/가 실현될 수 있는 사회를 건설하는 데 있다.

(4) 『 _____ 』에 나타난 교육사상

① _____ 에 기초하여 '인간의 자연적 본성을 따르는 교육'이라 할 수 있다.

② _____ 은/는 ⓐ _____ 에 의한 교육이 핵심이 되고, 다른 두 교육인 ⓑ _____ 에 의한 교육, ⓒ _____ 에 의한 교육은 ⓐ _____ 의 원리를 존중하면서 이루어져야 한다고 이야기한다. 이것은 곧 ⓓ _____ 및 ⓒ _____ 의 교육을 ⓐ _____ 의 교육에 일치시킴을 의미한다.

(5) 루소의 교육원리는 ① _____ 을/를 위한 교육, ② _____ 교육, ③ _____ 차이에 따른 교육, ④ _____ 교육으로 나누어 볼 수 있다.

(6) 루소는 전 교육 기간을 네 시기인 ① _____ 기, ② _____ 기, ③ _____ 기, ④ _____ 기로 구분하여 각각의 연령대가 고유한 특징을 가지고 있다고 보고 그에 맞는 교육방안을 처방하고 있다.

(7) 아동 본위의 ① _____ 자연주의, 즉 교육의 기초를 아동에 두고, 아동을 중심으로 교육해야 된다는 것을 기본으로 하는 ② _____ 교육을 주장했다.

(8) 노동의 필요성을 어려서부터 몸에 익히도록 해야 한다고 주장하면서 ① _____ 형성과 ② _____ 및 연습에 의한 능력 개발과 정신적 · 육체적 성장을 강조했다.

(9) 루소의 주요 저작으로는 ①『 _____ 』, 교육서인 ②『 _____ 』 등이 있다.

4 오베르랑(Oberlin Jean Frederic, 1740~1826)

(1) 오베르랑의 [   ] 학교

독일의 프뢰벨에 의해 1840년에 설립된 유치원보다 70년이나 앞선 시설로 3세 이상
의 취학 전 어린이와 수업시간 이외의 아동들을 대상으로 한 학교였다.

정답

(1) 편물

6 신인문시대의 유아교육

정답

(1) ① 신인문주의
② 낭만주의

(2) ① 인문주의
② 신인문주의

(3) 조화로운 발달

(1) ① ⓐ 동물적
ⓑ 사회적
ⓒ 도덕적
② 꽃봉오리

(2) ① 인간개혁
② 사회개혁

(3) ① 조화와 균형
ⓐ 지적
ⓑ 도덕적
ⓒ 기능적

1 시대적 배경

(1) ① _____ 은/는 계몽사조의 지나친 기계적 합리주의 · 공리주의 · 개인주의에 대항하여 나타난 것이며, 인간의 정의적인 면을 강조하는 ② _____ (으)로 인간성의 조화로운 형성을 추구하는 운동이다.

(2) ① _____ 이/가 주로 로마의 고전을 중시한 데 반해 ② _____ 은/는 그리스의 고전을 보다 중시하며 그리스 문화 · 미술에 나타난 인간성을 존중하였다.

(3) 신인문주의는 그리스 정신을 본받아 인간의 지(知) · 정(情) · 의(意) 제 영역의 _____ 을/를 꾀하는 것을 목적으로 한다.

2 페스탈로치(Johann Heinrich Pestalozzi, 1746~1827)

(1) 페스탈로치의 인간관과 아동관

① 인간성 안에는 ⓐ _____, ⓑ _____, ⓒ _____ 인 세 층의 상태가 있다고 보았다.

② 아동은 성인의 축소판이 아니라, 성인의 세계가 있듯이 아동에게는 아동 고유의 세계가 있는 것으로 보았으며, 아동의 내면에는 인간성의 모든 능력이 아직 피지 않은 _____ (으)로서 내재하고 있다고 보았다.

(2) 유아교육 사상

페스탈로치는 교육의 목적을 ① _____ 와/과 ② _____ 에 두었으며, 교육의 본질적 수단으로 인간을 도야하고, 도야된 인간을 통해 ① _____ 을/를 하며, 개혁된 인간을 통해 곧 ② _____ 이/가 이루어진다고 보았다.

(3) 유아교육의 원리

① _____ 의 원리 : 인간이 갖고 있는 선천적 기능은 ⓐ _____ · ⓑ _____ · ⓒ _____ 인 것으로, 그중에서도 ⓑ _____ 기능을 중심으로 하는 세 능력(3H)의 조화로운 발전을 교육의 이상으로 하였다.

② _____ 의 원리 : 마치 정원사가 그 기술을 자연의 힘과 법칙에서 배우면서 식물을 키워가듯이 교사는 어린이의 내부 세계와 그 발전 과정, 어린이의 주위를 둘러싸고 있는 자연의 성질과 발전 법칙을 잘 이해함으로써 어린이를 키워 가야 한다.

③ _____ : 인간형성의 기초는 가정교육에 있으며, 가정생활에서 양친과 아동들의 애정이 넘치는 생활이야말로 인간교육에서 가장 탁월한 자연의 교육이라고 보았다.

④ _____ : 부모는 유아가 성장하면서 자기통제와 자기희생, 협동, 만족 지연 등의 능력을 습득할 수 있게 하고 탐색과 모험을 즐기도록 격려해야 한다.

(4) 교육내용과 교육방법

① _____ 의 원리 : 교사는 발달이 자연적·조화적으로 되도록 모든 조건을 제공해 주어 유아의 선천적 능력의 표출을 도와야 한다. 유아를 개별적으로 돌보아 주는 것이 본질적인 교육방법이라는 입장은 개인 모두의 능력과 환경을 존중해서 교육하는 개성존중과 개인차에 입각한 교육방법의 원리이다.

② _____ 의 원리

ⓐ 페스탈로치는 _____ 을/를 모든 인식의 절대적인 기초로 생각하고 교육의 본질을 _____ 에서 찾았다.

ⓑ _____ 은/는 감각기관을 통해 외부 인상을 받아들이는 것이다.

ⓒ _____ 은/는 마음의 눈으로 세상의 본질을 체험하는 것이다.

ⓓ 모든 사물은 _____ (으)로 되어 있으며, 사물의 이러한 요소를 밝히는 것이 교육의 출발점이라고 보고, 감각 및 실물교육을 강조했다.

③ _____ 의 원리 : 페스탈로치는 ⓐ _____ 을/를 교육의 기초로 삼았다. 교육은 지식만으로 이루어지는 것이 아니라 생활을 영위하면서도 이루어진다고 보았다. 또한, 근면한 노동을 통해 ⓑ _____ 와/과 ⓒ _____ 을/를 기를 수 있으며, 이로써 사회가 변화할 수 있으므로 ⓓ _____ 을/를 인간 형성의 원리로 간주했다.

④ _____ 의 원리 : 인간에게는 선천적으로 계발할 수 있는 기본적인 인간성의 능력이 있으며 이러한 능력을 발전시켜 성숙하고 원만한 인격을 형성하게 해야 한다.

⑤ _____ 의 원리 : 자기발전은 자연의 질서와 같이 일정한 단계를 거쳐서 이루어지므로 교육은 이러한 단계에 따라서 이루어져야 한다.

정답

② 합자연
③ 가정교육론
④ 부모교육론

(4) ① 자기활동
② 직관
　ⓐ 직관
　ⓑ 외적직관
　ⓒ 내적직관
　ⓓ 수, 형, 어
③ 노작교육
　ⓐ 노작
　ⓑ 협동
　ⓒ 도덕성
　ⓓ 노동
④ 조화
⑤ 단계적 방법

⑥ 생활공동체

(5) 게르트루트는 어떻게 그녀의
자녀를 가르치는가

(1) ① 환경
② 사회개혁

(2) 신사회관

(3) 성격형성학원

(4) 유아학교
① 성격형성학원
② 유아학교

⑥ [   ]의 원리 : 어머니와 자녀의 애정과 신뢰감을 통해 사회 시민으로서의 자질이 높아지고 시민으로서의 자각정신도 강화되어 나아가 인류의 복지에 이바지하는 정신으로까지 발전할 수 있다고 생각했다.

(5) 『[   ]』 : 페스탈로치의 부모교육서이며, 이것이 현대 부모교육의 시발점이 되었다.

3 오웬(Robert Owen, 1771~1858)

(1) 교육사상

오웬은 로크의 백지설을 받아들였고, 페스탈로치와 루소의 영향을 받아 교육에서 ① [   ]의 중요성을 역설하고 교육을 ② [   ]의 수단으로 삼고자 했다.

(2) 『[   ]』 : 오랜 공장 경영 경험을 토대로 산업혁명이 가져다 준 여러 가지 사회악-인간성의 황폐와 사회의 혼란-을 회상하고 10년간의 경험과 사색을 정리하여 출판한 책이다.

(3) [   ] : 1816년 자신이 경영하는 방직공장 내에 창설하여 주간학교에서는 주로 10세 이하의 아동들이 읽기와 쓰기 등을 배울 수 있도록 하고, 야간학교에서는 10세 이상의 아동들이 일하고 난 후 공부했다.

(4) [   ]

① [   ]의 일부로서 1816년 6세 이하의 유아를 교육시키기 위한 ② [   ]을/를 개설하고 '항상 합리적으로 생각하고 행동하는 심신이 모두 안정된 인간'을 형성하는 것을 목표로 교육을 시작했다. 옥외놀이를 격려했으며 2~4세, 4~6세, 6세 이상으로 나누어 지도했다.

7 낭만주의와 유아교육

1 시대적 배경

(1) _____(이)란 모든 것을 합리적이고 기계적으로 생각하는 계몽주의와 형식적이고 인습적인 고전주의에 대한 반발로 일어난 사조로 어린이와 같은 부드러움, 신비로운 생각을 통해 사고의 해방을 추구하고자 하는 주관적이고 혁신적인 정신운동이다.

2 프뢰벨(F. W. Fröbel, 1782~1852)

(1) 교육사상의 특징

① ⓐ _____ : 통일성은 신과 인간과 자연과의 불가분의 관계를 말한다. 프뢰벨은 신성을 강조하며 신은 우주를 지배하는 영원한 법칙의 주체라고 했다. 또한, '나'라는 존재는 부분이며 동시에 전체적인 존재이고, 만물은 모두 ⓑ _____ (이)라고 하였다.

② _____ : 모든 만물에는 신이 존재하므로 만물은 신성을 내포하며 신이 만든 법칙을 통해 형성된다.

③ _____ : 자기 자신을 밖으로 표현하는 창조적이고 자발적인 활동이며, 인간 생명의 움직임과 연속적인 발전 과정으로, 특히 신성의 표현을 목적으로 하는 것으로 보았다.

(2) 교육의 원리

① _____ 의 원리 : 신, 인간, 자연의 통일을 의미하며 인간의 마음에 신의 마음이 들어 있고, 자연 속에 신의 섭리가 내재되어 있음을 보여 주는 원리이다.

② _____ 의 원리 : 인간은 태어나면서부터 활동, 표현, 창조 등의 행동을 보여 주는데, 이러한 행동은 흥미로부터 생기는 것이며 인간 내부에 존재하는 _____ 의 표현이다.

③ _____ 원리 : 유아의 신성은 _____ 을/를 통해 나타나며 _____ 은/는 유아의 내적 자아발달의 수단이며 그 자체가 교육이다.

④ _____ 의 원리 : 성장에는 각 단계가 끊임없는 연속과 계속이 있으며 단절이나 비약은 없다.

정답

(1) 낭만주의

(1) ① ⓐ 통일의 법칙
　　　ⓑ 부분적 전체
　② 만유재신론
　③ 노작

(2) ① 통일성
　② 자기활동
　③ 놀이
　④ 연속적 발달

⑤ 노작
⑥ 인본주의

(3) ① 발달 순응적
ⓐ 발달 순응적
ⓑ 명령적
② 활동중심

(4) ① 놀이
② 은물
ⓐ 형체
ⓑ 면
ⓒ 선
ⓓ 점
③ 작업
④ 노래와 게임
ⓐ 어머니의 노래와
사랑의 노래
⑤ 정원활동

⑤ ☐☐☐☐ 원리 : 인간 내부에 숨어 있는 신성은 ☐☐☐☐☐ 을/를 통해 표현되므로 ☐☐ 교육은 인간을 교육하는 것이고 생명을 발전시키는 하나의 과정이다.

⑥ ☐☐☐☐☐☐☐ 원리 : 가정은 공동체 의식 형성의 장으로, 조화로운 가정생활에서 인간은 안정과 풍요를 느낄 수 있으며 유아는 여러 가지를 학습한다.

(3) 유아교육 방법

① ☐☐☐☐☐☐☐ 교육방법 : 루소의 '소극적 교육'의 개념을 발전시킨 것으로, 교육은 기본적으로 ⓐ ☐☐☐☐☐☐☐☐☐ (이)어야 하지만 필요한 주의와 보호는 첨가할 필요가 있다는 조건을 제시함으로써 ⓑ '☐☐☐☐☐ 교육'의 필요성도 어느 정도 인정했다.

② ☐☐☐☐ 적 교육방법 : 놀이와 노작을 통한 교육방법이며 놀이를 위해 놀잇감을 제공해야 한다.

(4) 프뢰벨의 유치원 교육과정

① ☐☐☐ : 프뢰벨은 ☐☐☐☐ 을/를 통해 현실적인 사회관계의 이해, 내면의 활동 충동과 교양 충동의 발전, 창의성과 활동 성향에 대한 동기 부여 등이 가능하다고 보았다.

② ☐☐☐ : '신이 주신 선물'의 의미로, 프뢰벨이 고안한 놀잇감이다. ☐☐☐ 을/를 가지고 놀면서 유아의 활동은 연속적으로 발전할 수 있다. 이것은 ⓐ ☐☐☐, ⓑ ☐☐, ⓒ ☐☐, ⓓ ☐☐ 의 네 가지 영역으로 나누었으며, 재구조라는 종합 영역을 추가했다.

③ ☐☐☐ : 프뢰벨은 은물 이외에 11종의 ☐☐☐ 을/를 고안했는데, 이것은 교과서나 인쇄물을 주입식으로 가르쳤던 프뢰벨 이전의 유아 지도를 생각해 볼 때 획기적인 일이었다.

④ ☐☐☐☐☐☐☐☐ : 어린 유아는 놀잇감보다 자신의 팔과 다리를 가지고 놀이하거나 음성을 실험하는데, 이러한 단순한 놀이가 유아에게 기쁨을 준다는 것을 깨달았다. 이러한 단순한 놀이에서 의식적인 인간교육이 행해져야 한다고 보았다.

ⓐ 『☐☐☐☐☐☐☐☐☐☐☐☐☐☐☐☐☐☐☐☐☐☐☐☐☐☐☐☐☐』 : 프뢰벨의 부모교육서이다. 50종류의 동시, 게임, 노래, 격언, 손유희, 율동 등의 방법과 준비 시의 유의점이 실려 있으며 노랫말이 소개되어 있다.

⑤ ☐☐☐☐☐☐ : 프뢰벨의 교육 프로그램의 한 형태로, 이를 통해 유아는 '볼 수 없는 힘'이 작용한다는 것을 관찰할 수 있고, 또한 전체와 부분의 관계를 배우게 되며, 책임감을 갖게 될 것이라고 기대했다.

8 근현대의 유아교육

 정답은 빨간색으로 작성해서 빨간시트로 가리고 다시 한번 복습해 보세요!

정답

1 슈타이너(Rudolf Steiner, 1861~1925)

(1) 슈타이너의 _____ : 1902년부터 슈타이너는 정신과학적 연구방법을 사용하여 자신의 고유한 연구결과들을 집대성했고, 그것을 인간의 참된 본질을 의식하도록 이끌어 준다는 의미로 _____ (이)라고 불렀다. _____ 은/는 인간 본성의 본질을 파악하기 위한 노력이다. 또한, '인간'과 '지혜'를 합성한 말로 '인간에 대한 지혜'란 뜻이다.

(1) 인지학

(2) 인지학적 인간관과 아동관

① ⓐ _____ , ⓑ _____ , ⓒ _____ 의 삼원 구조 : ⓐ _____ 을/를 통해 감각 세계에, ⓑ _____ 을/를 통해 인식, 감정, 의지의 영혼 세계에, ⓒ _____ 을/를 통해 현상을 이해한다.

② 생명력과 인간에 대한 직관적 관찰을 통해 인간의 생애를 _____ 주기로 나누었고, 육체화는 _____ 을/를 주기로 다소 불연속적인 과정을 거쳐 일생동안 이루어진다.

(2) ① ⓐ 육체
　　ⓑ 영혼
　　ⓒ 정신
② 7년

(3) 인지학적 발달론

① 슈타이너가 제시한 인간 본질의 네 가지 구성체 : ⓐ _____ , ⓑ _____ , ⓒ _____ , ⓓ _____ 의 순서로 이루어진다.

② _____ : 슈타이너는 네 가지의 인간 본질은 단계적으로 탄생해 약 7년 주기로 지속된다고 주장했다.

(3) ① ⓐ 물리적 신체
　　ⓑ 에테르체(생명체)
　　ⓒ 아스트랄체(감정체)
　　ⓓ 자아체
② 발달 단계론

(4) 슈타이너의 기질론과 교육

(4) ① 다혈질

유형	특성	적합한 교육방법
① _____	아스트랄체(감정체)가 지배적인 경우이며 사회적 성공에 대한 열망과 표현력이 강하지만 우유부단하고 낙천적이어서 가볍게 보이기도 하며 자유로운 느낌을 준다. 충동적이고 행동의 침착성이 결여되어 있으며 약속을 잘 잊어버리기도 한다.	몰입할 수 있는 관심거리를 발견할 수 있도록 도와주어야 하고 진지함과 인내를 가지고 관심을 기울일 수 있도록 도와주어야 한다. 에너지를 소모시키기 위해 적절한 운동을 하는 것도 좋다.

② 담즙질
③ 우울질
④ 점액질

② ▒▒▒▒▒	화를 잘 내고 성격이 급하며 사고의 개념화를 잘 하고 다소 공격적이며 의지가 강하다. 모험을 좋아하고 목표의식이 있으며 성공에 대한 욕구가 강하기 때문에 이를 저지당하면 성급하게 화를 내고 참지 못한다.	진정한 권위에 대한 존경을 보이도록 지도해야 한다. 유아에게 은밀하게 어려움을 제공하고, 이를 극복하기 위해 자신의 에너지를 사용하도록 해야 한다. 내면적 침착성을 가지고 인생의 어려움에 대해 이해하고 받아들일 수 있도록 지도한다.
③ ▒▒▒▒▒	물질체가 지배적이며 걱정과 불안감이 심하고 사소한 일에도 신경을 쓰고 조용하고 생각을 깊게 한다. 의지가 강하고 진실에 충실한 완벽주의자이다.	타인의 경험을 알게 하고 자신의 일로 인해 힘들지 않도록 격려하며, 내적인 힘을 통해 고통과 불쾌한 일들을 다루는 방법과 자신의 일에서 벗어날 수 있는 경험을 제공해 준다.
④ ▒▒▒▒▒	에테르체가 내적 안정감을 유지하는 것과 관련이 있다. 조용하고 인내심이 강하고 수동적이며 화를 잘 견디고 침착하나 다소 게으른 인상을 준다. 냉정하고 무관심할 때도 있다.	이들이 냉담이나 무관심에 빠지지 않도록 다른 유아들과 사회적 접촉을 가질 수 있도록 도와야 한다. 외부 세계를 의식하고 자각하여 의사소통을 할 수 있는 환경과 분위기가 될 수 있도록 도와야 한다.

(5) ① 모방
② 기질
③ 감각
④ 리듬을 통한 질서
ⓐ 에포크수업

(5) 교육원리와 방법

① ▒▒▒▒▒의 원리 : 발도르프 교육학에서 생각하는 7세까지의 유아학습의 기본 형태는 '본보기와 ▒▒▒▒'(으)로 교사나 어른의 본보기를 매우 중요하게 여겼다.

② ▒▒▒▒▒을/를 고려한 교육 : 학급을 운영할 때는 같은 ▒▒▒▒의 유아끼리 집단을 구성하게 하고, ▒▒▒▒에 따라 교사의 교육적 처방과 대응을 달리 해야 한다.

③ ▒▒▒▒▒을/를 통한 교육 : 다양한 ▒▒▒▒들이 나타나려면 풍부한 자극을 제공하는 환경과 놀잇감이 필요하다. 나무, 양털 등의 자연물질, 상상력에 창조적 활동 공간을 주는 단순한 형태, 무늬가 없는 선명한 색상 등이 풍부한 ▒▒▒▒을/를 제공해 주는 장난감이 된다.

④ ▒▒▒▒▒▒▒▒▒▒▒의 원리 : 유아에게 규칙성과 친숙함을 제공하고 생동감을 불어넣어 유아에게 공간·시간·영혼 질서를 형성하게 한다. 교사는 라이겐과 같은 리듬이 있는 놀이를 제공하고 리듬적인 생활습관을 형성하도록 유도해야 한다.

ⓐ ▒▒▒▒▒▒▒(주기집중수업) : 동일한 과목을 매일 2시간씩 3주에서 5주에 걸쳐 집중적으로 공부하는 슈타이너 교육의 독특한 수업방식이다.

(6) 환경 구성

　① 발도르프 학교에는 각이 없고, 지붕, 교실, 복도 모두 곡선 구조로 하여 자연을 반
영하고자 했으며, 　　　　　　　에 기반한 창의성과 감성교육을 중요하게 여겼다.

　② 유아의 　　　　　　　을/를 발달시키기 위해 완벽하게 만들어진 놀잇감을 주지
않는다. 동화는 가급적 그림 없는 동화를 선택하여 들려준다.

(7) 발도르프 유치원의 교육내용

　① 　　　　　　　　　　와/과 동아리 활동 : 　　　　　　　　 시간에는 유아들이
다양한 예술 활동을 할 수 있는 기회를 가지며, 동아리 활동 시간에는 노래, 손가
락 놀이, 이미지 게임 등이 이루어진다.

　② 놀잇감과 　　　　　　　 발달 : 놀잇감은 대부분 교사에 의해 만들어지는데 바느
질, 조각, 매듭, 등나무 바구니 짜기 등으로 이루어진다.

　③ 예술작업과 　　　　　　

　　ⓐ 교사와의 예술작업을 통해 유아는 노동의 가치, 물건 제조과정, 만든 물건의
소중함, 자연과 더불어 사는 즐거움 등을 배운다.

　　ⓑ 　　　　　　　　에 중요한 의미를 부여하여 음악, 미술 시간뿐 아니라 수
공 수업시간의 뜨개질, 바느질, 수예 활동 등 손과 손가락을 민첩하게 하는 놀
이나 작업이 많이 이루어진다.

　④ 　　　　　　　　　 : 슈타이너가 '혼이 있는 신체의 배양'을 위해서 창조한
예술로서, 소리와 음색에 익숙해져 이를 몸짓으로 형상화하는 '볼 수 있는 언어'이
며, '볼 수 있는 노래'이다.

　⑤ 　　　　　　　 감각교육 : 시나 동화, 노래를 신체적인 움직임으로 표현하는 것으
로 TV, 비디오 등 기계에 둘러싸여 신체감각이 마비되어 가는 영유아에게 신체동
작 감각을 충분히 경험할 수 있게 한다.

(8) 교수-학습방법과 교사의 역할

　① 발도르프 유치원은 　　　　　　　　　 집단으로 학급을 구성한다.

　② 교사는 직접적인 교수보다는 교사의 　　　　　　　　을/를 통해 유아 내부의 모방
행동과 모방학습을 자극하고 유아들의 개성을 존중한다.

　③ 발도르프 학교에서는 1~8학년까지의 　　　　　　 내내 같은 담임교사가 그 학급을
이끌어 간다.

(6) ① 상상력
　　② 상상력

(7) ① 자유놀이
　　② 상상력
　　③ 노작교육
　　　ⓑ 노작교육
　　④ 오이리트미
　　⑤ 라이겐

(8) ① 혼합연령
　　② 본보기
　　③ 8년

(1) 감각훈련

(2) ① ⓐ 능동적
　　　ⓑ 개인차
　　　ⓒ 자발적 활동
　　② 개인차

(3) ① 민감기
　　② 흡수정신
　　　ⓐ 무의식적
　　　ⓑ 의식적
　　③ 준비된 환경
　　④ 자동교육
　　　ⓐ 자동교육
　　　ⓑ 자기수정적

② 몬테소리(Maria Montessori, 1870~1952)

(1) 과학적인 교육학의 합리적인 원칙들을 통해 아동의 발달수준과 능력을 고려하여 신체발달, 언어발달, 실제생활에 대한 훈련 모두 체계적인 　　　　　　　에 기초를 두고 교육한 결과 어린이집에서의 교육은 대성공을 거두었다.

(2) 아동관

　① 몬테소리는 루소의 교육사상의 영향으로 유아를 ⓐ 　　　　　　인 존재로 인정하고, 유아 개개인의 ⓑ 　　　　　와/과 ⓒ 　　　　　　　을/를 존중했다.

　② 유아의 흥미와 관심에 따라 학습이 이루어지며 그 성장과 속도에는 　　　　이/가 있다는 것을 강조한 몬테소리는 교육을 간섭이 아닌 조장하는 일로, 교사를 관찰과 도움을 제공하는 사람으로 생각했다.

(3) 교육사상과 교육원리

　① 　　　　　　 : 성장과정에서 좀 더 민감하게 외부환경과의 상호작용을 통해 특정한 능력을 좀 더 수월하게 습득할 수 있는 시기를 의미한다.

　② 　　　　　　 : 유아의 내부에 존재하는 자발적인 정신이자 환경으로부터 스스로 배우는 정신이며 무의식적이고 자발적으로 자신도 모르는 사이에 환경으로부터 많은 인상을 받아들여 직접 경험하고자 하는 유아의 특성이다.

　　ⓐ 　　　　　　 단계(0세~3세) : 보기·듣기·맛보기·냄새 맡기·만지기 등을 위한 감각이 발달하면서 모든 것을 흡수하는 시기이다.

　　ⓑ 　　　　　 단계(3세~6세) : 계획적으로 환경과 상호작용을 하여 좋아하는 것을 직접적으로 경험하고자 하는 의지가 나타나며 좋아하는 활동을 선택하여 집중하려는 의지가 더 강하게 나타나는 시기이다.

　③ 　　　　　　 : 교사의 세밀한 관찰을 통해 유아의 발달단계와 필요에 맞는 교구가 준비되어 있는 교육환경을 말한다. 유아에게 자유를 허용하되 제한된 자유를 제공하는 것을 의미한다.

　④ 　　　　　　 : 준비된 환경 속에서 유아가 스스로 선택한 교구와 상호작용을 함으로써 내면적인 정신 능력이 능동적이고 자연스럽게 발전하게 되는 것이다.

　　ⓐ 　　　　　　 은/는 몬테소리 교구가 자신이 활동하면서 잘못된 점을 스스로 수정할 수 있게 고안되어 있기 때문에 가능한 것이다.

　　ⓑ 교사에게 배우기보다는 　　　　　　 교구를 통해 활동하다 보면 오류가 무엇인지 스스로 깨닫게 되어 이를 수정하면서 학습이 이루어진다.

⑤ [   ] : 유아의 육체적 · 정신적 에너지가 상호작용하며 내면적 안정을 갖춘 조화로운 상태를 말한다. 유아가 준비된 환경 속에서 작업에 진정한 흥미를 가지고 집중력을 발휘하여 몰입하게 되면 유아는 마음의 안정과 만족을 느끼며, 가지고 있는 본연의 모습을 전개해 나간다.

⑥ [   ] 의 원리 : 유아가 능동적 학습자임을 강조하는 것으로 유아에게 충분한 자유를 주고 그들의 흥미대로 활동하도록 하면 본래 유아의 내면에 있는 가능성이 가장 바람직하고 적절한 방향으로 성장 · 발달해 나갈 것이다.

⑤ 정상화
⑥ 자기활동

(4) 교육내용

① [   ] : 실제 생활에서 경험하는 활동으로, 유아가 단순히 흉내 내는 것이 아니라 실제 생활환경에서 활동하면서 일상생활에 적응을 더 잘 하도록 도와주는 것이다.

② [   ] 교육 : 유아의 [   ] 발달을 효과적으로 돕고, 현재 생활 및 미래에 적응하기 위해서 필요한 능력과 수단을 몸에 익히도록 하는 것이다.

③ [   ] 교육 : 사고력을 필요로 하는 경험의 기회를 제공하고 사고의 가능성을 기르는 것이다.

④ [   ] 교육 : 풍부한 [   ] 을/를 습득하도록 돕고 의사소통을 할 때 [   ] 을/를 효과적으로 사용할 수 있는 구체적인 기술발달을 도와주는 것이다. 글자를 쓰는 것은 읽는 것보다 덜 추상적인 것으로 보았기 때문에 읽기보다 쓰기 활동을 강조했다.

⑤ [   ] 교육 : 사회 속의 인간으로 살아가는 데 필요한 여러 가지를 이해하는 것이다. 지리, 생물, 역사, 과학, 미술, 음악, 종교 등의 많은 영역을 포함하며, 일, 습관, 행동 등의 [   ] 적 요인들로 구성된다.

(4) ① 일상생활 훈련
② 감각
③ 수학
④ 언어
⑤ 문화

(5) 교육방법

① [   ] : 몬테소리 교구는 활동에 흥미를 주고 유아가 개별적으로 학습할 수 있도록 난이도와 순서 등이 체계적으로 되어 있다. 몬테소리 교구의 특징은 개념의 고립화, 오류의 정정, [   ] (이)다.

② [   ] : 유아의 발달 속도나 단계에 맞는 교육활동이 이루어져야 한다는 것이며, 자기활동의 원리로 이어진다.

(5) ① 자동교육
② 개별교육

(6) 교사의 역할

① [   ] : 교사는 유아의 교구 선택이나 집중 정도, 사용 방법 등에 대해 세심하게 관찰해야 한다.

(6) ① 관찰자

② 환경준비자
③ 보호자
④ 안내자

② **[   ]** : 세심한 관찰에 근거하여 유아의 민감기를 포착하고 적절한 환경을 준비한다.

③ **[   ]** : 유아가 즐거움과 편안함을 가지고 활동해 나갈 수 있게 하는 것이다. 또한, 유아의 활동을 보호하고 질서감 있게 유지해야 한다.

④ **[   ]** : 촉진자, 자극자의 역할을 포함하며, 유아가 환경과 상호작용을 시작할 때까지는 시범을 보이는 등 적극적으로 개입하되, 상호작용이 시작된 뒤에는 소극적으로 개입한다.

(7) 몬테소리 프로그램의 환경 구성 요소 : 자유로움, 구조와 질서, 현실과 자연에 대한 이해, 아름다움, 공동체 의식

③ 듀이(John Dewey, 1859~1952)

(1) ① ⓐ 경험
　　　ⓑ 가소성
② 생활
③ 나의 교육학적 신조
　　ⓐ 경험의 개조

(1) 교육관

① 교육이란 ⓐ **[   ]** 의 재구성으로 이를 통해 성장하는 것이며 이때 성장은 생활과 연결되어 있다. 미성숙이란 결여나 결핍이 아니라 잠재적인 성장 가능성, 즉 ⓑ **[   ]** 을/를 의미한다 .

② 교육의 주체는 학습자이며, 학습자의 자발적 활동과 능동적 참여가 교육의 기본조건이다. 즉, **[   ]** 그 자체를 교육목적으로 보고, **[   ]** 와/과 직결되는 내용을 교과로 구성해야 한다고 주장했다.

③ 『**[   ]** 』 : 유아는 개인적 능력과 관심을 가진 '개인적 존재'일 뿐만 아니라 환경과 능동적으로 상호작용하는 '사회적 존재'이다. 듀이는 교육의 의의를 생활의 필요, 사회의 기능, 통제·성장, 그리고 ⓐ **[   ]** (으)로 해석했다.

(2) ① 의존성
② 가소성
③ 미성숙
④ 흥미

(2) 아동관

① **[   ]** : 사회적 관점에서 다른 동물에 비해 열등한 상태로 태어나므로 다른 사람과 사회적 상호작용을 할 수밖에 없다는 것이다.

② **[   ]** : 유전과 환경이 발달에 미치는 영향 중에서 환경적 경험에 의해 발달이 촉진될 수 있는 가능성을 의미한다.

③ **[   ]** : 성장을 위한 기본 조건이며, 적극적인 의미에서 성장을 위해 가장 중요한 힘이다.

④ 외부의 강압에 의한 교육이 되지 않도록 교사는 교육내용이나 교육방법을 아동의 자발적인 **[   ]** (이)나 노력과 연결시키기 위해 노력해야 한다.

(3) 교육원리

① 듀이는 ⓐ [   ]이/가 학습에 기여하는 것으로 보았지만 프뢰벨 교육과정의 핵심 요소인 상징성, 계획적인 놀이, 통합, 모방보다는 ⓑ [   ]을/를 아동의 발달과 흥미에 맞게 재구성한 유아교육과정을 제안했다.

② 듀이는 [   ]을/를 자연성의 발로이며, 유아의 의식과 활동을 보다 높은 수준으로 자극하는 것이라고 했으며, 프뢰벨 유치원처럼 유아교사의 행동을 모방하거나 지시대로 움직이는 계획적인 활동은 [   ]이/가 아니다. 또한, 유아의 발달수준에 맞는 [   ]을/를 제공함으로써 궁극적으로 문제해결력을 길러 주어야 한다.

(4) [   ]와/과 교육

① [   ]은/는 '해 보는 것'과 '당하는 것'의 결합으로 이루어진다. 경험의 가치는 경험의 ⓐ [   ]적 측면과 ⓑ [   ]적 측면이 긴밀하게 연결되어 있음을 파악하는 데 있다. '시행착오적 경험'에 내재되어 있던 사고가 경험의 ⓐ [   ]와/과 ⓑ [   ] 사이의 세밀한 관계를 파악하는 수준에 이르게 될 때, 그 경험은 ⓒ [   ]이/가 되어 발전한다.

(5) 경험의 원리

① [   ]의 원리 : 경험은 인간 유기체와 환경 간의 [   ](이)다.

② [   ]의 원리 : 과거의 경험은 현재의 경험에 영향을 주고, 현재의 경험은 다시 미래의 경험에 영향을 준다.

③ [   ] : 경험은 시작과 발전, 종결로 이루어진 하나의 활동이다. [   ]은/는 하나의 경험의 종결이 또 다른 경험의 시작으로 이어지는 연속성을 요청한다. 한 개인의 기존 경험으로 해결이 불가능한 문제 사태에 직면했을 때 새로운 경험은 다시 시작된다.

④ 학습자의 교과는 ⓐ [   ]의 형태에서 ⓑ [   ]의 형태를 거쳐 ⓒ [   ]의 형태로 발달한다.

ⓐ [   ]의 형태 : 교육과정의 초기 단계는 몸과 손을 움직여서 실제로 일을 해 보는 [   ](으)로 구성되어야 한다.

ⓑ [   ]의 형태 : 언어적 상호작용인 의사소통을 통하여 공간적으로(지리), 그리고 시간적으로(역사) 학생의 경험을 확대시켜 주는 교과지식을 말한다.

ⓒ [   ]의 형태 : 논리적인 체계를 따라 조직된 지식이다.

(3) ① ⓐ 놀이
　　　ⓑ 경험
　② 놀이

(4) 경험
　① 경험
　　ⓐ 능동
　　ⓑ 수동
　　ⓒ 반성적 경험

(5) ① 상호작용
　② 계속성(연속성)
　③ 성장
　④ ⓐ 놀이나 일
　　ⓑ 지리와 역사
　　ⓒ 과학 또는 논리

정답

(6) ① ⓐ 목적
　　　ⓑ 성장
　　② ⓐ 활동
　　　ⓑ 흥미

(7) ① 경험
　　② 교과
　　③ 목적
　　④ 통합

(8) ① ⓐ 교과
　　　ⓑ 지식
　　② 지적인 요소
　　③ 능동적 학습

(9) ① 가소성
　　② 흥미
　　③ 통합
　　④ 상호작용

---

(6) 교육목적

　① 바람직한 교육목적 : 학생이 현재 가지고 있는 경험을 조사해서 그것을 다룰 잠정적 계획을 세운 다음, 그 계획을 끊임없이 염두에 두되 새로운 조건이 발생함에 따라 수정되어 나가는 실험적인 ⓐ [   ](이)며, 그것은 행동을 통해 검증되면서 끊임없이 ⓑ [   ]한다.

　② 유치원 교육의 목표는 유아의 ⓐ [   ]와/과 요구에 내재된 것이어야 하므로, 교육목적도 외부에서 부과되기보다 유아의 ⓐ [   ] 안에서 찾아야 하며, 지적인 측면 및 유아의 욕구와 ⓑ [   ], 발달수준이 고려되어야 한다.

(7) 교육내용과 방법

　① 교육내용은 삶의 경험이고 교육은 '[   ]의 계속적인 재구성'이기에 교육내용은 [   ]을/를 벗어날 수 없다.

　② 경험은 사고가 개입되어야 하며, 유아의 개별적 경험과 관계되고 [   ] 혹은 교육과정과 연속성을 가질 때 학습으로서 효과를 가진다.

　③ 교육에서의 경험은 교육의 [   ]이자 내용이며 방법이고 또한 과정이며 결과를 모두 포괄한다.

　④ 개인과 사회, 내부로부터의 발달과 외부로부터의 형성, 흥미와 도야, 유아와 교과, 경험과 지식을 [   ]하려 했다.

(8) 교육내용 선정의 원칙

　① 교육내용의 출발점은 유아 자신이어야 하지만, 이는 ⓐ [   ] 혹은 ⓑ [   ]와/과 연결될 때 가치가 있다.

　② 교육내용으로서 경험은 중요하나 [   ]이/가 개입되어야만 교육효과를 가져온다.

　③ 교육의 출발점은 유아의 생활과 밀접한 현재 경험으로부터 시작하되 [   ]이/가 일어나 나선형이 되도록 조직해야 한다.

(9) 교수-학습방법

　① 유아의 선한 본성에 대한 신뢰와 본성에 내재한 성장의 [   ]을/를 인정하는 것이다.

　② 유아의 [   ]을/를 존중하고 자발적인 자기표현을 중시해야 한다.

　③ 교육목적, 내용, 방법은 분리되지 않고 [   ]이/가 되어야 한다.

　④ 교사와 유아가 능동적으로 [   ]할수록 교육의 효율성은 높고, 개별화 방법을 찾아야 한다.

(10) 교사의 역할

① [   ] : 유아의 전인적 발달을 위해 유아의 흥미, 현재 수준과 발달단계를 관찰하고, 관찰 결과에 따라 수준별 및 상황별로 교육과정을 운영해야 한다고 주장한다.

② [   ] : 유아가 새로운 세계를 탐구하도록 교사는 유아가 직면하는 대상과 사건을 유아의 인지구조와 연결하여 새로운 사고를 이끌어 내는 매개체 역할을 담당해야 한다.

③ [   ] : 유아가 직면할 새로운 상황과 그 상황에서 구성되는 새로운 경험을 예측하는 것이 교사에게 필요하며, 이를 통해 유아 스스로 경험을 재구성할 수 있도록 도와주고 안내하는 역할을 담당해야 한다.

④ [   ] : '유아에게 능동적인 활동을 초래했는가?', '유아가 새로운 경험에 직면하여 흥미와 적극적 요구를 개진했는가?'처럼 유아가 자신의 경험을 재구성하는 것에 도움을 주었는지 여부를 평가해야 한다.

(11) 듀이의 사상이 한국 유아교육에 미친 영향

① 우리나라의 교육과정은 ⓐ [   ] 중심, ⓑ [   ] 중심, ⓒ [   ] 중심, ⓓ [   ] 중심이라는 듀이의 기본이념에 기초하여 구성되었다.

② 유치원 일과 중의 하나로 [   ] 시간을 운영하는 등 유아의 흥미에 따른 선택의 기회를 중요시했다.

4 니일(Alexander Sutherland Neil, 1883~1973)

(1) 교육사상

① 시대적 배경 : 니일은 "어린이들에 대한 철저한 [   ]에 입각한 교육이야말로 증오와 공포에 찬 오늘날의 병든 세계를 구하는 유일한 길이다."라고 주장하면서 [   ]에 입각한 교육이 세계를 구하는 길이라는 명제를 내세웠다.

(2) 아동관

① 루소의 [   ]적 인간관과 같은 맥락에서, 인간은 선(善)하게 태어난다는 믿음과 자연스러운 발전을 해치지 않으면 좋은 인간이 된다고 생각했다.

② [   ] (이)란 남의 [   ]을/를 침해하지 않는 범위에서 하고 싶은 것을 할 수 있고, 또 하도록 내버려 두는 것이라고 주장하면서 방종이 아닌 범위에서 개인적 [   ]을/를 누려야 한다.

정답

(10) ① 관찰자
② 매개자
③ 조력자 및 안내자
④ 평가자

(11) ① ⓐ 아동
ⓑ 흥미
ⓒ 생활
ⓓ 활동
② 자유선택활동

(1) ① 자유

(2) ① 자연주의
② 자유

(3) ① 행복
  ② 전교자치회
  ③ 개인 지도

(3) 교육실천

① 학업 성적보다는 ▨▨▨▨, 성실, 조화, 사회성 등을 목표로 했다.

② ▨▨▨▨▨▨▨▨▨▨ : 학교의 모든 규칙과 위반 행위에 대한 제재가 민주적인 투표에 의해 결정되며 니일은 이를 매우 중요한 것으로 생각했다.

③ ▨▨▨▨▨▨▨▨ : 자유로이 이야기하는 형식으로, 정신적인 장애로 괴로움을 받고 있는 어린이에 한하여 실시한다.

9 우리나라의 보육 · 교육 사상 및 철학

 정답은 빨간색으로 작성해서 빨간시트로 가리고 다시 한번 복습해 보세요!

정답

1 우리나라의 아동관 및 보육 · 교육 사상

(1) [   ]의 아동관

　① 인간은 누구나 '한울님(天)'을 모신 [   ]한 존재로 인식되며 교육을 통하여 인간이 돌아가야 할 가장 이상적인 상태를 아동의 마음으로 보았다.

　② 아동에 대한 체벌은 어떠한 경우에도 금했으며 아동이 지닌 인간 존엄성을 인식하기 시작한 점에서 [   ]의 아동관을 근대적인 아동관의 출발점으로 본다.

(2) 방정환(1899~1931)의 아동관 및 교육사상

　① 천도교를 접한 방정환은 아동의 본성이 본래 선하다는 [   ]적 아동관 또는 아동을 천사로 보는 천사주의 아동관을 배경으로 하고 있다.

　② 아동을 그 나름대로의 개성과 인격을 지닌 독립된 인격체로 보아 어린이에게 [   ] 운동을 펼치기도 했다.

　③ '천도교 소년회'라는 단체를 조직하고 다양한 신문화운동을 전개해 나가면서 본격적으로 '[   ]'(이)라는 용어를 쓰기 시작했다.

　④ 1923년 5월 1일 제1회 '어린이날'을 제정했으며, 1931년 순수 아동잡지인 ⓐ『[   ]』을/를 창간하고 아동문제 연구회인 ⓑ '[   ]'을/를 창립해 최초로 아동운동을 실천했다.

　⑤ 어린이는 한울(하늘)이다. 이는 '사람이 곧 한울'이라는 동학과 [   ] 사상에 영향을 받은 것이다.

(3) 소파 방정환의 영유아 교육방법(차호일, 1988)

　① 자발성과 [   ]을/를 통한 교육

　② [   ]을/를 통한 교육

　③ [   ]을/를 통한 교육

　④ 칭찬과 대화를 통한 교육

　⑤ 발달수준에 알맞은 교육

정답

(1) 동학
　① 평등
　② 동학

(2) ① 성선
　② 존댓말 쓰기
　③ 어린이
　④ ⓐ 어린이
　　ⓑ 색동회
　⑤ 천도교

(3) ① 흥미
　② 견학
　③ 놀이

(4) 광복 이전 우리나라 유치원의 역사

　① 부산유치원 : 우리나라 최초의 유치원이다. 우리나라에 거주하는 일본인 자녀를
　　　위해 설립되었다.

　② 나남유치원 : 한국 어린이를 위한 최초의 유치원이다. 함경북도 정토종 포교위원
　　　이 설립하였으며 교사는 일본인이었다.

　③ 경성유치원 : 서울 인사동에 백인기에 의해 설립되었으며 교사와 유아 모두 한국
　　　인이었으나 친일파 자녀를 일본인화하려는 목적으로 설립되었다.

　④ 　　　　　　　　　　　 : 미국인 선교사 브라운 리에 의해 이화학당 부설기관으
　　　로 설립되었다. 순수한 한국 어린이 교육을 위해 설립되었다. 우리나라 최초의 유
　　　치원 교사 양성 기관인 이화유치원 사범과가 개설(1915)되었다.

　⑤ 　　　　　　　　　　　 : 한국 어린이에게 민족정신을 심어 주기 위한 애국적 동
　　　기로 설립된 유치원이다. 33인 중 1인인 박희도가 설립하였다.

10

뱅크 스트리트 프로그램 (Bank Street Program)

 정답은 빨간색으로 작성해서 빨간시트로 가리고 다시 한번 복습해 보세요!

1 뱅크 스트리트 프로그램의 배경 및 이론적 기초

(1) 뱅크 스트리트 프로그램의 배경

① 1917년 뉴욕 시의 교육실험국은 연구의 목적으로 [   ] 상호작용 접근법에 기초를 둔 실험학교를 설립하였고, 이 실험학교에서 경험 중심의 교육과정을 아동들에게 제공했다.

② 1965년부터 1968년까지 뱅크 스트리트 교육대학은 뉴욕 시의 [   ] 가정을 위한 유아와 가족 지원 센터를 후원했다.

(2) 뱅크 스트리트 프로그램의 이론적 기초

① 뱅크 스트리트 프로그램은 듀이의 ⓐ [   ] 교육이론, 에릭슨의 ⓑ [   ] 발달 이론, 피아제의 ⓒ [   ] 이론, 비고츠키의 ⓓ [   ] 이론의 영향을 받았다.

(1) ① 발달적
② 저소득층

(2) ① ⓐ 진보주의
ⓑ 심리사회적
ⓒ 인지발달
ⓓ 사회적 구성주의

2 뱅크 스트리트 프로그램의 교육과정

(1) 교육내용

① [   ] : 경험을 통해 아동이 이미 알고 있는 것을 더욱 완전하게 이해할 수 있도록 도와주는 곳이다.

② [   ] : 아동이 직접 경험을 하여 심화 학습이 이루어지고 개념을 구체화시키며 적극적으로 탐색활동을 시도한다.

③ [   ] : 통합된 교과과정에서는 사람, 아이디어, 그리고 기술이 서로 연결되어 있어 지식을 좀 더 깊은 수준으로 이해할 수 있도록 해 준다.

④ [   ] 의 강조 : 사람과 환경 간의 관계, 세상과 지역, 현대와 과거의 모든 것을 포함하는 [   ] 을/를 강조하고 민주적인 생활의 경험, 사회적 환경에 대한 질문과 문제해결, 다양한 상호작용의 기회가 제공된다.

⑤ [   ] 강조 : 아동에게는 책과 그림이 광범위하게 제공되고, 교사는 말하기 · 쓰기뿐 아니라 읽기를 의사소통의 수단으로 가르친다.

⑥ [   ] : 실생활에 기반을 두고 구체적인 자료 및 교구와 상호작용하면서 사고하는 방법과 문제해결 능력을 기른다.

(1) ① 학교
② 현장학습
③ 통합교육
④ 사회교육
⑤ 언어역할
⑥ 수학과 과학

(2) 교수-학습방법과 교사의 역할

　① 학습의 ⓐ   및 ⓑ   역할 : 아동의 개인적 관심사와 경험을 객관적이고 질서 있는 영역의 세계와 연결시켜 주는 역할을 하고 유아가 새로운 것을 발견할 수 있도록 충분한 시간을 제공해 주어야 한다.

　②   프로그램 제공 : 생태학적 체제의 상호작용과 발달에 대한 지식에 근거한 프로그램을 제공한다.

(3) 뱅크 스트리트 유아교육의 사례

　①   : 뱅크 스트리트 교육대학의 발달적 상호작용 접근방법의 학습과 교수법을 보여 주는 대표적 기관이다.   의 철학은 생활 경험을 중시하고 구성주의를 배경으로 운영되며, 아동이 학습의 주도자가 되도록 한다. 유능한 전인아동을 교육시키는 것을 강조하며 동시에 학습자, 교사, 또래의 역할을 할 수 있는 아동의 통합성을 강조하고 격려한다.

　②   : 세 단계로 나누어진 아동학교 중에서 3~6세의 아동들이 다니는 곳이다. 교육내용으로는 사회, 발현적 문어, 수학과 과학, 미술, 음악 및 율동, 외국어, 체육을 배우고 도서관 등을 운영한다.

11 디스타 프로그램
(DISTAR Program)

 정답은 빨간색으로 작성해서 빨간시트로 가리고 다시 한번 복습해 보세요!

1 디스타 프로그램의 배경 및 이론적 기초

(1) 디스타 프로그램의 배경

① 1960년대 빈곤의 악순환에 대한 사회적 관심에 따라 빈곤한 환경의 아동에게   을/를 실시해야 한다는 필요성에서 디스타(DISTAR) 프로그램이 개발되었다.

② 빈곤지역 아동의 학습준비를 위해 베라이터(C. Bereiter)와 엥글만(S. Engelmann)은   이론을 토대로 하여 '베라이터-엥글만 프로그램'이라는 교수방법을 처음으로 개발하였고, 1967년부터 1995년 사이에 미국 연방정부로부터 재정지원을 받아 진행되었던 최대 규모의 보상교육인 '프로젝트 팔로 스루(Project Follow Through)'와 맞물려 그 효과를 인정받았다.

③ 미국의 원더랜드 차터스쿨(Wonderland Charter School)에서는 인지적 능력을 강화하는   교수-학습 활동뿐만 아니라, 주제탐구활동과 비슷한 주제접근법도 보완해서 사용하고 있으며, 음악, 미술, 극놀이를 통해 유아들이 감정과 생각을 표현할 수 있도록 하고 있다.

(2) 디스타 프로그램의 이론적 기초

① 디스타(DISTAR) 프로그램의 'DI'는 'Direct Instruction'의 축약형으로서   교수를 뜻한다.

② 수업을 통해 학생들을 훈련시키며, ⓐ   및 ⓑ   을/를 통해 아동이 바람직한 행동을 학습하게 할 수 있다는 '행동주의 이론'에 기초하여 잘 한 것에 대해서는 ⓐ   하고 잘못한 것에 대해서는 즉시 교정하는 방법을 사용한다.

2 디스타 프로그램의 교육목표 및 원리

(1) 디스타 프로그램의 교육목표

①   유아가 취학 후 학습을 성공적으로 수행하여 다른 아동들과의 경쟁에서 뒤처지지 않도록 하기 위해 필요한 기술을 획득하도록 하는 것이다.

② 베라이터와 엥글만에 의하면 유아교육기관은   에 필요한 기초를 형성하는 곳이며, 유아교육은 유아의 전반적인 발달을 도모하기보다는 학문적인 기초를 형성해 주어야 한다고 보았다.

정답

(1) ① 보상교육
    ② 행동주의
    ③ 직접적

(2) ① 직접적
    ② ⓐ 보상
       ⓑ 강화

(1) ① 저소득층
    ② 학교학습

③ 목표

(2) ① 교사
② 강화
③ 직접적
④ 평가

(3) ① 계획자 및 관리자
② 강화 제공자
③ 평가자
④ 환경구성자

③ 디스타 프로그램에서는 세부적인 교과과정과 달성해야 할 [   ]이/가 선정되어 있다.

(2) 디스타 프로그램의 기본 원리

① 디스타 프로그램은 '제대로 가르치면 모든 아동들은 배울 수 있다'라는 기본 신념에서 구성된 [   ] 중심의 학교개혁 모델이다.

② 교사는 인위적인 [   ]을/를 통해 학습이 이루어지도록 하다가 점차 아동의 자발적인 학습을 유도한다.

③ 학생들이 가능한 한 빨리 배울 수 있도록 [   ]인 교수방법을 통해 학문적 기초형성을 수립할 수 있게 도와주는 수업내용으로 구성되어 있다.

④ 아동은 디스타 프로그램을 통한 학습 진행 속도에 따라 재편성되고, 교과과정을 바탕으로 한 [   ]을/를 자주 받음으로써 자신의 실력에 맞는 그룹에 소속되어 보충 교육을 받는다.

(3) 교수-학습방법과 교사의 역할

① [   ] : 교사는 학습에 있어서 매우 주도적이고 관리적 역할을 하면서 아동이 배워야 할 기술들을 언제, 어떠한 순서로 가르칠 것인지 세밀하게 계획을 세우고 문서화한다.

② [   ] : 아동의 학습결과가 극대화될 수 있도록 언어적 반응을 곧바로 해 주어야 하며, 아동이 학습을 잘 해냈을 경우에는 바로 보상을 해 주고, 잘못한 일에 대해서는 즉시 수정해 주어야 한다.

③ [   ] : 아동들의 학습결과와 현재 수준, 학습의 효과를 자주 평가해서 비슷한 수준의 아동들끼리 집단을 구성한다.

④ [   ] : 지나치게 풍부한 환경은 유아들의 개념학습에 오히려 부적당하다고 보고 새로운 개념이나 학습을 소개하기 위해 꼭 필요한 교구만 제시한다.

하이스코프 프로그램
(High/Scope Program)

1 하이스코프 프로그램의 배경 및 이론적 기초

(1) 하이스코프 프로그램의 배경

① 1960년대 하이스코프(High/Scope) 프로그램은 저소득층 유아의 취학준비를 지원
하기 위해 개발된 [   ] 지향적 교육과정으로 시작되었다.

② 1962년 와이카트(David P. Weikart)와 그의 동료들은 저소득층 3~4세 유아의 초등
학교 취학 준비를 위한 프로그램을 개발했고, [   ]에서 처음
실시되었다.

(2) 하이스코프 프로그램의 이론적 기초

① 피아제(Piaget)의 [   ] 이론에 기초하며 구성주의적 성격을 띠고
있다.

② 교사는 유아를 ⓐ [   ] 함으로써 유아가 지식을 만들어 가는 과정을 이해하고
이러한 경험을 해 볼 수 있는 ⓑ [   ]을/를 제공해 주며, 이에 대한 유아의 논
리적 사고를 도와주는 것이다.

2 하이스코프 프로그램의 교육목표 및 원리

(1) 하이스코프 프로그램의 교육목표

① 사람, 물질(교구), 사건, 아이디어에 [   ](으)로 참여함으로써 배운다.

② 자신이 하는 활동의 많은 부분을 ⓐ [   ] 하고 ⓑ [   ] 하며 자신이 행한
것과 배운 것에 관해 다른 사람과 이야기하는 것을 배운다.

(2) 하이스코프 프로그램의 기본 원리

① [   ] : 학생들이 사람과 사물, 사건과 아이디어의 직접적인 경
험을 갖는 것을 의미한다. 아동의 관심과 선택을 중요하게 생각하며 세상과 주변
사람들과의 직접적인 상호작용을 통해 자기 자신의 지식을 구성하도록 돕는다.

② [   ] : 영유아를 위한 58가지의 '발달상의 [   ]'와/과
[   ]을/를 촉진하기 위한 실제적 책략을 규정해 놓고 있다.
[   ]은/는 교육목표 대신 사용하는 것으로, 10개의 범주로 분류되
어 있고 연령에 따라 영아용과 유아용으로 구분되어 있다.

정답

(1) ① 인지
② 페리 유아원

(2) ① 인지발달
② ⓐ 관찰
ⓑ 환경

(1) ① 능동적
② ⓐ 계획
ⓑ 수행

(2) ① 능동적 학습
② 주요 경험

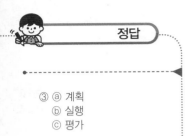

정답

③ ⓐ 계획
　ⓑ 실행
　ⓒ 평가

(1) ① 주요 경험
　② 주요 경험

(2) ① 능동적 학습자
　② 상호작용자
　　ⓐ 발달수준
　　ⓑ 언어적 상호작용
　③ 환경조성자

③ ⓐ [　　　　] - ⓑ [　　　　] - ⓒ [　　　　]의 과정

　ⓐ [　　　] : 5~10분간 소집단으로 자신이 작업시간에 할 활동과 교구 등을 선택하고 ⓐ [　　　]한다.

　ⓑ [　　　] : 45~60분의 작업시간 동안 영유아들은 계획한 것을 수행하면서 탐구하고, 의문을 제기하고, 답을 찾거나 문제를 해결하며 친구나 성인들과 상호작용을 한다.

　ⓒ [　　　] : 5~10분간 아동들은 자신이 무엇을 하였고, 무엇을 배웠는지 교사와 다른 아동들과 함께 회상하는 시간을 갖는다.

③ 하이스코프 프로그램의 교육과정

(1) 교육내용

　① 하이스코프 프로그램은 영유아에게 발달상으로 중요한 기술이나 능력이 있다고 보고, 이러한 기술 및 능력을 기를 수 있는 활동들을 [　　　　　　　](으)로 조직화하였다.

　② [　　　　　　　]의 범주

　　ⓐ 영아 : 자기 인식, 사회적 관계, 창의적 표상, 동작, 음률, 의사소통 및 언어, 사물 탐색, 수, 공간, 시간

　　ⓑ 유아 : 창의적 표상, 언어 및 문해, 주도성 및 사회적 관계, 동작, 음률, 분류, 서열화, 수, 공간, 시간

(2) 교수-학습방법과 교사의 역할

　① [　　　　　　　　　　] 역할 : 아동의 활동에 감독자나 관리자가 아니라 파트너로서 참여함을 뜻한다. 교사와 아동은 둘 다 화자이자 청자이며, 리더이자 추종자이다.

　② [　　　　　　　　] (으)로서의 역할

　　ⓐ 교사는 유아의 이야기를 주의 깊게 듣고 유아의 활동을 확장시킴으로써 유아가 자신의 [　　　　　　]에 적합한 과제를 수행할 수 있도록 격려한다.

　　ⓑ "무슨 일이 일어났니?", "어떻게 만들었니?" 등 개방형 질문을 사용하여 자유롭고 풍부한 대화가 가능하도록 도와주며 유아 간의 [　　　　　　] [　　　]을/를 촉진시킨다.

　③ [　　　　　　　　] (으)로서의 역할

　　ⓐ 흥미 영역을 구성하고 일상적 절차를 개발하며 유아 스스로 활동하는 학습환경을 조성한다.

ⓑ 매일의 일과 계획 및 평가시간에 다양한 　　　　　　　　 활동을 진행한다.

ⓒ 단순히 유아의 행동을 관찰하기보다는 　　　　　　　　 방식으로 상호작용을 이끌어 나간다.

4 영유아 프로그램의 기초 이론 – 구성주의 이론

(1) 카미-드브리스 프로그램

① 프로그램 목표 : 피아제의 인지발달 이론에 근거하여 개발된 구성주의 프로그램의 한 가지이다.

② 교육방법 : 지식의 종류에 따라 교육을 수행하는 방법이 달라진다. 물건치우기, 퍼즐놀이, 가루놀이, 거울놀이 등을 한다.

ⓐ 　　　　　　　　 : 사물의 움직임이나 변화와 관련된 지식으로, 구체적 사물과 직접적인 상호작용을 통해 사물의 특성을 이해함으로써 스스로 지식을 구성한다. 이는 논리 · 수학적 지식의 기초를 형성해 가는 지식이 된다.

ⓑ 　　　　　　　　 : 대상물 사이에 나타난 관계가 조직화된 것으로, 사물, 사건, 자료 간의 관계의 추리를 통해 만들어지는 아동의 내재화된 지식이다.

ⓒ 　　　　　　　　 : 지식의 근원이 사람들에게 있는 것으로, 관습이나 사회적 약속 등 사회적으로 합의된 임의의 지식이다.

③ 교사의 역할 : 가르친다기보다는 아동이 사고를 형성하도록 도와주는 역할을 한다. 탐구할 수 있는 환경과 지식의 유형에 적합한 활동들을 안내하고 스스로 지식을 구성할 수 있도록 돕는다.

프로젝트 접근법
(Project Approach)

정답

(1) ① 듀이
   ② 프로젝트법
   ③ ⓐ 카츠
     ⓑ 차드
   ④ 발달에 적합한 실제

(2) ① ⓐ 경험
     ⓑ 흥미
     ⓒ 아동
     ⓓ 생활
     ⓔ 통합
   ② ⓐ 인지적 갈등
     ⓑ 직접 경험
   ③ ⓐ 사회적 맥락
     ⓑ 사회적 상호작용

1　프로젝트 접근법의 배경 및 이론적 기초

(1) 프로젝트 접근법의 배경

① 프로젝트 접근법(Project Approach)은 1886년 〔　　　　〕의 실험학교에서 비롯되었다.

② 킬패트릭(W. H. Kilpatrick)은 1919년 콜롬비아 대학교에서 〔　　　　〕(이)라는 논문을 발표하면서 듀이의 프로젝트에 의한 학습활동들을 구체적으로 체계화하여 이론으로 정립했다.

③ 1960년대 후반 인간중심 교육에 대한 요구가 강조되면서 새로운 대안으로 프로젝트 접근법이 큰 관심을 받게 되었고, 1980년대 ⓐ〔　　　　〕와/과 ⓑ〔　　　　〕에 의해 재조명되었다.

④ 1987년 미국유아교육협회(NAEYC)에서 발표한 '〔　　　　〕'에서는 아동의 흥미와 관심에 따라 아동이 주도적으로 활동하는 프로젝트 학습이 아동의 발달수준에 가장 민감하게 반응할 수 있는 교육방법임을 시사하였다.

(2) 프로젝트 접근법의 이론적 기초

① 듀이는 아동을 능동적으로 활동을 수행할 수 있는 존재로 보고, ⓐ〔　　　　〕중심, ⓑ〔　　　　〕중심, ⓒ〔　　　　〕중심, ⓓ〔　　　　〕중심의 교육을 강조했다. 또한, 분절된 교과목을 가르치는 것이 아니라 아동이 흥미 있는 활동을 하면서 그 과정에서 필요한 교과목을 도입하는 ⓔ〔　　　　〕교육을 주장했다.

② 피아제는 아동은 성인과는 다른 나름의 논리와 이해를 지니고 ⓐ〔　　　　〕에 직면했을 때 능동적으로 새로운 지식을 구성해 나가는 존재이므로 아동의 ⓑ〔　　　　〕을/를 통한 능동적 학습이 중요하다고 하였다.

③ 비고츠키는 학습은 ⓐ〔　　　　〕에서 이루어지며 학습자가 다른 사람과의 ⓑ〔　　　　〕을/를 통해서 인지발달이 자극받을 때 근접발달영역에서의 이동이 가능하다고 보고 공동협력학습의 과정을 중시했다.

2 프로젝트 접근법의 교육목표 및 원리

(1) 프로젝트 접근법의 교육목표

① 　　　　 획득 : 사실이나 문화적 관점, 도식, 사건 스크립트, 범주와 속성, 원인과 결과의 관계, 부분과 전체의 관계 등을 포함한다.

② 　　　　 습득 : 말하기, 읽기, 쓰기, 수 세기 등의 기본 학업기술과 관찰 및 자료 다루기 등의 과학적 기술, 협동과 토의, 논쟁 및 협상, 팀워크 등의 사회적 기술, 주고받기, 감사하기 등의 대인관계 기술이 여기에 포함된다.

③ 　　　　 계발 : 마음의 습관 또는 반복되는 행동의 유형이다. '효과적인 학습자' 가 되기 위한 성향은 궁금증을 갖는 것, 예측하는 것, 설명하는 것, 도전하고 시도 하는 것, 끈기를 가지는 것, 반성하는 것, 개방성 등이다.

④ 　　　　 발달 : 영유아가 주관적 감정을 느끼고 적절히 다룰 수 있도록 　　　 을/를 발달시킨다. 특히, 활동을 수행하는 과정에서 집단에 대한 소속감과 유대감 을 느끼고 자신을 능력 있는 존재로 여기며 자신감을 갖게 한다.

(2) 프로젝트 접근법의 원리

① 　　　　　　　 교육 : 개별 아동 혹은 집단의 아동들은 자신의 관심과 흥미에 따라 원하는 ⓐ 　　　 을/를 자유롭게 선택하고, 준비된 환경 속에서 자신이 선 택한 ⓐ 　　　 을/를 깊이 있게 탐구한다. 아동의 ⓑ 　　　　　 을/를 존중 하면서 아동의 발달특성에 민감하게 반응한다.

② 　　　　　　　　 제공 : 프로젝트 활동을 진행하는 동안 아동은 과목마다 ⓐ 　　　 된 것을 경험하는 것이 아니라 한 가지 주제 아래 신체·언어·수학· 과학·음률·미술 영역 등이 의미 있게 연관된 활동들을 수행하며, 발달의 전 영역 에 걸쳐 균형 잡힌 ⓑ 　　　 교육을 경험하게 된다.

③ 시·공간의 제약이 없는 　　　　　　　 : 프로젝트 접근법에서 아동은 자신의 호기심과 흥미가 충족될 때까지 시간의 ⓐ 　　　 없이 활동을 지속한 다. 프로젝트를 통한 학습은 실생활과 밀접하게 관련되어 있어 가정과 학교 및 학 교 외부 등 아동이 존재하는 모든 공간에서 ⓑ 　　　　 을/를 가지고 이루어 진다.

(1) ① 지식
② 기술
③ 성향
④ 정서

(2) ① 아동중심
ⓐ 주제
ⓑ 개별성
② 통합된 경험
ⓐ 분리
ⓑ 통합
③ 연속적 학습
ⓐ 제한
ⓑ 연속성

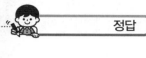
④ 공동체적 삶의 경험
⑤ 발현적 교육

(1) 준비

(2) 도입

(3) 전개
(4) 마무리

(1) ① 유아
  ② 계속적
  ③ 협조적

(2) ① 내적 동기화
  ② ⓐ 사회성
    ⓑ 협동심
  ③ ⓐ 의사결정
    ⓑ 언어적 표현

④ [   ] 제공 : 교사, 또래, 학부모, 지역사회와 긴밀한 상호 관계를 맺고 같은 주제를 가지고 서로 상호작용함으로써 [   ] 을/를 제공한다.

⑤ 아동의 흥미와 욕구에 따른 [   ] : 개별 활동의 세부적인 계획안을 구성하지 않고, 매일의 활동 속에서 아동이 제시하는 새로운 아이디어 및 흥미와 욕구를 반영하여 유동적으로 변경될 수 있는 목표를 세우고 융통성 있게 운영한다.

3 프로젝트 접근법의 교육내용

(1) [   ] 단계 : 주제 선정, 예비 주제망 구성하기
(2) [   ] 단계 : 경험 나누기 및 표현하기, 교사와 유아의 공동 주제망 완성하기, 질문목록 구성하기
(3) [   ] 단계 : 현장견학 활동, 전문가와의 면담
(4) [   ] 단계 : 종결 행사 준비, 전시회 및 발표회

4 프로젝트 접근법의 의의

(1) 전통적 교육방식과의 차이점

전통적 접근법	프로젝트 접근법
교사가 주제 선정	① [ ] 와/과 교사가 함께 주제 선정
계획된 교육과정의 일정에 따라 새로운 활동이 시작되고 종결	유아의 호기심과 흥미가 충족될 때까지 ② [ ] (으)로 심화학습 가능
개별적 학습	상호 협동 및 가족, 이웃, 지역사회로의 ③ [ ] 관계로 확장

(2) 영유아 발달에 미치는 교육적 가치

① 유아 자신의 주도적인 참여 속에 이루어지므로 학습에 대한 [   ] 이/가 이루어진다.

② 또래, 가족, 이웃, 지역사회 구성원과의 의미 있는 상호 협동의 기회가 많이 제공되기 때문에 ⓐ [   ] 및 ⓑ [   ] 을/를 기를 수 있으며, 타인의 정서를 잘 이해할 수 있다.

③ 활동과정에서 제공되는 끊임없는 선택과 결정의 과정을 통해 ⓐ [   ] 능력과 ⓑ [   ] 능력을 기를 수 있다.

(3) 프로젝트 접근법 현장 적용에 따른 문제점과 해결방안

① 유아의   에 대한 배려 부족 : 교사 1명으로는 프로젝트 활동에 관심을 가지지 않는 개별 유아까지 배려할 수 없다. 따라서 교사 수를 증원하여 다른 교사 1명이 프로젝트 활동에 참여하지 않는 유아와 상호작용할 수 있도록 해야 한다.

② 다양한   체제의 부족 : 교사 대 아동의 비율이 높고 활동공간, 학습자원 등이 부족하며, 현장견학 및 전문가와의 면담활동이 잘 이루어지지 않는다. 국가적 차원에서의 충분한 재정적 지원과 지역사회와의 유대관계가 필요하다.

③ 지속적인   의 어려움 : 프로젝트 접근법에 대한 연수나 워크숍 등의 교육 기회가 부족하다. 따라서 프로젝트를 진행하고 있는 다른 기관 교사들과 연합교육을 실시하도록 한다.

정답

(3) ① 개별적 특성
② 물적 · 인적 지원
③ 교사교육

제13장 프로젝트 접근법(Project Approach) · · · 53

레지오 에밀리아 접근법 (Reggio Emilia Approach)

1 레지오 에밀리아 접근법의 배경 및 이론적 기초

(1) 레지오 에밀리아 접근법의 배경

① 레지오 에밀리아 접근법의 시작은 제2차 세계대전 직후 [   ] 북부 레지오 로마냐 지역에 거주하는 부모들이 유아기 자녀를 보육·교육하기 위해 학교를 설립한 것에서 비롯되었다.

② [   ] : 레지오 에밀리아 접근법을 확립하고 학교를 설립하는 데 주도적 역할을 했다. 그는 '어린이는 100가지 언어와 생각, 100가지 놀이하는 방법과 말하는 법을 알고 있지만 세상 사람들이 그중에 99가지는 훔쳐 간다'고 했다.

③ 오늘날 레지오 에밀리아 시립 유아교육 체제는 4개월~3세를 위한 ⓐ [   ] 와/과 3~6세 유아를 위한 ⓑ [   ] (으)로 운영되고 있다.

(2) 레지오 에밀리아 접근법의 이론적 기초

① 피아제의 영향 : 레지오 에밀리아 학교에서는 아동이 사물을 변형시키고 자신의 사고와 아이디어를 [   ] 을/를 이용하여 표현할 수 있는 기회를 갖도록 다양한 교재를 구비하며, 교육적인 자극을 제공하는 환경으로 구성되어 있다.

② 비고츠키의 영향 : 말라구치는 아동발달에 있어서 성인과의 [   ] 을/를 중요시하며, 레지오 에밀리아에서는 사회 및 문화집단에 견고하게 자리 잡고 있는 아동을 이상적으로 보고 있다.

③ 진보주의 : 레지오 에밀리아 접근법은 아동의 흥미, 잠재력, 그리고 경험에 의해 교육내용을 결정하는 [   ] 교육과정의 특성을 가진다.

④ 다중지능이론 : 레지오 에밀리아에서는 프로젝트 학습을 통해 유아들의 서로 다른 잠재 능력이 충분히 신장될 수 있게 하며 심화학습을 위해 다양한 [   ] 매체를 활용한다.

❷ 레지오 에밀리아 접근법의 교육목표 및 원리

(1) 레지오 에밀리아 접근법의 교육목표

레지오 에밀리아 접근법은 교육과정의 ①   을/를 정해 놓지 않는다는 점에서 다른 일반적인 교육과정과 구분된다. 교사는 미리 교육목표를 수립하고 이끌어 가기보다는, 아동의 ②   에 의해 시작된 프로젝트가 진행되는 과정에서 아동이 원할 때 언제든지 필요한 자원을 제공하는 역할을 한다.

(2) 레지오 에밀리아 접근법의 기본 원리

①   교육과정 : 아동의 흥미, 잠재력 그리고 경험에 의해 교육내용이 결정되는   교육과정의 원리를 가진다.

②   : 인간은 또래, 성인, 사물, 상징과의 상호작용을 통해 자신을 형성하는 존재라고 보는 사회적 구성주의 모델을 바탕으로 소집단 활동을 중요시한다.

③   발달 : 시각적 예술 작업을 포함한 상징적   활동을 인지 · 언어 · 사회성 발달을 위한 도구로 본다.

④   의 중요성 :   을/를 이루는 모든 요소는 아동의 학습에 중요한 영향을 끼치므로 제3의 교사로 기능한다.   은/는 아동이 능동적으로 학습해 나가는 과정에서 필요한 것을 갖추고 아동의 학습을 지원하는 역할을 한다.

⑤   : 아동의 학습활동을 지원해 주는 파트너이다.   은/는 아동의 발달과 학습과정을 계속 관찰 · 기록 · 분석함으로써 아동의 교육활동을 보다 효율적으로 이끌어 가기 위한 연구를 수행한다.

⑥   : 아동발달과정이나 경험을 담은 사진이나 서면상의   등 다양한 형식을 취한다. 이는 교육과정을 지원하며 교사 - 아동 간, 교사 - 교사 간, 교사 - 부모 간 상호적인 학습과정이기도 하다.

(3) 교육내용과 활동

①   : 사회극놀이와 구성놀이 및 신체활동에 참여할 기회를 많이 가진다.

②   : 레지오 에밀리아 접근법에서 가장 특징적인 측면은 특정 주제에 대해 교사와 아동이 함께 탐구해 가는 프로젝트이다.

정답

(1) ① 목표
② 관심

(2) ① 발현적
② 협력
③ 표상
④ 환경
⑤ 교사
⑥ 기록

(3) ① 놀이활동
② 주제 탐구

③ ⓐ 표현
ⓑ 호기심
ⓒ 기록
④ 민주시민

(4) ① ⓐ 기록화
ⓑ 환경
ⓒ 협력
ⓓ 부모
ⓔ 의사소통
ⓕ 아동
ⓖ 사회적 관계
ⓗ 교사와 아동

③ 미국의 프로젝트 접근법 및 발현적 교육과정과 구분되는 특징

ⓐ ⬛⬛⬛ 의 중요성을 강조한다. 특히 언어적 표현 외에도 다양한 의사소통 방식을 강조한다.

ⓑ 교사들은 아동의 ⬛⬛⬛⬛ 와/과 질문에 기초하여 교육목표를 수립한다.

ⓒ ⬛⬛⬛ 은/는 학습과정이며 학습의 결과물이다. 학교의 벽에는 아동의 학교생활에서 산출된 다양한 결과물이 전시된다.

④ ⬛⬛⬛⬛⬛⬛ 교육 : 아동이 학급이라는 공동체와 학교문화에 참여하고 지역사회 공동체에 참여하는 것을 중요하게 여긴다. 또한, 아동은 다른 사람들과의 관계 형성 및 유지뿐 아니라 관계 자체의 중요성도 배운다.

(4) 교수 - 학습 방법과 교사의 역할

① 교사의 역할

ⓐ ⬛⬛⬛⬛ 와/과 연구 : 교육과정 계획 및 평가, 부모와의 상호작용 등에 사용된다.

ⓑ 제3의 교사인 ⬛⬛⬛ 조성 : 상호작용과 의사소통을 지지하는 ⬛⬛⬛ 의 역할을 이해하고, 그러한 ⬛⬛⬛ 을/를 조성하기 위해 노력한다.

ⓒ 지식구성을 위한 ⬛⬛⬛ : 의미 있는 학습 경험을 위해 아동에 대해 다른 교사들과 ⬛⬛⬛ 와/과 협상을 한다.

ⓓ ⬛⬛⬛⬛ 와/과의 협력 : ⬛⬛⬛⬛⬛ 이/가 아동의 학습 경험을 알고 ⬛⬛⬛⬛ 의 역할을 이해한다면 학교에 참여하는 다양한 방법에 대해 인식하게 된다.

ⓔ ⬛⬛⬛⬛⬛ : 협력과 기록을 중시하는 레지오 에밀리아 접근법에서는 교사-유아, 유아-유아, 교사-교사, 교사-부모의 ⬛⬛⬛⬛⬛⬛ 을/를 중요시한다.

ⓕ ⬛⬛⬛ 지지 : 교사는 ⬛⬛⬛ 을/를 유능한 존재로 보고 ⬛⬛⬛ 이/가 지식을 구성해 나가는 과정에서 협력자의 역할을 한다.

ⓖ ⬛⬛⬛⬛⬛⬛ 지지 : 아동이 사회적 집단에서 지식을 공동으로 구성할 수 있는 기회를 제공한다.

ⓗ ⬛⬛⬛⬛⬛⬛ 간의 이해교류 : 서로 상충되며 혼동되기도 하는 다양한 관점을 경험할 기회가 풍부한 사회문화적 맥락을 제공하기 위해 교사는 환경에 장애물을 만들어 놓으며, 아동이 다른 사람들의 관점에 도전하고자 하는 자연스러운 성향을 발휘하도록 도와준다.

② _____ : 교육조정자는 4~5개 학교에 배정되어 6세 미만 아동을 위한 시립 교육 프로그램의 운영이 질적 수준을 유지하도록 관리하며, 교육 시스템의 행정적, 기술적, 교육적, 사회적, 정치적 영역을 통합하는 역할을 한다.

③ _____ : 레지오 에밀리아 학교에는 모두 아틀리에(atelier)가 있어서 아동은 이곳에서 미술전담교사와 함께 미술작업을 한다.

④ _____ 와/과 청소부 : _____ 와/과 청소부는 레지오 에밀리아 학교에서 교사와 같은 지위를 가지며 아동의 교육적 경험의 한 부분이 된다. 레지오 에밀리아 학교에서는 주방이 현관 앞에 위치하여 _____ 은/는 학교의 인상을 결정하는 중요한 역할을 한다.

(5) 환경구성

① _____ (이)라는 공간은 아동 간의 만남, 상호작용, 교환이 촉진되도록 조성된다.

② _____ : 3세, 4세, 5세 아동을 위한 교실 등 실내공간은 공동 공간인 _____ (중앙의 광장 같은 역할을 하는 공간)을/를 향해 개방되어 있다.

③ 교실 : 각 교실은 2~3부분으로 나누어져 아동의 _____ 활동에 도움을 주며 _____ 간 의사소통의 기회를 제공한다.

④ _____ : _____ 에서의 작업은 레지오 에밀리아 교육 프로그램 전체에 통합되는 것으로 본다. 교실마다 다시 작은 _____ 을/를 두어 반별 활동도 가능하도록 했다.

(6) 부모 및 지역사회와의 연계

① 부모 및 지역사회의 참여 : 부모가 아동교육에 대한 책임감을 항상 느끼도록 부모에게 언제든 기관을 개방하고 활발한 상호작용을 통해 적극적으로 학교운영에 참여하도록 한다.

② _____ 의 형태 : 부모회, 운영위원회, 행사 도우미, 교구 제작 및 정원 가꾸기 등의 형태로 유아교육기관에 참여한다.

15 프로젝트 스펙트럼 접근법 (Project Spectrum Approach)

정답

(1) ① 가드너
② 펠드만

(2) ① 마음의 틀
② ⓐ 독립성
ⓑ 동등성
③ 영역별 발달이론
ⓐ 발달적 연속체

(1) ① ⓐ 강점
ⓑ 흥미
② 전인교육
③ 다중지능이론

(2) ① 풍부한 자료
② 흥미센터

1 프로젝트 스펙트럼 접근법의 배경 및 이론적 기초

(1) 프로젝트 스펙트럼(Project Spectrum)은 ① _____ 와/과 ② _____ 이/가 아동의 개별적이고 지적인 강점들을 구체화하기 위한 노력의 일환으로 개발한 교육과정이자 평가 프로그램으로, 먼저 유아원에서부터 시작되었다.

(2) 프로젝트 스펙트럼 접근법의 이론적 기초

① 다중지능이론 : 1983년 가드너의 『_____(Frames of mind)』이라는 저서를 통해 소개되었다. 인간의 지능영역을 9개 지능영역에 대해서 이야기하였다.

② 지능의 ⓐ _____ 와/과 ⓑ _____

ⓐ 지능의 _____ : 9가지 영역의 독특한 지능이 있으며, 각 지능은 비교적 독립적이다.

ⓑ 지능의 _____ : 일반적으로 9가지 영역에서의 지능은 비교적 동등하며, 명석함의 기준으로 언어와 논리·수학 지능이 강조되는 것은 문화적 영향일 뿐이다.

③ _____ : 펠드만의 이론으로, 광범위한 인지적 변화는 보편적인 영역에서부터 독특한 영역을 모두 포함하는 ⓐ _____ (으)로서 설명할 수 있다.

2 프로젝트 스펙트럼 접근법의 교육목표 및 환경

(1) 프로젝트 스펙트럼의 교육목표

① 개별 유아의 ⓐ _____ 와/과 ⓑ _____ 을/를 찾아 개발하고 다양한 지능영역을 보완하고 향상시킨다.

② 모든 지능영역을 성공적으로 발달시키는 _____ 의 접근법이다.

③ _____ 에 기초한 교육은 9가지 지능영역에 기초한 내용으로 구성된다.

(2) 환경구성

① 다중지능이론을 기초로 한 교실에서는 여러 가지 지능을 발달시키기 위해 다양하고 _____ 을/를 유아에게 제공한다.

② 유아들이 특별한 활동을 수행하거나 독립적으로 한 영역을 탐구하도록 하기 위해 물리적인 자극을 줄 수 있는 _____ 이/가 마련된다.

정답은 빨간색으로 작성해서 빨간시트로 가리고 다시 한번 복습해 보세요!

③   상태 : 자신의 즐거운 활동에 온전히 빠져 있는 정신의 상태로 프로젝트 스펙트럼 프로그램의 모든 교실은 유아들의   경험을 자극하도록 준비되고, 따로   실을 설치해 운영하기도 한다.

(3) 프로젝트 스펙트럼 접근법의 교수-학습방법

① 흥미센터를 중심으로   교육과정을 운영한다.

② 다중지능이론에 기초한 교수-학습방법은 여러 가지 형태의 지능에 대한 이론과 유아의 학습에 대한 다양한 방법을 기초로 하기 때문에 다양한 교수법을   할 수 있다.

③ '유아 중심적 소집단 활동', '교사 주도적 소집단 활동', '유아 중심적 대집단 활동', '교사 주도적 대집단 활동' 등을   운영한다.

(4) 교사의 역할

①   전문가 : 유아 개개인의 능력과 관심사를 최대한 포괄적으로 정확하게 파악한다.

② 유치원과 유아교육과정의   : 개별 유아에 적합한 학습방법을 제공해 준다.

③ 유치원과 지역공동체의   : 유아의 강점 개발을 위해 유치원에서 제공하기 힘든 것을 지역공동체가 제공하도록 하는 것이다.

④   : 다양한 흥미센터를 효율적으로 운영하면서 아동 중심적으로 아동의 자율성을 촉진시키는 역할을 수행한다.

정답

③ 플로우

(3) ① 주제중심 · 통합
② 통합
③ 균형있게

(4) ① 평가
② 중개인
③ 중개인
④ 촉진자

MEMO

PART 2

발달심리학

1 아동발달의 개념 및 연구법

1 발달의 개념

(1) ＿＿＿＿＿ : 정자와 난자가 만나 수정이 되어 인간의 생명이 시작되는 순간에서부터 죽음에 이르기까지의 전 생애 동안 연령의 증가와 함께 나타나는 모든 ① ＿＿＿＿＿ 을/를 가리키며 성숙과 학습의 ② ＿＿＿＿＿ 에 의해서 일어난다.

(2) ① ＿＿＿＿＿ 은/는 연습이나 학습 등 외적 환경조건과는 무관한 유전적 발달의 변화이며, ② ＿＿＿＿＿ 은/는 환경에서의 경험을 통해서 일어나는 과정이다.

(3) ＿＿＿＿＿ : 개인의 일생 중 각 시기에 성취해야만 할 일을 의미한다. ＿＿＿＿＿ 은/는 계열성을 지니며 한 단계를 완수한 후 다음 단계로 진행된다.

(4) ＿＿＿＿＿ 설 : 인간의 발달은 자연적인 성숙과 사회적 환경 및 초기 학습에 의해 영향을 받는데, 인간발달에는 이 두 측면이 모두 작용하고 있다고 본다.

(5) 발달의 ＿＿＿＿＿ : 인간의 발달은 인간의 능력이나 기술이 그 양과 복잡성에서 점차 증가하는 것을 의미한다.

(6) 발달의 ＿＿＿＿＿ : 인간의 발달은 특정 시기에 급격하게 이루어지며, 이후의 단계는 이전과는 완전히 질적으로 다른 수준의 발달 특성을 나타낸다.

(7) 맥코넬(McConel)의 발달의 일반 원리

　① 발달의 ＿＿＿＿＿ : 발달은 유전적 요인인 ⓐ ＿＿＿＿＿ 와/과 환경적 요인인 ⓑ ＿＿＿＿＿ 와/과의 상호작용의 결과이다.

　② 발달의 ＿＿＿＿＿ : 발달은 전체적이고 ⓐ ＿＿＿＿＿ 된 기관, 또는 기능에서 ⓑ ＿＿＿＿＿ 적이고 특수적인 기능으로 분화되며, 또한 부분적인 기관이나 기능은 전체로 종합되어 하나의 새로운 체제로 ⓒ ＿＿＿＿＿ 된다.

　③ 발달의 ＿＿＿＿＿ : '머리에서 아래쪽(두미발달)', '중심에서 말초(근원발달)', '전체에서 특수 활동(세분화 발달)' 등으로 발달에는 ⓐ ＿＿＿＿＿ 이/가 있으며, 그 순서는 ⓑ ＿＿＿＿＿ 하다.

　④ 발달의 ＿＿＿＿＿ : 두뇌 발달, 인지 발달, 생식기 발달의 시기가 각각 다른 것처럼 발달과 성장은 모든 부분이 같은 속도로 진행되지 않는다. 또한 일정한 기간 동안 특정한 기관이나 기능이 급격히 변화하는 때가 있는데 이를 '발달의 ⓐ ＿＿＿＿＿ 시기'라고 한다.

　⑤ 발달의 ＿＿＿＿＿ : 발달은 비약적인 것이 아니라 연속적이고 점차적인 것이다.

정답은 빨간색으로 작성해서 빨간시트로 가리고 다시 한번 복습해 보세요!

⑥ 발달의 [   ] : 발달에는 개인차가 존재하고, 개인 ⓐ [   ] 차이뿐만 아니라 개인 ⓑ [   ] 차이도 있다.

(8) [   ] : 행동 변화의 시기로, 어떤 특별한 심리적 특성이나 행동의 획득이 이루어지는 특정한 시기이다. 이 시기가 지나면 자극을 가해도 변화가 불가능하다는 의미를 내포한다. 예 학자들의 견해 중 로렌츠(Lorenz)의 ① [   ] 현상은 새끼 오리 연구에 의해 ② [   ] 이/가 있음을 입증했다.

(9) 인간발달의 기제

① [   ] : 특정한 발달영역은 결정적 시기가 있으며 그 시기를 놓치면 특정 발달영역에 장애를 가져올 수 있다.

② [   ] : 어릴 때의 경험일수록 나중의 발달에 초석이 된다. 블룸(Bloom)은 초기의 환경적 결손이 지능발달에 더 큰 영향을 미친다고 했다.

③ [   ] : 초기 발달의 장애나 수월성은 연령이 증가함에 따라 누적된다. 인간발달의 빈익빈, 부익부 현상이다.

④ [   ] : 나중에 잘 한 것이 이전의 잘못한 것을 보충하는 데에는 한계가 있다.

2 아동발달 연구법

(1) [   ]

① [   ] : 자연상황 또는 일상상황에서 아동의 자발적인 행동을 관찰하는 것이다.

② [   ] : 관찰하고자 하는 행동이 일어날 수 있는 상황을 만들어서(그 상황이 인위적인 상황이라는 것을 아동이 인지하지 못하는 상황에서) 행동을 관찰하는 것이다.

(2) [   ] : 특정 주제에 관하여 질문하고 이에 대한 아동들의 대답을 얻는 방법이다. 직접 정보를 얻을 수 있고, 집단으로 실시할 수도 있어 비교적 편리하나 아동들의 대답이 망각이나 반응의 편향성으로 인해 부정확한 결과가 나올 수 있어 항상 타당한 것은 아니다. 예 질문지법, 면접법

정답

⑥ 개별성
ⓐ 간
ⓑ 내

(8) 결정적시기
① 각인
② 결정적 시기

(9) ① 적기성
② 기초성
③ 누적성
④ 불가역성

(1) 관찰법
① 자연 관찰법
② 구조적 관찰법

(2) 조사 연구법
(자기 보고법)

(3) ＿＿＿＿＿＿＿＿＿ : 표준화된 ① ＿＿＿＿＿＿ 을/를 통하여 피검자로 하여금 응답하도록 하여 자료를 수집하는 방법이며, 검사의 절차 및 채점방법이 객관적이고 표준적이어서 신뢰도와 타당도가 높다. 예 지능검사, 성격검사, 적성검사, 창의성검사, 자아개념 검사 등

(4) ＿＿＿＿＿＿ 을/를 통한 행동 측정법 : 아동의 행동을 직접 관찰할 수 없을 때 특정 ＿＿＿＿＿＿ 을/를 제시하여 수행하는 행동을 측정하는 것이다. 예 숫자 폭 과제, 정서 구별 과제 등

(5) 일반적인 연구설계

① ＿＿＿＿＿＿＿＿ : 주어진 현상에 대한 조작 및 통제 없이 자연조건 그대로의 두 변인들을 측정하여 그 두 변인이 관계되어 있는지를 알아보는 것이다. 두 변인 간 관계의 ⓐ ＿＿＿＿＿ 은/는 알 수 있지만 ⓑ ＿＿＿＿＿＿＿ 에 대해서는 알지 못한다.

② ＿＿＿＿＿＿＿＿ : 의도적으로 조작하는 독립변인에 따른 종속변인의 변화를 관찰함으로써 이루어지는 것으로, 가설을 검증하여 인과관계를 밝히려는 연구이다. 만들어 제시되는 변인들을 ⓐ ＿＿＿＿＿＿＿＿ (이)라 하고, 이 변인과의 관계를 보는 행동변인을 ⓑ ＿＿＿＿＿＿＿ (이)라고 한다. 이 연구 방법은 일반화시킬 수 없다는 문제점을 내포하고 있다.

ⓐ ＿＿＿＿＿＿	종속변인의 값을 예측하기 위하여 연구자가 조작하는 변인으로 실험결과에 영향을 미치는 요소이며 ⓒ ＿＿＿＿＿ 와/과 ⓓ ＿＿＿＿＿ (으)로 나뉜다.	
	ⓒ ＿＿＿＿＿	가설을 검증시키기 위하여 의도적으로 변화시키는 변인이다.
	ⓓ ＿＿＿＿＿	실험하는 동안 일정하게 유지시켜야 하는 변인이다.
	ⓔ ＿＿＿＿＿	조작변인은 변화시키고, 나머지 통제변인들을 일정하게 유지시키는 것이다.
ⓑ ＿＿＿＿＿	독립변인에 의해 영향을 받는 변인이다.	

③ ＿＿＿＿＿＿＿＿＿＿ : 장기간에 걸쳐 개인의 환경과 적응, 발달, 발달적 문제 등을 다양한 방법으로 조사하여 풍부한 자료를 수집하여 분석하는 것으로, 이를 통해 문제를 고찰하고 해결방안 등을 모색할 수 있는 연구 방법이다.

📖 개인의 가정 배경, 사회적 지위, 교육 수준, 직업 경력, 건강기록, 생의 중요 사건에 대한 기록 및 심리검사 점수 등이 포함.

(6) 발달 연구 방법

① _____ : ⓐ _____ 개인 또는 집단을 대상으로 ⓑ _____ 에 걸쳐 반복적으로 조사하고 그 변화 양상을 파악하는 방법이다. 한 행동의 연속성이나 불연속성을 볼 수 있는 유일한 방법이다. 📖 영아기나 유아기에 있었던 공격성이 청소년기나 성인까지도 지속되는지 알아보는 연구

② _____ : 동시대의 서로 ⓐ _____ 연령 집단을 선정하여 ⓑ _____ 관심 특성을 조사함으로써 발달 변화를 측정하는 방법이다. 📖 이 발달을 연구하기 위해 3세, 5세, 7세의 유아집단을 선정하고, 각 집단의 놀이 특성을 동시에 조사하여 이를 비교

③ _____ : 횡단적 방법에 의해 같은 시기에 여러 연령집단의 아동들을 뽑고, 그 아동들을 종단적 방법으로 여러 해에 걸쳐 반복 측정하는 방법이다. 📖 6세부터 9세까지를 연구할 때 우선 6·7·8세 아동을 횡단적 방법으로 같은 시기에 측정하고, 이 아동들이 1년 후 각각 7·8·9세가 되었을 때 다시 측정하는 방법

(6) ① 종단적 연구
ⓐ 동일
ⓑ 장기간
② 횡단적 연구
ⓐ 다른
ⓑ 동시에
③ 횡단적·단기
종단적 연구
(순차적 접근법)

2 성숙주의 관점의 아동발달 이론

정답

(1) 성숙
① 발달시간 예정표
(표준행동목록표)
② ⓐ 발달방향
ⓑ 상호교류
ⓒ 기능적 비대칭
ⓓ 자기조절

(2) 동물행동학
① ⓐ 각인
ⓑ 경험
② ⓐ 각인
ⓑ 애착

1 생물학적 관점

(1)   이론(게젤 A. L. Gesell)

① 발달은 신체 안에 이미 정해진 특정 계획이 반영된 것이다. 언어, 놀이, 인지와 같은 능력이나 행동은 이미 결정된   에 따라 자발적으로 출현된다.

② 게젤의 발달의 원리

ⓐ   의 원리 : 발달은 정해진 순서로 이루어지며 머리에서 꼬리, 중심에서 말초 방향으로 이루어진다.

ⓑ   의 원리 : 대칭되는 두 부분이 서로 한 부분씩 발달한 후에 함께 통합하여 균형적으로 발달한다. 예 3세 소심→4세 외향→5세 균형적 성격

ⓒ   의 원리 : 약간의 불균형이 보다 기능적일 수 있다. 예 선천적으로 더 잘 기능하는 손이 있음

ⓓ   의 원리 : 영아 스스로 자신의 수준에 맞게 성장을 조절해 간다. 예 신생아에게 너무 많은 것을 보여주면 눈을 감거나 고개를 돌림→너무 많은 자극 조절

(2)   적 이론

① 로렌츠(K. Lorenz)의 ⓐ   이론 : 어미를 따라다니게 되는 ⓐ   은/는 새끼가 어미와의 애착을 형성하는 첫 단계이다. 오리 새끼들은 부화된 후 하루라는 일정 시간 안에 움직이는 물체를 보아야만 그것을 따라다니는 ⓐ   행동을 보였다. 일정 시간 안에서만 각인이 일어나는 결정적 시기가 있으며, 이러한 ⓐ   은/는 선천적으로 타고나지만 선천적인 행동을 일어나게 하는 데는 ⓑ   이/가 필수적이다.

② ⓐ   이론의 로렌츠와 ⓑ   이론의 보울비(J. Bowlby)가 있다.

② 정신분석학적 관점

(1) _____ 발달이론(프로이트 S. Freud) : 아동의 발달 초기에 부모가 하는 아동의 성적 · 공격적 충동에 대한 지도가 건강한 인성 발달에 결정적인 역할을 한다고 주장했다.

① 의식의 구조

ⓐ _____ : 주의를 기울이면 바로 알아차리고 의식할 수 있는 정신세계이다.

ⓑ _____ : 현재는 의식되지 않지만 주의를 집중시키고 노력하면 의식이 되는 정신세계이다.

ⓒ _____ : 의식하지는 못하지만 인간행동을 지배하는 힘을 발휘한다.

② 인성의 구조

ⓐ _____ : 무의식에 존재하는 것으로 선천적으로 갖고 태어나며, 욕구를 즉각 충족시키려는 • _____ 에 따라 움직인다.

ⓑ _____ : 현실 원리에 따라 무분별한 원초아의 욕구를 • _____ 인 방법으로 해결하려 하며 초자아의 억압을 적절하게 중재하고 균형을 이루게 하는 성격의 합리적 부분이다.

ⓒ _____ : 3세에서 4세 사이에 발달하며, 부모나 주변 사람들로부터 받은 도덕적 · 윤리적 가치가 개인에게 내면화된 것이다. 문화적 · 전통적 가치와 윤리적 가치를 포함하며 양심과 자아이상으로 구성된다.

(2) 프로이트의 발달 단계별 특징

① _____ : 리비도가 구강에 집중되는 시기로, 즉 입, 혀, 입술 등의 경험을 통해 세상에 대한 만족이나 쾌감 또는 고통을 알게 된다.

② _____ : 리비도가 구강에서 항문 주위로 옮겨 가서 배설경험을 통해서 리비도의 충족이 이루어지는 시기이며 배변훈련을 통해 생후 처음으로 본능적인 욕구에 대한 통제를 받게 된다.

정답

(1) 심리성적
  ① ⓐ 의식
    ⓑ 전의식
    ⓒ 무의식
  ② ⓐ 원초아
    • 쾌락 원리
    ⓑ 자아
    • 합리적
    ⓒ 초자아

(2) ① 구강기
  ② 항문기

③ 남근기
    ⓐ 오이디푸스
    ⓑ 엘렉트라
    ⓒ 동일시
    ⓓ 양심
    ⓔ 자아이상
    ⓓ 양심
    ⓔ 자아이상
④ 잠복기
⑤ 생식기

(3) 심리사회적
① 심리적
② 사회적

(4) ① 신뢰감 대 불신감
    ⓐ 신뢰감
    ⓑ 불신감
② 자율성 대 수치심과 회의
    ⓐ 통제
③ 주도성 대 죄책감
    ⓐ 선택
    ⓑ 주도성
    ⓒ 죄책감

③ _____ : 리비도가 성기 부분으로 이동하는 시기로, 자신의 성기에 관심을 갖기 시작하고 손이 닿을 때 가벼운 쾌감을 준다는 것을 알게 된다. 이 시기 남아는 ⓐ _____ 콤플렉스, 여아는 ⓑ _____ 콤플렉스를 가지게 된다. 동성부모를 ⓒ _____ 함으로써 자신의 성에 적절한 역할, 도덕적 태도 및 가치관 등을 내면화하게 되며, 초자아의 ⓓ _____ 와/과 ⓔ _____ 부분이 발달하게 된다.

ⓓ _____	잘못한 행동에 대해 처벌과 비난을 받은 경험으로 생기는 죄책감이다.
ⓔ _____	잘한 행동에 대해 칭찬과 보상을 받은 경험으로 생기는 자부심이다.

④ _____ : 성의 충동이 철저히 잠복해 버리고, 사회적 기술을 습득하며, 이성보다는 동성끼리 관계를 맺고자 하는 경향을 보인다. 또한, 공격적, 성적 욕구를 잠재우고 지적인 활동과 스포츠, 사회적 활동 등에 에너지를 쏟는다.

⑤ _____ : 이성에 관심을 갖게 되고 잠재되어 있던 성적 에너지가 사춘기 이후에 무의식에서 의식으로 나타나는 시기이다.

(3) _____ 발달이론(에릭슨 E. H. Erikson) : 발달에서 생물학적이고 신체적인 것보다 ① _____ (이)고 ② _____ 인 것에 초점을 맞추어 발달단계를 구축했다. 발달의 각 단계에는 그 단계에서 성취해야 하는 발달 과업과 발달의 위기를 함께 제시했다.

(4) 에릭슨의 심리사회적 발달 8단계

① _____ : 일관되게 부모 및 타인의 지속적 관심과 사랑을 받는 영아는 ⓐ _____ 이/가 형성되고, 그렇지 못한 영아는 주변세계에 대해 두려움, 의심 등 ⓑ _____ 이/가 형성된다.

② _____ : 아동은 대소변 ⓐ _____ 와/과 더불어 "안 해.", "싫어." 등의 말로 자기주장을 하게 된다. 이 시기 유아는 자율성을 발달시켜 가는 동시에 성인으로부터 사회적 행동을 훈련받고 사회적 기대와 압력을 배워간다.

③ _____ : 이 시기의 유아들은 스스로 어떤 일을 ⓐ _____ 하고 목표나 계획을 세우고 그것을 성취하려고 노력하면서 주도성을 획득해 나간다. 지지와 격려를 받으면 ⓑ _____ 이/가 발달하지만, 자기의 행동을 주도할 기회가 부족하거나 목표를 성취하기 위해 주도한 행동이 성공하지 못하면 ⓒ _____ 이/가 형성된다.

④ _____ : 자아성장의 결정적 시기이다. 학교생활과 함께 새로운 지식과 기술들을 습득하고 또래와의 사회적 관계를 경험해가며 인지, 사회 및 기타 영역들에서 다양한 기능들과 기술들을 습득하게 된다.

⑤ _____ : 자아정체감을 형성해 가는 시기이다. 신체적·사회적 역할의 변화를 겪으며 자신에 대한 회의가 시작되는데, 이를 극복하고 자기 인식을 가지게 되면 자아정체감이 생기지만 혼란과 방황이 길어져 자아확립이 되지 않을 경우 역할 혼미 또는 정체감 혼미로 남는다.

⑥ _____ : 직업을 가지고 배우자를 찾는 과정과 관련되는 시기로, 바람직한 정체감을 형성한 사람은 다양한 사회적 관계 속에서 타인과 친밀감을 형성할 수 있다.

⑦ _____ : 다양한 성취를 만들어 내는 시기로, 아이의 양육과 출산, 직업적 성취, 다음 세대 양성, 봉사 및 창조적 활동 등을 하면서 이 시기의 발달 과업인 생산성을 이루어 낸다.

⑧ _____ : 자아 통합감은 자신의 인생을 그대로 인정하고 수용하며, 삶에 대한 통찰을 얻고 다가올 죽음까지도 수용할 수 있는 상태를 말한다. 인생이 무의미하다고 느낄 때는 자아절망감을 느낀다.

정답

④ 근면성 대 열등감
⑤ 자아정체감 대 정체감 혼미
⑥ 친밀감 대 고립감
⑦ 생산성 대 침체성
⑧ 통합감 대 절망감

3 행동주의 학습이론

1 파블로프(I. Pavlov, 1849~1936)

(1) 파블로프의   이론 : 러시아의 생리학자인 파블로프는 개의 소화액 분비에 관한 연구를 수행하던 중 본능적인 반사행동 이외에 학습된 반사행동이 있음을 관찰하게 된다.

(2) 고전적 조건형성의 주요 개념

①   : 반복적으로 주어지는 조건자극에 반응을 나타내어 형성되는 것을 말한다.

②   : 조건자극과 ⓐ   자극들에 대하여도 조건반응을 하는 것이다.

③   : 선택적 강화 등을 통해 주어진 ⓐ   자극에만 반응하도록 하고 다른 유사한 자극에는 반응하지 않게 되는 것이다.

④   : 조건자극이 일단 조건반응을 유발하게 되면 그 조건자극은 다른 제2의 자극과 짝지어질 수 있다. 이 제2의 자극은 무조건자극과 짝지어진 적은 없지만 조건반응을 일으키게 된다.

⑤   : 조건반응이 획득된 뒤에 무조건자극이 제시되지 않고 ⓐ   자극만을 계속 반복해서 제시하면 조건반응은 점점 약해져서 마침내는 일어나지 않게 된다.

⑥   : 조건자극과 무조건반응을 연합하지 않고 조건자극만으로 소거되었던 조건반응이 일시적으로 나타나는 것이다.

2 왓슨(Watson, 1878~1958)

(1) 왓슨은 심리학을 객관적이고 과학적인 학문으로 만들려면 눈에 보이지 않는 마음속의 과정보다는 자극과 반응으로 나타나는 직접 ①   가능한 ②   인 행동만을 다루어야 한다고 주장했다. 또한, 인간의 적응적인 행동, 부적응적인 행동은 모두 ③   된 것이라고 했다.

(2)   : 왓슨은 "나에게 건강한 아이를 맡겨 준다면 부모가 원하는 대로 의사든 변호사든 도둑이든 거지든 만들 수 있다."고 말하면서 유아의 모든 성격 특성과 행동은 선천적이고 유전적인 것이 아니라 완전하게 ①   와/과 ②   의 산물이라고 강조했다.

(3) _____ : 왓슨은 조건형성이 된 정서 등에 대해 반대로 _____ 을/를 시킬 수 있다고 했다.

① _____ 은/는 불안이나 공포를 느끼는 자극을 이완상태라는 반응과 함께 ⓐ _____ (으)로 연합시키면 공포의 대상을 보고도 공포 반응을 보이지 않고 이완상태를 유지할 수 있다.

> (3) 탈조건 형성
> ① 체계적 둔감법
> ⓐ 점진적

③ 손다이크(E. L. Thorndike, 1874~1949)

(1) _____ 이론

① 학습자는 다양한 반응을 해 보면서 그중에서 문제를 성공적으로 해결한 반응을 학습하게 되며, 이것을 _____ (이)라고 불렀다.

② 성공적인 반응이 성공을 가져다 준 도구가 되었다는 의미로 이러한 학습을 _____ (이)라고 불렀다.

③ 학습은 통찰적이기보다는 _____ (이)며, 사고의 중재를 받지 않는다고 하였다.

(2) 손다이크의 _____ 의 법칙

① _____ 의 법칙 : 학습할 준비가 갖추어져 있을 때 학습이 일어난다.

② _____ 의 법칙 : 행동은 단 한 번에 학습되는 것이 아니라 여러 번 반복한 결과 습득되는 것이다.

③ _____ 의 법칙 : 어떤 행동을 학습하는 시간을 단축시키기 위해서는 행동의 결과 뒤따르는 보상(강화물)이 있어야 한다.

> (1) 도구적 조건형성
> ① 시행착오학습
> ② 도구적 조건형성
> ③ 점증적
>
> (2) 학습
> ① 준비성
> ② 연습
> ③ 효과

④ 스키너(B. F. Skinner, 1904~1990)

(1) 스키너의 _____ 이론

① 스키너의 조건형성에서 유기체의 반응은 자극에 따른 ⓐ _____ 인 반응이 아니라 유기체 스스로 ⓑ _____ 와/과 자발성을 가지는 조작된 행동이다.

② _____ : 스키너는 동물 실험에 필요한 모든 실험도구를 직접 제작하여 사용하였는데 이 실험도구들을 통칭하여 _____ (이)라고 부른다.

> (1) 조작적 조건형성
> ① ⓐ 자동적
> ⓑ 의지
> ② 스키너상자

③ 조작적

(2) ① 반응 후 자극(강화)이 온다
② 특정 반응의 빈도를 높이기 위해 반응 후 제시한다.

(3) ① 강화
ⓐ 정적 강화
• 증가
• 제공
ⓑ 부적 강화
• 증가
• 면제
② 벌
ⓐ 정적 처벌
ⓑ 부적 처벌
③ 소거
④ ⓑ 즉각적

③ ⬚⬚⬚⬚⬚⬚ 조건형성 : 스키너 상자의 비둘기의 행동은 스스로 '능동적으로' 작용하여 어떤 결과를 생성해낸다고 해서 '⬚⬚⬚⬚⬚⬚⬚'(이)라고 하고 이러한 절차로 학습되는 과정을 ⬚⬚⬚⬚⬚⬚⬚ 조건형성이라고 한다.

(2) 고전적 조건형성 이론과 조작적 조건형성 이론의 비교

특징	고전적 조건형성	조작적 조건형성
자극 – 반응	자극 후 반응이 온다.	① ⬚⬚⬚⬚⬚⬚
반응형성	반응은 자극에 의해 일어난다.	반응을 목적 지향적으로 방출한다.
내용	정서적 · 불수의적 행동이 학습된다.	'목적 지향적', '의도적 행동'이 학습된다.
자극(강화)의 기능	특정 반응을 유발시키기 위해 반응 전 제시한다.	② ⬚⬚⬚⬚⬚⬚

(3) 행동주의 학습기제

① ⬚⬚⬚⬚⬚ : 행동주의 학습이론에서 가장 중요한 개념으로, 특정 행동의 빈도를 증가시키기 위해서 사용하는 모든 것을 말한다.

ⓐ ⬚⬚⬚⬚⬚⬚ : 어떤 특정한 행동의 빈도를 • ⬚⬚⬚⬚ 시키기 위해서 그 행동을 한 사람이 좋아하고 즐거워할 것을 • ⬚⬚⬚ 해 주는 것이다.

ⓑ ⬚⬚⬚⬚⬚⬚ : 어떤 특정한 행동의 빈도를 • ⬚⬚⬚⬚ 시키기 위해서 그 행동을 한 사람이 싫어하고 불쾌해할 것을 • ⬚⬚⬚ 해 주는 것이다.

② ⬚⬚ : 강화와 대비되는 개념으로 어떤 특정한 행동의 빈도를 감소시킬 목적으로 사용하는 모든 것을 말한다.

ⓐ ⬚⬚⬚⬚⬚⬚ : 어떤 반응 후에 혐오자극을 가하는 것이다.

ⓑ ⬚⬚⬚⬚⬚⬚ : 어떤 반응 후에 정적 강화물을 박탈하는 것이다.

③ ⬚⬚⬚ : 강화물을 계속 주지 않아 반응의 강도가 감소되는 것을 말한다. 어떤 행동을 해도 정적 강화물을 얻지 못하면 그 행동은 점차 없어진다.

④ 강화를 제공하는 요령

ⓐ 강화물의 선택 : 강화를 제공하기 전에 강화를 받는 사람이 기분 좋아지고 편안해하는 것이 무엇인지를 먼저 알아내는 것이다.

ⓑ ⬚⬚⬚⬚⬚ 강화 : 강화는 우리가 육성하고자 하는 행동이 나타났을 때 즉각 주어야 한다.

정답

ⓒ 넘치지 않게 : 강화물은 넘치지 않도록 적절하게 제공될 필요가 있다.

ⓓ _____ 강화 : 육성시키고자 하는 행동이 나타나면 반드시 강화하고, 그렇지 않은 행동이면 절대 강화해서는 안 된다.

⑤ 강화의 원리를 ⓐ _____ 의 원리, ⓑ _____ 의 원리, ⓒ _____ 의 원리, ⓓ _____ 의 원리로 설명하기도 한다.

(4) 행동수정방법

① _____ : 조작적 조건형성의 원리를 이용하여 강화와 처벌 등으로 문제행동을 수정하고 교정하는 방법이다.

② _____ : 학습을 시키고자 하는 행동이 복잡하여 자발적으로 나타나지 않을 때, 목표행동을 ⓐ _____ 해서 목표행동에 근접한 행동을 했을 때 보상을 주면서 ⓑ _____ 목표행동을 학습해 나가도록 하는 것이다.

③ _____ : 내용이 낮은 단계로부터 순차적 · 계열적으로 접근시켜 나가게 하는 학습 방법이다.

(5) 강화계획

① _____ 강화 : 각 행동을 할 때마다 강화물을 주는 것이다. 행동을 빨리 변화시키기 때문에 학습 초기 단계에 가장 효과적이다.

② _____ 강화 : 반응할 때마다 강화물을 제시하는 것이 아니라 가끔씩 강화하는 것이다.

(6) _____ 강화의 종류(강화조건의 패턴화)

간헐적 강화의 종류	내용	예
① _____	일정한 반응 수에 따른 예측 가능한 강화이다.	성과급
② _____	일정한 시간 간격에 따른 예측 가능한 강화이다.	월급
③ _____	불규칙적 반응 수에 따른 예상할 수 없는 강화이다.	슬롯머신
④ _____	불규칙적 시간 간격에 따른 예상할 수 없는 강화이다.	낚시

ⓓ 차별적
⑤ ⓐ 칭찬
ⓑ 점진적 접근
ⓒ 즉시성
ⓓ 일관성

(4) ① 행동수정
② 행동조성
ⓐ 세분화
ⓑ 점차로
③ 프로그램 학습

(5) ① 계속적
② 간헐적

(6) 간헐적
① 고정비율 강화
② 고정간격 강화
③ 변동비율 강화
④ 변동간격 강화

정답

5 반두라(A. Bandura, 1925~)

(1) ＿＿＿＿＿＿＿＿ 이론 : 인간은 사회적 존재이기 때문에 상호간에 영향을 주고받고, 인간은 타인의 행동을 보고 그것으로부터 배운다.

　① ＿＿＿＿＿＿＿ : 타인의 행동을 관찰함으로써 학습하는 것을 말한다. 인간은 주변에 있는 사람이 하는 행동을 그대로 ⓐ ＿＿＿＿ 해 봄으로써 지루하고 복잡한 ⓑ ＿＿＿＿＿＿ 을/를 생략할 수 있다.

(2) 모방의 효과

　① ＿＿＿＿＿＿ 효과 : 타인이 하는 행동을 관찰함으로써 새로운 반응을 학습할 수 있다.

　② ＿＿＿＿ 효과 : 모방은 행동을 촉진하는 작용을 한다. 모델이 칭찬받는 것을 보며 이미 학습한 행동이 촉진되는 것이다.

　③ ＿＿＿＿ 효과 : 모델이 처벌받는 것을 보며 어떤 특수한 행위를 억제하거나 피할 수 있다.

(3) 관찰학습 단계

　① ＿＿＿＿＿＿ : 관찰자(학습자)가 모델의 행동에 주의를 기울이는 것이다.
　② ＿＿＿＿＿＿ : 관찰한 행동을 상징적으로 기억하고 있는 것이다.
　③ ＿＿＿＿＿＿ : 관찰하고 파지된 것이 실제로 수행되는 과정이다.
　④ ＿＿＿＿＿＿ : 관찰을 통해 학습한 행동은, 강화를 받으면(동기화되면) 빈도가 높아지고, 벌을 받으면 일어나지 않게 된다.

　ⓐ ＿＿＿＿ 강화 : 어떤 반응이 수행된 후에 외부에서 주어지는 강화로서 반응이 수행되는 빈도나 강도를 높여주는 자극을 말한다.

　ⓑ ＿＿＿＿ 강화 : 자신이 받을 수 있는 강화를 스스로 선정하고, 목표를 성취했을 때 정해진 강화를 자기에게 적용하는 것이다.

　ⓒ ＿＿＿＿ 강화 : 다른 사람의 행동과 그 행동의 결과로 주어지는 강화를 관찰하도록 함으로써 관찰한 행동의 빈도 또는 강도를 증가시키도록 하는 것이다.

(4) 관찰학습의 종류

① [   ] : 관찰자(학습자)는 모델의 행위를 관찰하고 모델이 한 행동을 그대로 시행함으로써 보상을 받는 것을 기본 전제로 한다.

② [   ] : 관찰자가 모델의 행동유형을 습득하는 것으로, 어떤 특수한 반응보다는 모델의 일반적인 행동 스타일을 모방하는 것이다.

③ [   ] : 모형으로서 행동을 ⓐ [   ] 해 볼 기회가 없거나 모방에 대한 ⓑ [   ] 이/가 없더라도 관찰자가 학습을 하는 것이다.

④ [   ] : 모델과 관찰자가 동시에 동일한 과제의 학습을 하는 사태에서 모델의 행동을 보고 그대로 행동하게 된다.

⑤ [   ] : 타인이 정서적으로 경험하는 것을 관찰하고 그와 비슷한 정서적 반응을 학습하는 것이다.

 ⓐ [   ] : 무조건 반응을 관찰하면서 모델과는 다른 정서의 학습이 일어나는 상태

 ⓑ [   ] : 모델을 관찰함으로써 모델과 같은 정서 반응이 관찰자에게 일어나는 것

 ⓒ [   ] : 관찰자가 모델보다 우위라고 생각할 때 모델의 정서적 반응을 관찰한 뒤 관찰자가 모델에게 느끼는 정서

(5) [   ] : 내가 무엇인가 잘 할 수 있다는 기대감이며, 이 기대는 수행에 중요한 영향을 미친다.

(6) [   ] : ① [   ], ② [   ], ③ [   ] 이/가 서로 영향을 주고받는 상호작용의 관계를 말한다. 인간의 행동은 인간의 행동, 환경, 개인의 내적 특성이라는 세 가지가 동시에 상호작용하여 이루어진다.

(4) ① 직접 모방
　　② 동일시
　　③ 무시행학습
　　　ⓐ 예행
　　　ⓑ 강화
　　④ 동시학습
　　⑤ 고전적 대리 조건형성
　　　ⓐ 대리선동
　　　ⓑ 감정이입
　　　ⓒ 동정

(5) 자기효능감

(6) 상호 결정론
　　① 사람
　　② 환경
　　③ 행동

피아제의 인지발달 이론

1 피아제(J. Piaget, 1896~1980) 인지발달 이론의 기본 입장

(1) 인지발달 이론의 기본 입장

인간은 환경과 끊임없이 능동적인   을/를 한다.   을/를 통해서 외부 세계, 자기 자신, 자신과 외부와의 관계적 지식을 획득한다. 또한, 인지발달에서 아동의 능동적 자기 활동을 강조한다.

2 피아제 인지발달 이론의 주요 개념

(1)   : 유기체가 가지고 있는 외부 환경에 대한 이해의 틀로서, 사고 또는 행동의 조직화된 패턴이다. 유기체는 환경과의 상호작용을 통해서   을/를 구성해 나간다.

(2)   : 개념적 차원에서의 도식을   (이)라고 하며, 인지발달 각 단계에서 획득되는 지식의 본질을 결정한다.

  ①   도식 : 아기가 사물에 반응하거나 경험하게 될 때 사용하는 조직화된 행동 양식으로 영아기에 나타난다.

  ②   도식 : 머릿속에 있는 경험의 표상이며, 행동 없이 머릿속에서 심상이나 언어 같은 정신적 상징으로 생각하거나 문제를 풀 때 나타나는 인지양식으로, 2세경부터 출현한다.

  ③   도식 : 7세 이후의 아동의 사고에서 나타나며, 정신적 활동으로서 논리적 결론에 도달하는 인지적 조작이 특징이다.

(3)   : 도식을 형성하고 이용하는 과정을 말하며, 두 가지 도식이 하나로 통합되는 것이다.

(4)   : 외부의 자극이나 정보를 새롭게 접할 때 자신이 가진 ①   에 맞추어 해석하고 수용하려고 하는 것이다.   은/는 새로운 환경자극이나 정보가 수정되는 것으로, 도식의 변화가 아니라 '도식의 ②   '와/과 관련 있다.

(5)   : 기존의 인지도식으로 ①   하기 힘든 외부적 자극과 정보를 수용하기 위해 가지고 있던 기존의 인지적 도식을 변형하는 것이다. ②   은/는 '도식의 ③   '와/과 관련이 있다.

정답

(6) _____ : 환경으로부터 들어오는 도식과 자신이 가지고 있는 도식 간의 ① _____(으)로 인해 야기되는 불균형이다. 기존 도식으로 새로운 경험을 이해할 수 없을 때 불평형 상태가 된다. 인지적 비평형, 인지적 불평형이라고도 한다.

(7) _____ : 인지적 갈등으로 인해 도식의 불일치를 느껴 외적 자극 도식을 받아들이거나(동화) 혹은 자신의 도식을 수정하여(조절) 인지갈등과 불일치를 해소하고 균형된 편안한 상태가 되는 것이다.

　① _____ : 평형화 유지를 위해 도식과 새로운 경험을 서로 조정해가는 과정으로 동화와 조절로 구성되며, 동화와 조절은 _____ 기제라고도 한다.

　② 평형화는 '낮은 단계의 ⓐ _____ → ⓑ _____ → 높은 단계의 ⓒ _____'을/를 반복하면서 발달의 주요 원동력이 된다.

(8) 인지발달에 영향을 미치는 요소

　피아제는 학습의 역할을 경험 내에 포함하려고 했고, 경험이 발달에 미치는 영향을 설명함에 있어 ① _____ 의 경험과 ② _____ 경험을 구별했다.

　① _____ 의 경험 : 구체적인 실세계의 경험은 인지 발달에 중요한 영향을 미친다.

　② _____ 경험 : 다른 사람과의 상호작용, 특히 언어를 통한 상호작용의 과정인 _____ 경험은 학습자가 그들의 도식을 다른 사람들의 도식과 견주어 확인해볼 수 있는 기회를 제공하기 때문에 인지발달에 중요한 역할을 수행한다.

③ 상호작용

(1) 상호작용의 대상

　① _____ : 개인들이 서로 다른 수준의 지식과 세력을 지니고 있으므로 서로 대등하게 의견을 제시하고 동등한 입장에서 상호작용을 하기 어려운 관계를 말하며, 주로 성인과 아동이 상호작용할 때를 가리킨다.

　② _____ : 상호작용하는 개인들이 서로 동등한 지식과 세력을 지니고 있는 상황을 말하며 주로 또래 간의 관계이다.

정답 (우측)

(6) ① 인지적 갈등
　① 불일치

(7) 평형화
　① 적응
　② ⓐ 인지적 평형
　　ⓑ 인지적 불평형
　　ⓒ 인지적 평형

(8) ① 물리적 세계
　② 사회적

(1) ① 구속적 관계
　② 협력적 관계

(2) 상호작용의 핵심

① ⬜⬜⬜⬜⬜ : 또래 간 상호작용의 핵심적 역할은 아동들에게 ⬜⬜⬜ ⬜⬜⬜⬜ 을/를 일으키는 것이다. 각 아동이 내적인 인지구조와 그의 외부 환경 간의 불균형, 부조화가 초래되면 새로운 정보에 대한 내적인 조절이 일어나게 된다.

② ⬜⬜⬜⬜⬜⬜ 의 탈피 : 인간은 연령 증가와 더불어 유아기의 ⬜⬜⬜ ⬜⬜⬜⬜ 에서 탈피되어가므로 발달은 개인적인 수준에서 시작하여 사회적인 발달로 진행된다고 했다.

4 인지발달 단계

(1) ⬜⬜⬜⬜⬜⬜ : 유아가 세상을 이해하기 위해 감각과 운동 능력을 이용하는 시기이다.

① ⬜⬜⬜⬜⬜ : 어떤 대상이 시야에서 사라져도 그 대상은 계속 존재한다는 것을 아는 것이다.

(2) ⬜⬜⬜⬜⬜ : 3~5세경의 시기로, 이 시기에는 유아의 정신적 표상능력이 발달한다. 아직 논리적이거나 조작적인 사고를 할 수 없기 때문에 사고의 한계를 지닌다.

① ⬜⬜⬜⬜ 사고기(2~3세) : 성숙한 개념이 발달되지 않아 ⬜⬜⬜⬜ 사고에 머무는데, 그 특징은 상징적 사고, 자기중심적 사고, 물활론적 사고, 인공론적 사고, 실재론적 사고, 전환적 추론이다.

② ⬜⬜⬜ 사고기(4~7세) : 모든 사물을 직관에 의해 파악하려고 한다. 눈에 띄는 지각적 속성에 의해 대상이나 상황을 판단하는 것으로, 이것의 특성은 보존 개념의 부족, 비가역적 사고, 유목포함 개념의 부족, 서열화 능력의 부족에서 나타난다.

③ 전조작기 사고의 특징

ⓐ ⬜⬜⬜⬜ 사고 : 경험을 상징이나 언어로 표상할 수 있어 과거를 재구성하거나 눈에 보이지 않는 사물들을 머릿속에서 비교할 수 있는 사고가 발달된다.

표상의 형태	의미
• ⬜⬜⬜⬜⬜	모방할 동작이 표상으로 기억되어 있다가 후에 재연되는 것이다.
• ⬜⬜⬜⬜	유아가 놀이 속에서 자기 자신이나 다른 물건들을 현실과 다르게 간주해 노는 것이다.

ⓑ   사고 : 다른 사람도 자기와 동일한 방식으로 생각하 거나 동일한 관점을 가지고 있다고 생각하는 것이다. 다른 사람이 다르게 생각 할 수 있다는 것을 이해하지 못한다.

ⓒ   사고 : 무생물도 살아 있고 감정과 의도를 가지고 있으며, 사고를 할 수 있다고 생각한다.

생명관의 발달단계	• 은/는 살아 있다.
	• 은/는 살아 있다.
	• 은/는 살아 있다.
	• 과학적 생명관 이해

ⓓ   : 모든 사물과 현상을 인간이 만들었다고 믿는 것이다.

ⓔ   : 꿈이나 마음에 생각한 것이 현실에서 존재한다고 생각하는 것이다.

| • | 꿈이 실재라고 믿으며 자신의 꿈이 다른 사 람에게도 보인다고 생각한다. |
| • | 행위의 잘잘못을 판단할 때 행위의 결과에 의해서만 판단한다. |

ⓕ   : 서로 관련이 없는 두 개의 사건을 인과관계로 생각 하는 것이다.

ⓖ   사고 : 대상이나 사건을 여러 측면에서 보지 못하고 눈에 띄는 현저한 속성에 근거하여 사고하는 것이다.

ⓗ   의 부족(의 미발달 사고) : 동일한 양의 물을 높이와 밑면의 넓이가 다른 컵에 넣었을 때 컵 안의 물의 양이 달라졌다 고 대답하는 것은 한쪽 측면에만 주의를 기울이는 •   경향 때문 이다. 이는 여러 측면을 모두 고려하는 논리적 사고가 아닌 한 측면만을 고려 하는 •   사고를 보여 준다.

ⓘ   사고 : 가역성은 어떤 변화가 일어나면 이것을 머릿속에 서 역방향으로 이전의 상태로 되돌려보는 논리적 조작 능력이다. 하지만, 유아 는 가역적 사고를 하지 못한다.

ⓙ   개념의 부족 : 단일 차원의 단순 분류는 가능하나 하위 분 류는 어려워한다.

정답

ⓑ 자기중심적
ⓒ 물활론적
   • 모든 사물
   • 움직이는 것
   • 스스로 움직이는 것
ⓓ 인공론
ⓔ 실재론
   • 꿈의 실재론
   • 도덕적 실재론
ⓕ 전환적 추론
ⓖ 직관적
ⓗ 보존개념
   • 중심화
   • 직관적
ⓘ 비가역적
ⓙ 유목포함

정답

ⓚ 서열화

(3) 구체적 조작기
　① 보존개념
　　ⓐ 보존개념
　　ⓑ 수평적 격차
　② 보존개념
　　ⓐ 동일성
　　ⓑ 보상성
　　ⓒ 가역성
　③ 가역적
　④ 탈중심화

(4) 형식적 조작기
　① 추상적
　② 가설연역적

ⓚ ＿＿＿＿＿ 능력의 부족 : 순서짓기라고도 하며, 일정한 속성을 기준으로 순서대로 배열하는 것이다. 이는 물체 간의 반복적이고 연속적인 비교 능력이 포함된다. 3세 유아는 5개 이상을 서열화하는 것이 힘들다.

(3) ＿＿＿＿＿＿＿＿＿ : 구체적인 대상에 대해 논리적으로 사고하는 능력으로 특징지어지는 시기이다. 추상적인 문제를 다루는 데는 아직 미숙한 단계이며, 구체적 상황에 한해서만 논리적 조작이 가능하다.

① ＿＿＿＿＿ 의 발달 : 물체가 외형이 변화하거나 공간적 배열을 달리하더라도 그 속성은 변하지 않는다는 것을 아는 것이다. ⓐ ＿＿＿＿＿ 의 형성 시기는 수(5~6세), 길이 · 양(6~7세경), 무게(9~10세경), 부피(11~12세경)의 순서로 보존개념이 형성되며, 이처럼 과제에 따라 보존개념의 획득 시기가 달라지는 현상을 피아제는 ⓑ‘＿＿＿＿＿＿＿＿’(이)라고 불렀다.

② ＿＿＿＿＿ 의 적용 원리

	설명
ⓐ ＿＿＿＿＿ 의 원리	모양이나 배열만 바뀌었지 새로 넣거나 뺀 것이 없으므로 이전과 수나 무게, 부피는 같다.
ⓑ ＿＿＿＿＿ 의 원리	한 차원으로 인해 달라진 것은 다른 차원에서 보상될 수 있으므로 수나 무게, 부피는 같다. (한 잔은 넓고 낮지만 다른 한 잔은 좁고 높아서 부피는 같다.)
ⓒ ＿＿＿＿＿ 의 원리	역으로 조작하면 원상태로 되돌릴 수 있다. (원래 상태로 되돌려 놓으면 같다.)

③ ＿＿＿＿＿ 사고 : 어떤 대상의 변형된 형태가 그 반대의 절차에 따라 원래의 상태로 되돌아갈 수 있음을 아는 것이다.

④ ＿＿＿＿＿ : 자기중심적 사고와 직관적 사고에서 벗어나 어떤 상황을 한 가지 관점이 아닌 여러 관점에서 고려할 수 있다.

(4) ＿＿＿＿＿＿＿＿＿ : 추상적인 문제들을 체계적으로 고찰하고 그 결과를 일반화할 수 있으며, 추상적 사고, 체계적 사고, 가설에 근거한 사고의 특징을 지닌다.

① ＿＿＿＿＿ 사고 : 대상의 구체적 존재 여부와 상관없이 형식논리에 의해 대상에 대해 사고를 전개할 수 있으며, 자신의 사고 자체에 대해 사고하는 것이 가능하여 자기성찰을 할 수 있게 된다.

② ＿＿＿＿＿＿＿ 사고(추리) : 전제로부터 결론을 유도해낼 수 있는 추리가 가능하다. 예 "A가 B보다 크고, B가 C보다 크면 A는 C보다 큰가?"라는 추상적인 형식으로 문제를 제시해도 이해할 수 있다.

③ [   ] 사고 : 하나의 문제에 직면했을 때 가능한 모든 해결책을 논리적으로 생각하여 문제해결을 하는 것이다.

5 피아제 이론의 평가

(1) 피아제 이론의 평가 (O× 문제)

① 아동이 특정 발달 단계에 도달하기 전 그 단계의 개념을 획득하도록 가르쳐야 한다. [   ]

② 아동의 인지적 사고 수준에 맞게 교수하여야 한다. [   ]

③ 발달 수준이 다른 대상과의 상호작용을 증진시켜야 한다. [   ]

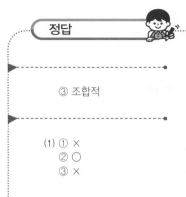

정답

③ 조합적

(1) ① ×
② ○
③ ×

맥락적 관점에서의 아동발달

정답

(1) 사회문화적
  ① 사회적 상호작용
  ② 언어

(2) ① 사회적 상호작용
  ② 언어
  ③ 문화
  ④ 학습

(3) ① 대상
  ② 사회적
  ③ 내면화

(4) ① ⓐ 직접적
  ⓑ 사회적
  ② ⓐ 성인
  ⓑ 유능한 또래

(5) ① 언어

1 비고츠키(Vygotsky, 1896~1934)의 사회문화이론

(1) ◻◻◻◻◻◻◻ 발달이론 : 문화적 맥락 속에 내포된 ① ◻◻◻◻◻◻ 와/과 ② ◻◻◻ 이/가 개인의 인지발달에 미치는 영향을 강조하는 이론이다.

(2) 인지발달에 영향을 미치는 중요한 요인 4가지

  ① ◻◻◻◻◻◻◻◻◻ : 학습과 인지발달을 가져오는 직접적 요인이다.

  ② 정신의 도구로서의 ◻◻◻ : 언어습득은 아동발달의 가장 중요한 변인이다.

  ③ ◻◻◻ : 발달이 일어나는 상황적 맥락을 제공한다.

  ④ ◻◻◻ : 발달에 필요하며 발달은 ◻◻◻◻ 에 의하여 촉진된다.

(3) 사회적 상호작용에 의한 내면화 과정

  ① ◻◻◻ 와/과 상호작용 : 아동이 세계와 만나는 첫 단계는 ◻◻◻ 와/과의 상호작용이다.

  ② ◻◻◻◻ 상호작용 : 아동의 행동과 성인의 반응이 결합함으로써 아동의 정신 능력은 개인 간 정신 국면으로 발달해 나간다.

  ③ ◻◻◻◻ : 아동은 이전에는 단지 사회적 상호작용에서만 존재하던 것을 개인 내 정신 국면에서 자발적으로 통제할 수 있게 된다.

(4) 사회적 상호작용과 인지발달

  ① 사회적 상호작용을 학습과 인지발달을 가져오는 ⓐ ◻◻◻◻ 요인으로 간주했다. 피아제와 달리 비고츠키는 인간은 날 때부터 ⓑ ◻◻◻ 인 존재라고 보았으며, 발달은 사회적인 수준에서 시작되어 개인적인 수준으로 진행된다고 주장했다.

  ② 사회적 상호작용의 대상 : 아동의 근접발달영역에서 아동에게 비계설정을 해줄 수 있는 ⓐ ◻◻◻ 또는 보다 ⓑ ◻◻◻◻◻◻ 임을 강조했다.

(5) 언어와 인지발달

  ① ◻◻◻ 은/는 사고의 도구이며 ◻◻◻ 을/를 통한 의사소통이 사고 발달에 기여한다.

② 자아중심적 언어에 대한 피아제와 비고츠키의 견해 비교

　　ⓐ 피아제 : 자아중심적 언어는 타인을 고려하지 못하는 　　　　　　　　에서 나타나는 것이다.

　　ⓑ 비고츠키 : 혼잣말은 문제해결 방법을 찾는 능동적 인지과정에서 　　　　　　　　　　　　　　　(으)로 나타나는 것이다.

③ 　　　　　 : 자신의 사고과정이나 행동을 조절하여 자기통제 및 자기조절의 역량을 강화시키는 데 도움을 준다.

④ 언어발달 단계

ⓐ 　　　　　　 단계	2세경까지는 사고와 언어가 독립된 영역에서 발달하는 특성을 보인다. 울음, 옹알이 등의 언어활동은 사고와는 직접적인 연관이 없이 이루어진다.
ⓑ 　　　　　　 단계	어휘 수가 증가하고 점차 외부세계에 대한 능동적인 정보탐색이 이루어진다. 언어가 사고와 연관되기 시작하면서 외부세계를 이해하기 위한 도구로 사용되지만 문법적으로나 어휘적으로 모두 맞는 언어를 사용하지는 못한다.
ⓒ 　　　　　　 단계	언어는 사회적 상호작용의 역할을 하기보다는 자기조절 및 자기통제를 위한 수단이나 문제 해결의 방법으로 사용된다.
ⓓ 　　　　　　 단계	7세 이후가 되면 유아의 자아중심적 언어는 줄어들게 되고 내적 언어가 발달하게 되어 머릿속에서 계획하고 문제를 해결해나갈 수 있게 된다.

(6) 문화와 인지발달

① 인지발달에서의 문화의 역할 : 발달이 일어나는 ⓐ 　　　　　　　　　　을/를 제공하고, 한 문화의 ⓑ 　　　　　은/는 유아가 세계를 이해하고 다른 사람과 상호작용하기 위한 인지적 도구로서 기능을 한다. 또한, 문화는 사고와 의사소통에 중요한 수단을 제공한다.

② 사회가 공유하는 문화적 도구들

　　ⓐ 　　　　　　 도구 : 인쇄기, 자, 주판 등

　　ⓑ 　　　　　　 도구 : 수, 수학 체계, 점자와 수화, 예술품, 기호와 부호, 언어 등

정답

② ⓐ 인지발달의 미숙함
　 ⓑ 문제 해결과
　　 사고의 수단
③ 혼잣말
④ ⓐ 초보적 언어
　 ⓑ 소박한 심리
　　 (상징적 언어)
　 ⓒ 자아중심적 언어
　 ⓓ 내적 성장 언어
　　 (내적 언어)

(6) ① ⓐ 상황적 맥락
　　 ⓑ 언어
　 ② ⓐ 실제적
　　 ⓑ 상징적

(7) 학습

(8) ① 실제적 발달 수준
② 잠재적 발달 수준
③ 근접발달영역
ⓐ 실제적 발달 수준
ⓑ 잠재적 발달 수준

(9) 비계설정
① ⓐ 과제해결
ⓑ 자기조절
② ⓐ 공동의 문제 해결
• 상호작용
ⓑ 간주관성(상호주관성)
• 공유된 이해

(7) 학습과 인지발달

　　　　　　이/가 발달에 필요하고, 발달은 　　　　　　에 의해 촉진되며, 　　　　　　와/과 발달은 모두 언어를 매개로 한 사회적 맥락에서 일어난다.

(8) 근접발달영역

① 　　　　　　　　　　　　　 : 아동이 타인의 도움 없이 혼자서 도달할 수 있는 발달 수준이다.

② 　　　　　　　　　　　　 : 성인이나 유능한 또래의 도움을 받아 도달할 수 있는 발달 수준이다.

③ 　　　　　　　　　　　 : 아동이 혼자의 힘으로 문제를 해결할 수 있는 ⓐ 　　　　　　　　　　 와/과 혼자 힘으로는 불가능하지만 성인의 지도나 또는 유능한 또래와의 협력을 통해서 문제를 해결할 수 있는 ⓑ 　　　　　　　　 간의 간격을 말한다.

(9) 　　　　　　　　 : 상호작용하는 상대방의 능력에 맞추어서 상대방이 과제를 수행하는 데 필요한 도움을 조절함으로써 상대의 학습에 기여하는 것을 뜻한다.

① 비계설정의 목표

ⓐ 　　　　　　 능력의 신장 : 학생들에게 적절한 수준의 과제를 제시함으로써 도전감을 갖도록 하고, 학생의 현재 요구와 능력에 맞도록 교사의 개입 정도를 조절한다.

ⓑ 　　　　　　 능력의 신장 : 학습자 스스로 상황을 판단하여 자신이 해야 할 일을 정하고 그 순서와 양을 조절해갈 수 있도록 이끌어야 한다. 교사는 학생이 독립적으로 문제를 해결할 수 있는 상황을 정확하게 파악하여 가능한 한 조절과 도움을 빨리 멈추어야 한다. 학생들로 하여금 문제해결 방안의 발견 과정에 참여하게 하는 질문을 함으로써 학생의 학습과 　　　　　　 능력의 신장을 최대화시킬 필요가 있다.

② 비계설정의 구성 요소(버크 Berk, 1995)

ⓐ 　　　　　　　　 : 흥미롭고 문화적으로 의미 있는 문제해결 활동에 공동으로 참여하면서 다른 누군가와 함께 • 　　　　　　 하며 문제해결을 위해 노력하는 것을 의미한다.

ⓑ 　　　　　　　 : 어떤 과제를 시작할 때 서로 다르게 이해하던 두 참여자가 • 　　　　　　 에 도달하는 것을 말한다. 즉, 공동활동의 각 참여자가 상대방의 관점에 자신의 관점을 조정하여 맞춤으로써 의사소통을 위한 공동의 화제를 만들어가는 것을 의미한다.

ⓒ ⬚⬚⬚⬚⬚⬚⬚⬚⬚⬚ : 언어적 상호작용의 • ⬚⬚⬚⬚⬚⬚⬚⬚⬚⬚ 은/는 따뜻하고 반응적이어야 한다. 교사가 명랑하고 따뜻하고 반응적일 때 유아들은 더욱 자신감을 얻고 문제해결에 몰입하게 된다.

ⓓ ⬚⬚⬚⬚⬚⬚⬚⬚⬚⬚⬚⬚⬚⬚⬚⬚⬚⬚⬚⬚⬚⬚⬚⬚⬚⬚
: 유아들에게 그들의 근접발달영역 내에 있는 과제들을 하게 한다. 이는 유아들에게 적절한 수준의 도전이 되는 과제를 • ⬚⬚⬚⬚ 하고 또한 유아들의 요구와 능력에 맞도록 교사가 도움의 양을 • ⬚⬚⬚⬚ 하는 것이다.

ⓔ ⬚⬚⬚⬚⬚⬚⬚⬚⬚⬚⬚⬚⬚⬚⬚⬚⬚⬚⬚⬚⬚⬚⬚ : 유아들이 스스로 보다 많은 협력활동을 조정하게 함으로써 자기조절 능력을 기르는 것이다.

ⓕ ⬚⬚⬚⬚⬚⬚⬚⬚⬚⬚⬚⬚⬚ : 유아가 문제를 해결해나가는 상황에서 문제의 요소들 간 관계를 파악하도록 도와주며, 다양하고도 효과적으로 문제를 해결하도록 도와주는 질문 방법이다.

③ 시겔(Sigel)의 '거리두기 전략'

ⓐ ⬚⬚⬚⬚⬚⬚⬚⬚ 의 거리두기 : 교사가 주변의 사물들 또는 사건들에 대해 언급하거나 물어보는 것이다.

ⓑ ⬚⬚⬚⬚⬚⬚⬚⬚ 의 거리두기 : 교사가 유아들에게 시각적으로 드러나는 양상들 간의 관계에 대해 설명하게 하는 것이다.

ⓒ ⬚⬚⬚⬚⬚⬚⬚⬚⬚⬚ 의 거리두기 : 교사가 유아들로 하여금 시각적으로 드러나는 양상들을 넘어서서 가정을 세우도록 하거나, 또는 생각을 정교하게 다듬도록 하는 것이다.

④ 비계의 유형

ⓐ ⬚⬚⬚⬚⬚⬚ : 미술 교사가 새로운 화법을 사용하여 그림을 그리도록 말하기 전에 시범을 보인다.

ⓑ ⬚⬚⬚⬚⬚⬚⬚⬚⬚⬚⬚⬚⬚⬚ : 교사가 구슬을 분류하면서 자신의 사고 순서를 소리내어 말한다.

ⓒ ⬚⬚⬚⬚ : 중요한 시점에 관련 질문을 던짐으로써 학생들이 문제를 보다 구체적으로 이해할 수 있게 한다.

ⓓ ⬚⬚⬚⬚⬚⬚⬚⬚⬚⬚⬚ : 평균대의 넓이를 유아의 운동 능력에 맞춰 조절한다.

ⓔ ⬚⬚⬚⬚⬚⬚⬚⬚⬚ : 유아들이 신발 끈 묶는 것을 배울 때 교사가 줄을 엇갈려가면서 끼우도록 옆에서 필요한 단서를 준다.

정답

ⓒ 따뜻함과 반응
  • 정서적 분위기
ⓓ 어린이를
  근접발달영역에
  머물게 하기
  • 제공
  • 조절
ⓔ 자기조절 능력
  증진시키기
ⓕ 언어(기호)의 매개
③ ⓐ 낮은 단계
  ⓑ 중간 단계
  ⓒ 높은 단계
④ ⓐ 모델링
  ⓑ 소리내어 생각하기
  ⓒ 질문
  ⓓ 수업자료 조정하기
  ⓔ 조언과 단서

⑤ 비계설정의 적용 사례 : 　　　　　　　, 상호수업, 수준별학습, 인지적 도제

⑥ 우드와 쉐츠(Wood & Schetz, 1994)의 스캐폴딩의 유형

유형	하위 내용
ⓐ 　　　　스캐폴딩	• 아동 흥미 유발 • 자유의 정도 감소시키기 • 학습목표 유지시키기 • 좌절 통제
ⓑ 　　　　스캐폴딩	• 과제의 중요 특성을 표시하기 • 시범

⑦ 로버츠와 랑거(Roberts & Langer)의 스캐폴딩 유형

ⓐ	관련 분야를 좁혀 가는 도움. 학생들의 반응을 정선함으로써 학생들의 노력에 방향을 제시하여 과제를 단순화하기
ⓑ	다른 말을 사용하거나 어떤 것을 부가함으로써 학생들의 아이디어 바꾸어주기
ⓒ	아이디어나 대답의 형태로 된 도움주기
ⓓ	아이디어를 재검토하거나 재진술하기
ⓔ	정보의 직접적이고 명시적인 진술을 통한 도움주기

(10) 　　　　　　　　 : 교수-학습 활동을 제대로 시행하기 위해서 특정 시점에서 무엇을 얼마나 학습했는가에 대한 것뿐만 아니라 앞으로 무엇을 얼마나 학습할 수 있느냐를 파악하고자 하는 평가 방식이다.

① 교육목표의 달성도뿐만 아니라 ⓐ 　　　　　　　을/를 평가하고, 학습의 결과뿐만 아니라 학습의 ⓑ 　　　　　도 평가하기 위한 것이다.

② ⓐ 　　　　　　　　　　 방식에 따르되 지속적이면서도 종합적인 평가를 중시한다. 또한, 개별 학생의 교수-학습 활동을 개선하고 교육적인 지도·조언을 제공하는 것을 중시하고, ⓑ 　　　　　　　　　　(이)나 교육적 처방, 교육적 지도·조언을 하기 위한 목적을 더 중시한다.

---

⑤ 협동학습
⑥ ⓐ 정의적
　ⓑ 인지적
⑦ ⓐ 초점 맞추기
　ⓑ 수정하기
　ⓒ 힌트주기
　ⓓ 요약하기
　ⓔ 진술하기

⑽ 역동적 평가
　① ⓐ 향상도
　　ⓑ 과정
　② ⓐ 준거지향평가
　　　(절대평가)
　　ⓑ 개별화수업

2 브론펜브레너(U. Bronfen brenner, 1917~2005)의 생태체계 이론

(1) ▢▢▢▢▢▢ 이론 : 인간발달을 사회문화적 관점에서 이해하고자 하는 이론이며, 아동의 발달을 보다 정확하게 이해하기 위해서 아동에게 영향을 미치는 환경의 개념을 확장시켰다.

① ▢▢▢▢▢▢ : 아동에게 가장 인접한 환경들이며, 아동과 ⓐ ▢▢▢▢ (으)로 상호작용을 하고 영향을 주는 환경으로, 아동의 능동성과 상호작용 패턴에 관심을 가진다. 물리적 환경(집, 놀이터 시설, 도서관의 서적 등)과 사회적 환경(부모의 교육 수준 및 양육 태도, 경제적 수준, 교사의 신념)을 포함한다. **예** 가족, 학교, 또래집단, 이웃 등

② ▢▢▢▢▢ : 가정·학교·이웃·유치원 등 미시체계 사이의 ⓐ ▢▢▢▢ ▢▢ 을/를 말한다. **예** 부모와 교사와의 관계, 형제간의 관계, 또래 간의 관계, 부모와 이웃 간의 관계 등

③ ▢▢▢▢▢ : 유아와 직접적 상호작용은 없지만 ⓐ ▢▢▢▢▢ 인 영향을 미치는 환경이며, 유아의 발달과 복지에 중요한 역할을 한다. **예** 부모의 직장, 종교기관, 부모의 지인 조직, 사회복지기관, 정부기관, 대중매체 등

④ ▢▢▢▢▢ : 미시체계, 중간체계, 외체계 모두에 포함되는 문화적 가치 및 이데올로기를 말한다. **예** 사회의 문화, 신념, 가치, 법률, 정책, 관습 등

⑤ ▢▢▢▢▢ : 아동의 환경에서 발생하는 사건들과 생애에서 ⓐ ▢▢▢ 이/가 되는 사건 등을 말한다. **예** 동생의 출생, 학교 입학, 이사, 부모의 이혼 등

(1) 생태체계
　① 미시체계
　　ⓐ 직접적
　② 중간체계
　　ⓐ 상호작용
　③ 외체계
　　ⓐ 간접적
　④ 거시체계
　⑤ 시간체계
　　ⓐ 전환점

6 정보처리 이론

정답

1 정보처리 이론

(1) ① 부호화
② 저장
③ 인출
ⓐ 재인
ⓑ 회상
ⓒ 일화

(1) 정보처리 이론에 의한 기억은 '① ▢▢▢▢▢ → ② ▢▢▢▢▢ → ③ ▢▢▢▢▢'
의 3단계로 이루어지는 연속적 과정이다.

　① ▢▢▢▢ : 외부의 정보들을 두뇌로 수용하는 과정으로, 인간은 환경 속의 자극
정보들을 시각부호, 청각부호, 촉각부호 등으로 ▢▢▢▢ 시켜 저장한다.

　② ▢▢▢ : 부호화된 정보를 기억 속에 보관하는 것을 의미한다.

　③ ▢▢▢ : 필요할 때 정보를 기억 속에서 찾아내는 과정을 말한다.

　ⓐ ▢▢▢▢ 기억 : 현재 접한 정보(단서)가 이미 저장한 정보인지 인식하는 기억
과정이다.

　ⓑ ▢▢▢▢ 기억 : 현재 대상에 대한 제시나 정보 자극이 없는데도 이전에 경험
하고 저장해 놓은 대상을 기억 속에서 인출하는 과정이다.

　ⓒ ▢▢▢▢ 기억 : 개인이 경험한 특정한 사건에 대한 기억이다.

(2) ① 단기 감각 저장고
② 작업기억
③ 장기기억
ⓐ 작업기억
ⓑ 장기기억

(2) 정보처리 단계

　① ▢▢▢▢▢▢▢▢▢▢▢▢ : 한번에 7개 정도의 정보를 담을 수 있다고 하
며, 주의집중에 의해서 망각되지 않고 단기기억과 작업기억으로 옮겨간다.

　② 단기기억과 ▢▢▢▢▢▢ : 의식된 기억을 잊지 않기 위해 메모하는 것을
▢▢▢▢▢▢(이)라고 한다.

　③ ▢▢▢▢▢ : 단기기억과 ⓐ ▢▢▢▢▢▢ 내의 정보는 시연을 하면
ⓑ ▢▢▢▢▢ 속으로 들어가게 된다.

(3) ① 주의
ⓐ 선택적 주의
② 시연
③ 조직화

(3) 기억 전략의 발달

　① ▢▢▢ : 외부자극 중에서 특정 자극을 선택적이고 집중적으로 인식하고 그것
에 반응하는 것을 말한다. 유아들은 연령 증가에 따라 과제의 수행과 관련 없는 자
극들은 무시하고, 관련 자극들에만 주의를 집중시키는 'ⓐ ▢▢▢▢▢
능력'이 발달한다.

　② ▢▢▢ : 기억해야 할 정보를 여러 번 보거나, 말로 여러 번 되풀이하여 기억을
돕는 것이다.

　③ ▢▢▢▢ : 주어진 정보들을 그것들이 가진 속성이나 특징을 바탕으로 의미
있는 단위로 구성하여 기억을 하는 전략이다.

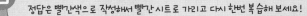

정답은 빨간색으로 작성해서 빨간시트로 가리고 다시 한번 복습해 보세요!

ⓐ   : 여러 정보들을 묶어서 몇몇 단위로 만들어 기억하는 것이다.

ⓑ   : 주어진 정보들을 상위 유목으로 묶어 범주를 만들어 기억하는 전략이다.

④   : 서로 관계가 없는 기억해야 할 대상들을 서로 관련지어 기억을 돕는 전략이다.

② 망각

(1)   : 장기기억으로 된 학습내용을 다시 의식화하지 못하는 현상을 말한다. 학습한 내용을 보존하는 것을 ①   (이)라고 한다. 시간이 경과함에 따라 학습한 것은 망각되고 ①   양은 감소된다.

(2) 에빙하우스의   : ①   에 가장 많이 망각되고, 시간이 경과함에 따라 망각의 정도가 완만해진다는 것을 나타낸다. 연상에서 가장 중요한 원리는 ②'   '(으)로, 이는 더 많이 경험할수록 그 경험을 더 쉽게 회상한다는 것이다.

(3)   : 기억이란 시간이 경과할수록, 사용하지 않을수록 점점 쇠퇴하게 된다. 정보의 계속적인 사용, 암송, 반복 학습을 통하여 기억흔적의 쇠퇴를 방지할 수 있다.

(4)   : 기억된 정보는 단순히 시간의 경과뿐만 아니라 파지 기간 중에 파지를 방해하는 외부적 영향이 있기 때문에 간섭이 일어나서 망각 현상이 촉진된다는 것이다.

①   : 선행학습의 내용이 후행학습의 내용에 의해 방해를 받는 경우이다.

②   : 선행학습 내용에 의하여 후행학습이 방해를 받는 경우이다.

정답

ⓐ 절편화
ⓑ 범주화
④ 정교화

(1) 망각
① 파지

(2) 망각곡선
① 학습 직후
② 빈도의 법칙

(3) 흔적쇠퇴설

(4) 간섭설
① 역행제지
② 순행제지

③ 전이

(1) _____ : 선행학습과 후행학습 사이에 일어나는 일을 설명하는 개념으로서 어떤 상황에서 학습한 내용을 새로운 장면에 적용하거나 사용하는 것을 말한다.

　① _____ : 어떤 상황에서 학습한 내용이 새로운 상황에서도 기억되고 적용되는 것을 말한다.

　② _____ : 어떤 과제를 학습하면 다음 과제를 학습하는 데 방해가 되는 것을 의미한다.

　③ _____ : 이미 알고 있는 내용과 다르긴 하지만 서로 비슷한 수준의 과제를 수행할 때 나타나는 전이이다.

　④ _____ : 같은 교과라 하더라도, 보다 상위 수준의 과제를 학습하기 위해 과거에 학습한 것을 적용하는 것이다. 예 분수 이해 후 분수의 덧셈 뺄셈이 가능해진다.

(2) _____ : 19세기 말에 이르기까지 오랫동안 학습의 전이를 설명하는 이론이었다. 인간의 정신 능력은 근육의 단련처럼 집중적 훈련을 통해 연마되는 것이므로 교육에서도 어떤 기본 교과를 통해 정신을 단련해야 한다는 것이다.

(3) _____ : 손다이크는 선행학습과 후행학습 간 영향을 주고받는 기능에 동일한 요소(유사성)가 포함되어 있을 때에만 전이가 효과적으로 나타난다고 주장했다.

7 지능의 발달

1 지적 능력

(1) [   ]의 의미 : 비네(A. Binet)는 잘 판단하고 이해하고, 추리하는 일반 능력이라고 했다. 터너(H. Turner)는 추상적으로 사고할 수 있는 능력이라고 했다. 웩슬러(D. Wechsler)는 유목적적으로 행동하고 합리적으로 사고하고 환경을 효과적으로 다루는 개인의 종합적인 능력이라고 했다.

(2) 지능검사 : 스탠퍼드-비네검사, 웩슬러 지능검사, 카우프만 아동용 지능검사 등이 있다.

(3) ① [   ] 지능과 ② [   ] 지능(캐텔 Cattell, 1963)

　① [   ] 지능 : 생득적 요인에 규정된다. 새로운 상황 및 사태 적응에 관한 지능이며 개인의 명석도와 순응성을 내포한다. 10대 후반에 완전히 발달하여 성인기에는 쇠퇴한다.

　② [   ] 지능 : 문화적 · 경험적 요인에 의해 규정된다. 학습으로 획득된 지식에 근거한 판단과 습관에 관한 지식이다. 성인기 이후에도 계속 발달한다.

(4) 삼원지능 이론(스턴버그 R. J. Sternberg, 1985)

　① [   ] 지능 : 인지적 행동에 바탕이 되는 정보처리 활동과 관련된다.

　② [   ] 지능 : 창의적 지능이라고도 하며, 새로운 정보를 처리하거나 새로운 문제에 직면했을 때 아이디어를 내고 문제를 해결할 수 있는 인지적 활동과 연관된다.

　③ [   ] 지능 : 현실상황에 대한 적응과 환경과의 조화를 이루는 융통적이고 실용적인 능력으로서 실제적 능력을 말한다.

2 가드너(Gardner, 1983)의 다중지능 이론

(1) [   ] 이론

　① 1983년 가드너의 ⓐ『[   ]』(이)라는 저서를 통해 소개되었으며, ⓑ [   ] 을/를 통해 교육 현장에 적용되었다.

　② 지능의 ⓐ [   ] 와/과 ⓑ [   ]

　　ⓐ 지능의 [   ] : 인간은 9가지 영역의 독특한 지능을 소유하고 있으며, 각 지능은 비교적 독립적이다.

정답

(1) 지능

(3) ① 유동적
　② 결정적

(4) ① 성분적
　② 경험적
　③ 실제적

(1) 다중지능
　① ⓐ 마음의 틀
　　ⓑ 프로젝트 스펙트럼
　② ⓐ 독립성
　　ⓑ 동등성

ⓑ 동등성

(2) ① 대인관계
② 개인이해
③ 공간
④ 신체운동
⑤ 음악
⑥ 언어
⑦ 논리 · 수학
⑧ 자연탐구
⑨ 실존

ⓑ 지능의 [   ] : 일반적으로 9가지 영역에서의 지능은 비교적 동등하며, 영리함의 기준으로 언어와 논리 · 수학 지능이 강조된 것은 문화적 영향일 뿐이다.

(2) 9가지 다중지능

① [   ] 지능 : 타인의 정서, 동기, 의도 등을 이해하고 이에 적절히 반응할 수 있으며 대인 간 상호관계를 잘 다루어가는 능력

② [   ] 지능 : 자신의 정서 및 욕구를 잘 인식하고 이해하며 이를 자신의 목표 행동에 사용할 수 있는 능력

③ [   ] 지능 : 사물 사이의 관계를 확인하고 사물을 그림으로 나타내며 공간에서 길을 잘 찾아내고 정신적 그림을 생각해내고 묘사해내는 능력

④ [   ] 지능 : 목표지향적 움직임과 표현을 위해 신체를 잘 다루고 물체를 기술적으로 잘 다루는 능력

⑤ [   ] 지능 : 소리의 음조와 리듬에 민감하고 음악적 표현이 풍부한 능력

⑥ [   ] 지능 : 언어에 대한 민감성을 가지고 언어의 기능을 활용하는 능력

⑦ [   ] 지능 : 수의 논리에 대한 상징에 민감하고 귀납적 · 연역적으로 추리하며, 복잡한 계산과 과학적 추리를 하는 능력

⑧ [   ] 지능 : 자연에 대한 민감성을 가지고 다양한 동식물과 자연의 구성요소를 인식하고 분류하는 능력

⑨ [   ] 지능 : 영성, 삶의 의미, 희로애락, 인간의 본성, 삶과 죽음, 진정한 행복과 같은 실존적 문제들에 대해 고민하고 사고하는 것과 관련된 지능

③ 창의성

(1) 창의성의 개념적 속성

① 심리측정적 관점 : 길포드(J. P. Guilford)는 창의력을 독특한 아이디어 또는 문제를 새로운 시각으로 보는 [   ] (으)로 설명하였다.

② 중다요인적 관점 : 창의성을 하나의 단일한 능력으로 보지 않고 개인이 가지고 있는 여러 능력 또는 특성의 조합으로 보는 관점이다.

ⓐ 창의성 투자이론(스턴버그와 루바트 sternberg & Lubart, 1996)

· [   ] 자원 : 폭 넓은 지식, 문제 발견 및 정의, 확산적 사고 및 아이디어 선택 등의 능력이다.

· [   ] 자원 : 혁신적 사고를 하고 모호함, 불확실성, 장애 등에 대한 인내와 끈기를 발휘할 수 있는 능력이다.

- 　　　　　　자원 : 목표지향적(외적 보상 지향)이기보다 과제지향적(내적 보상 지향)이어야 한다. 과제 수행을 위한 아이디어 도출과 아이디어의 조작 및 실현 등에 기쁨을 느낀다.
- 　　　　　　자원 : 많은 책과 자료, 자극적인 활동이 많은 가정환경, 민감하고 헌신적 부모 등 창의적 능력을 발휘하기 위한 물리적, 사회정서적 환경을 말한다.

(2) 창의적 사고

① 　　　　　　 : 주어진 자극에 대해 제한된 시간 내에 얼마나 많은 양의 반응을 보일 수 있는가 하는 능력이다.

② 　　　　　　 : 한 가지 문제 사태에 대하여 다양한 접근 방법을 생각해낼 수 있는 사고 능력으로, 고정적인 사고방식이나 관점을 변화시켜 다양한 해결책을 찾아내는 능력이다.

③ 　　　　　　 : 기존의 것에서 벗어나 새롭고 독특한 아이디어를 새로운 차원에서 창출하는 능력이다.

④ 　　　　　　 : 기존의 다듬어지지 않은 아이디어에 유용한 세부 사항을 추가하여 보다 가치 있는 것으로 발전시키는 능력이다.

⑤ 　　　　　　 : 오감을 통해 들어오는 다양한 정보에 대해 관심을 보이고 이를 통하여 새로운 영역을 탐색해가는 능력이다.

(3) 창의적 성향

① 　　　　　　 : 활동에 자진해서 적극 참여하려는 태도이다.

② 　　　　　　 : 신기한 것을 탐구하려고 하는 태도이다.

③ 　　　　　　 : 해결되지 않은 문제를 포기하지 않고 지속적으로 해결하려고 노력하는 태도이다.

④ 　　　　　　 : 새로 밝혀진 근거에 따라 자신의 주장을 변경하거나 다른 의견도 수용하는 태도이다.

4　지적 특성과 학업성취도의 관계

(1) 　　　　　　　　은/는 학업성취도와 상당히 밀접한 관계가 있지만 100%의 상관관계는 아니다.

(2) 학교 학습은 지능에 의해서만 좌우되는 것이 아니라 ① 　　　　　　 에 의해서도 좌우된다. 고지능 집단과 고창의력 집단은 두 집단 모두 높은 ② 　　　　　　 을/를 가진다.

정답

- 동기적
- 환경적

(2) ① 유창성
② 융통성
③ 독창성
④ 정교성
⑤ 민감성

(3) ① 자발성
② 호기심
③ 집착성
④ 개방성

(1) 지능지수

(2) ① 창의력
② 성취동기

(1) ① 언어
　　② 문화적
　　④ 상호작용

(1) 정신표상
　　① ⓐ 가장놀이
　　　ⓑ 지연모방
　　　ⓒ 공간개념

(2) 상위인지
　　① 상위인지
　　② 자기규제

⑤ 지력의 발달

(1) 지력발달에 미치는 요인

　① 　　　　　 사용을 위한 훌륭한 모델이 주어지며 　　　　　 적 발달을 고무하고 자극하는 환경은 지력발달에 좋은 영향을 준다.

　② 주위 환경 속의 여러 　　　　　 요소에 대한 직접적인 감각적 접촉이나 독서 등에 의한 대리적인 교섭 기회가 풍부할수록 지적 능력은 향상된다.

　③ 일상생활이나 학교생활에서 명석한 사고를 요구하고 여러 가지 문제를 자발적으로 해결해나가도록 자극하는 분위기는 지력을 발달시킨다.

　④ 부모와 자녀 사이의 　　　　　 의 질은 자녀의 지력발달에 영향을 미친다.

⑥ 사고발달

(1) 　　　　　 : 어떠한 사물이나 사건에 대한 상징적 개념화로, 전조작기 유아의 　　　　　 은/는 언어의 발달과 함께 급속도로 발달하게 된다. 이러한 　　　　　 을/를 발달시킴으로써 유아는 더 이상 현재 이곳의 사물, 사건에만 제한되지 않고, 과거 또는 미래, 여기가 아닌 다른 곳의 사물 또는 사건에 대해 자유롭게 언급하고 사고할 수 있다.

　① 유아의 정신표상의 발달

　　ⓐ 　　　　　 : 역할 및 사물을 상징적으로 사용한다.

　　ⓑ 　　　　　 : 타인이나 사물을 보고 시간이 흐른 후에 그것을 그대로 모방하여 행동으로 나타내는 것이다.

　　ⓒ 　　　　　 의 발달 : 지도 읽기나 만들기, 그림, 사진, 모형, 상징물 등의 표상물을 더 잘 이해할 수 있게 된다.

(2) 　　　　　 의 발달

　① 　　　　　 : 자신의 정신활동에 대하여 인식하고 이해하는 것이다. 자신이 사고하고 있으며, 자신의 사고가 어떻게 이루어지는지 그 과정을 인식하고 이해하는 등의 활동을 모두 포함한다.

　② 인지적 　　　　　 : 상위인지 지식을 바탕으로 목표를 위하여 방향과 전략을 설정하고 과정을 모니터링하며 결과를 검토하고, 유용하지 못한 전략들은 다른 전략으로 바꾸는 일련의 과정이다.

(3) 추론

① [   ] 추론 : 각각의 구체적이고 특수한 사실을 종합하여 그것으로부터 일반적인 원리를 추론해 내는 것이다.

② [   ] 추론 : 일반적이고 보편적인 사실이나 원리로부터 개별적이고 특수한 사실이나 원리를 이끌어내는 추론으로 대표적으로는 삼단논법의 추론방법이 있다.

(4) [   ] : 실행기능이라고도 하며, 사고와 행동의 관리 및 통제의 특징을 지니는 고등 인지기능이다. 자기조절, 계획하기, 행동의 조직화, 인지적 유연성, 반응 억제 등의 기능들을 모두 포함하며, 정보처리 과정 전반에 중요한 역할을 하고 유아의 학습능력에도 중요한 역할을 한다.

정답

(3) ① 귀납적
    ② 연역적

(4) 집행기능

8 자아개념 및 성 역할 발달

정답

(1) 정서적 유대
　① 신호
　② 지향
　③ 신체접촉

(2) ① 정신분석
　② 학습
　③ 동물행동
　④ 인지발달

(3) ① 비변별적 사회적 반응
　② 변별적 사회적 반응
　③ 적극적 접근과
　　 접촉 추구의
　④ 목표수정 동반자

---

1 애착

(1) 애착 : 영아가 어머니와 형성하는 　　　　　　　 관계이다. 애착형성을 위한 전 조적인 행동들은 다음과 같다.

　① 　　　　 행동 : 울기, 미소짓기, 소리내기

　② 　　　　 행동 : 쳐다보기, 따라가기, 접근하기

　③ 　　　　　 행동 : 기어오르기, 매달리기, 포옹하기

(2) 애착이론

　① 　　　　　　 이론 : 심리성적 발달로 설명하고 있다. 수유를 통한 구강적 만족을 통해 어머니는 애정의 대상이 되어 정서적 관계를 유지한다. 어머니와의 상호작용은 기본적 신뢰감을 형성하는 데 도움을 준다.

　② 　　　　 이론 : 애착은 　　　　 의 과정이다. 상, 벌 계획에 따라 유아는 독특한 애착행동 패턴을 어머니와 형성하게 된다.

　③ 　　　　　 이론 : 애착은 진화적 적응의 산물이며 본능의 지배적 부분이 다. 동물의 각인행동처럼 2차적으로 나타나는 상호 조화된 적응의 형태이다.

　④ 　　　　　　 이론 : 인지구조상의 도식 형성이 애착의 근본이다.

(3) 4단계의 애착 형성 단계(보울비 Bowlby, 1969)

　① 　　　　　　　　　　　　　 단계(출생 후 2개월) : 붙잡기, 미소 짓 기, 울기, 응시하기 등 다양한 신호로 주위 사람들과 가까운 관계를 유지하지만 사 람들을 변별하지 못한다.

　② 　　　　　　　　　　　　 단계(2~7개월) : 친숙한 사람과 낯선 사람 에게 다르게 반응한다. 친숙한 사람에게는 더 많이 웃거나 미소를 보인다.

　③ 　　　　　　　　　　　　　　 단계(7개월~2세) : 영아는 능동적으로 접촉 추구를 보이며 낯선 사람에게는 배타적인 태도를 보이기도 한다.

　④ 　　　　　　　　　　 단계(2세 이후) : 영아는 자신의 욕구를 충족시 키기 위해 보호자의 행동을 적당히 변화시키려는 전략을 사용한다. 애착 대상이 없어도 그 대상의 행동을 상상할 수 있고 격리 시에도 불안을 보이지 않는다.

(4) 애착 유형(에인스워스 등 Ainsworth et al., 1978)

① _____ 애착 : 낯선 상황에서 주변을 탐색하기 위해 어머니로부터 쉽게 떨어지고 재결합 시 접촉을 유지하려 하며 쉽게 안정된다.

② 불안 애착

ⓐ _____ 애착 : 어머니와 함께 있을 때에도 탐색을 거의 하지 않고 어머니 곁에 머물려고 하며, 낯선 사람을 매우 경계한다. 어머니가 방을 나가면 매우 불안해하고, 어머니가 돌아오면 접촉을 시도하면서 한편으로는 밀어내는 양가적 감정을 보인다.

ⓑ _____ 애착 : 어머니와 함께 있어도 반응이 없고 놀이에 집중을 못한다. 어머니와 친밀을 추구하지 않고 낯선 사람에게도 이와 비슷하게 반응한다.

ⓒ _____ 애착 : 불안정하면서도 저항 애착과 회피 애착이 결합된 복합적인 반응을 보이며, 낯선 상황에서 가장 큰 스트레스를 받고 가장 불안해하는 경향이 있다.

② 자아개념의 이해

(1) 자아개념의 의미

① 윌리엄 제임스(William James, 1890)는 자아개념을 • _____ 자기와 • _____ 자기로 나누어 설명하고자 했다.

ⓐ _____ 자아 : 자신의 신체적 특성과 소유물에 대한 인식이며 외모나 체격 또는 재산 등이 여기에 영향을 미친다.

ⓑ _____ 자아 : 성격이나 능력 또는 인생관과 같은 _____ 특징에 대한 인식을 말한다.

ⓒ _____ 자아 : 가족관계나 친구관계와 같은 대인관계 속에서 주어지는 나의 위치와 평가로 이루어진다.

② 쿨리(Cooley, 1902) : 거울에 반사된 영상을 통해 자기를 확인하듯이, 나를 둘러싸고 있는 다른 사람들의 나에 대한 반응을 통해 나 자신을 파악하게 된다는 _____ 을/를 소개했다.

정답

(4) ① 안정
　② ⓐ 저항
　　 ⓑ 회피
　　 ⓒ 혼란

(1) ① • 주관적
　　 • 객관적
　　 ⓐ 물질적
　　 ⓑ 심리적
　　 ⓒ 사회적
　② 면경자아

(2) ① 내적 지속성
　　ⓐ 부조화
　② 경험의 해석
　③ 기대감

(3) ① 범주자아
　② 평가

(2) 자아개념의 기능과 중요성

① ▢▢▢▢▢▢▢ 유지 : 한 사람이 자신에 대해 생각하는 내용은 ▢▢▢▢ ▢▢▢▢▢ 을/를 유지하는 데 매우 중요한 부분이며, 인간은 자신에 대해 생각하고 있는 것과 일치하도록 행동한다.

　ⓐ ▢▢▢▢▢▢ : 어떤 사람이 조화롭지 않거나 서로 엇갈리는 생각, 느낌 또는 인식을 갖게 될 때 나타나는 정신적으로 불안정한 상태이다.

② ▢▢▢▢▢▢▢ : 자아개념은 개인의 경험과 우리에게 일어나는 현상들을 어떻게 해석하는지 결정한다. 자신의 생각과 일치되도록 경험을 해석하는 경향 역시 많다.

③ ▢▢▢▢▢ 조성 : 자신이 아무런 가치가 없다고 생각하는 사람은 다른 사람들이 자신을 그의 기대와 똑같이 대할 것이라고 생각한다.

(3) 자아개념의 발달 과정(코스텔닉 Kostelnik)

연령	특징
출생~1세	• 양육자와 분리된 존재로서 자아에 대한 인식을 시작하며 다른 사람과 비교하지 않는다. • 자기 자신에 대한 다른 사람의 반응에 대해 주목한다.
2~4세	• ① ▢▢▢▢▢▢▢ : 신체적 특성 및 선호하는 것, 소유개념, 자신의 능력 등 구체적인 특성으로 자신을 표현하며, 자신의 연령이나 성을 토대로 자아개념을 형성한다. • 물리적 자아(소유개념)에서 내재적인 심리적 자아(나는 책을 좋아해)로 발전해 간다. • 자신을 과대평가하고 공평성의 문제가 있을 경우에만 다른 사람과 비교한다. • 자신에 대한 다른 사람의 반응을 인식한다.
5~7세	• 자신에 대해 구체적인 용어와 심리를 표현한다. • 과거 수행한 일과 공평함에 관련한 비교를 한다. • 자기 자신에 대한 다른 사람의 ② ▢▢▢▢ 을/를 인식한다.
8~11세	• 자신의 정서상태, 소속된 사회적 집단을 통해 자신을 표현한다. • 자신의 긍정적 측면과 부정적 측면을 모두 인식하고 인정한다. • 사회적 비교를 시작하면서 다른 사람과 비교하여 자신을 더 잘 이해하려고 한다. • 자기 자신을 평가하고, 어떤 행동을 할지 결정하기 위해 다른 사람의 평가를 사용한다.

③ 자아존중감

(1) _____ : 유아가 자신에게 부여하는 가치 및 스스로에게 주는 자부심이다.

(2) 자아존중감의 4가지 기준(쿠퍼스미스 Coopersmith, 1967)

① _____ : 자기 자신이 중요하다고 생각하는 사람에게 사랑받으며 인정받고 있다고 느끼는 정도이다.

② _____ : 중요하다고 여기는 작업을 수행하면서 성취의욕을 만족시킬 수 있는 정도이다.

③ _____ : 도덕과 윤리적 규범을 달성하는 정도이다.

④ _____ : 다른 사람에게 미치는 영향과 통제할 수 있는 능력이다.

(3) 매슬로우(Maslow)의 욕구 위계

① 결핍욕구(결손욕구) : 없는 또는 부족한 음식, 안전, 사랑, 자존심을 확보하기 위해서 행동하는 것이며, 이 욕구가 충족되면 균형 상태에 들어간다.

ⓐ _____ 욕구 : 공기, 물, 음식, 휴식 등이다.

ⓑ _____ 의 욕구 : 전쟁, 질병, 상해, 또는 천재지변, 실직, 파산 등이다.

ⓒ _____ 의 욕구 : 타인과의 애정관계를 맺으려고 하거나 어떤 집단에서 소속감을 가지려고 하는 소망이다.

ⓓ _____ 욕구 : 자신을 가치 있는 사람으로 인정받기를 원하는 욕구이다.

② 성장욕구(실존욕구)

ⓐ _____ 욕구 : 호기심, 탐구심, 더 알고 싶은 욕망 등이며, 이 욕구가 강할 때 그것을 조직하고, 체계화하고 분석하고 관련성을 찾으려는 욕구가 생겨난다.

ⓑ _____ 욕구 : 미와 아름다운 환경을 적극적으로 소망하는 것이며, 이 욕구는 완벽한 것, 진실한 것, 정의로운 것 등을 내포하고 있다.

ⓒ _____ 욕구 : _____ (이)란 자기 자신이 잠재적으로 실현 가능한 자신이 되는 것을 의미한다. 교사, 운동선수, 음악가, 정치가 등은 이러한 욕구가 충족된 사람이며 사회적으로 건강한 사람이라고 할 수 있다.

(4) _____ (반두라 Bandura) : 자기 자신이 스스로 상황을 극복할 수 있고 주어진 과제를 성공적으로 수행할 수 있다는 신념이나 기대를 의미한다.

정답

(1) 자아존중감

(2) ① 중요도
② 능력
③ 미덕
④ 힘

(3) ① ⓐ 생리적
ⓑ 안전
ⓒ 애정 및 소속
ⓓ 자존
② ⓐ 인지적
ⓑ 심미적
ⓒ 자아실현

(4) 자기효능감

(5) ① 자조기술
② 조망수용능력
③ 평가

(6) ① 학업적
② 사회적
③ 신체적

(7) ① 피그말리온
② 플라시보

(1) ① 성 역할
② 성 유형화

(2) ① 정신분석
ⓐ 동일시
② 사회학습
③ 인지발달

(5) 자아존중감의 발달 : 2세경에 나타나는 ①　　　　　　　　의 발달에 의해 나타나며, 취학 전 연령에서는 자신에 대해 관찰한 것에서, 취학 연령에서는 ②　　　　　　　의 발달로 다른 사람들의 ③　　　　에 의해 자아존중감이 나타난다.

(6) 자아존중감의 위계적 구조

①　　　　　자아존중감	읽기, 셈하기 및 기타 과목의 능력
②　　　　　자아존중감	또래와의 관계, 부모와의 관계
③　　　　　자아존중감	신체적 능력, 외모

(7) 기대와 학습효과

①　　　　　　　　　효과 : 타인이 나를 존중하고 나에게 기대하는 것이 있으면 기대에 부응하는 쪽으로 변하려고 노력하여 그렇게 된다는 것을 의미한다.

②　　　　　　　　효과 : 환자에게 아무런 효험이 없는 가짜 약을 진짜 약이라 속이고 먹게 했을 때 실제로 병세가 호전되는 현상을 말한다.

4 성 역할

(1) 성 역할 개념

①　　　　　　 : 남성 또는 여성에게 적합하다고 간주되는 일련의 가치, 태도와 행동을 의미한다.

②　　　　　　　 : 유아가 문화권 안에서 성별에 따라 적합하다고 규정된 행동과 태도를 내면화시키는 과정이다. 성 역할을 지속적으로 기대받는 　　　　　　을/를 통해 각 개인이 사회적 기대를 내면화함으로써 남·여의 특성을 규정짓는 성역할 고정관념이 형성된다.

(2) 성 역할 발달에 대한 이론적 배경

①　　　　　　　 이론 : 오이디푸스 갈등에 따른 부모와의 성 역할 ⓐ　　　　　 과정을 통해 이루어진다.

②　　　　　　　 이론 : 성 역할 행동발달은 강화와 벌, 모방에 의해 이루어진다.

③　　　　　　 이론 : 성 역할 개념의 발달은 일반적인 인지발달 변화에 기인한다고 보며, 자신에 대한 남아·여아로서의 자각도 근본적으로 인지적 성숙의 결과로 간주한다.

(3) 성 역할 개념의 발달(콜버그 L. kohlberg, 1966 인지발달 이론)

　① ▢▢▢▢▢▢▢ : 자신의 성을 명확히 명명할 수 있고 다른 사람을 남과 여로 구분할 수 있는 능력으로 2~2세 반이면 성취된다. (한계 : 자신의 성이 계속 지속됨을 이해하지 못한다.)

　② ▢▢▢▢▢▢▢ : 일생 동안 같은 성을 갖게 되는 것을 이해하는 것으로 4세경에 획득된다. (한계 : 머리모양이나 옷 등에 따라 성이 바뀐다고 생각한다.)

　③ ▢▢▢▢▢▢▢ : 한 개인의 성은 그의 머리, 옷, 활동이 변하여도 변하지 않는 것을 아는 것으로 5~7세경에 형성되며, 콜버그는 유아가 ▢▢▢▢▢▢▢▢ 에 대한 이해 이후에 자신의 성에 적합한 정보를 얻고자 노력한다고 주장했다.

(4) ▢▢▢▢▢▢▢▢▢▢ : 특정 행위나 활동이 남성이나 여성에게 배타적으로 적용되어 판단하는 사고이다. 유아는 성 정체감이 형성된 직후 또는 동시에 ▢▢▢▢ ▢▢▢▢▢▢ 을/를 가진다.

(5) ▢▢▢▢▢ 이론(벰 Bem, 1974) : 사회학습 이론과 인지발달 이론의 요소를 결합한 것으로, 성 역할 개념의 습득과정을 설명하는 일종의 정보처리 이론이다.

(6) ▢▢▢▢▢ 의 강조

　① 심리적 ▢▢▢▢▢ (벰 Bem, 1974) : 한 사람이 남성성과 여성성을 동시에 가질 수 있기 때문에, 상황에 따라서 ⓐ ▢▢▢▢▢ 역할과 ⓑ ▢▢▢▢▢ 역할을 수행할 수 있다는 보다 효율적인 성 역할 개념이다.

　② ▢▢▢▢▢ 이론 : 성 역할 발달의 3단계(헤프너와 리베카와 올레샨스키 Hefner, Rebecca & Oleshansky, 1975)

　　ⓐ 성 역할 ▢▢▢▢▢ 단계 : 성 역할 및 성 유형화 행동에 대해 분화된 개념이 아직 없다.

　　ⓑ 성 역할 ▢▢▢▢▢ 단계 : 자신의 행동을 고정관념에 맞추려고 한다.

　　ⓒ 성 역할 ▢▢▢▢ 단계 : 성 역할 고정관념에서 벗어나 상황에 따라 적절하게 행동한다.

(3) ① 성 정체성
　② 성 안정성
　③ 성 항상성

(4) 성 역할 고정관념

(5) 성 도식

(6) 양성성
　① 양성성
　　ⓐ 도구적
　　ⓑ 표현적
　② 성 초월
　　ⓐ 미분화
　　ⓑ 양극화
　　ⓒ 초월

(1) 양성평등
　① 기회
　② 조건
　③ 결과

(2) 양성평등
　① 성차를 무시하는
　　양성평등 교육
　　ⓐ 무시
　② 성차를 제거하는
　　양성평등 교육
　　ⓐ 제거
　　ⓑ 차단
　③ 성차를 고려하는
　　양성평등 교육
　　ⓐ 고려
　　ⓑ 무시

5 양성평등 교육

(1) ＿＿＿＿＿＿＿ 실현의 방법

　① ＿＿＿＿＿ 의 평등 : 여성과 남성 모두에게 동등한 ＿＿＿＿＿ 이/가 주어져야 한다는 것이다. 그러나 사회체계가 특정한 성을 배제하는 문화 속에서는 ＿＿＿＿ 이/가 주어진 것만으로는 평등을 이룩하는 데 한계가 있다.

　② ＿＿＿＿＿ 의 평등 : ＿＿＿＿＿ 의 평등은 남녀평등을 상대적 평등의 관점에서 접근하여 동등한 ＿＿＿＿＿ 이/가 마련되도록 하는 것이다. 이미 불평등한 구조 속에서 여성에게 기회만 주고 경쟁하도록 하는 것은 실질적 평등을 위한 진정한 노력이 아니다.

　③ ＿＿＿＿＿ 의 평등 : 기회의 평등과 조건의 평등에 의해 ＿＿＿＿＿ 이/가 평등해져야 한다. 그러나 이미 오랫동안 누적된 차별 상황에서 기회의 평등이나 조건의 평등에도 ＿＿＿＿＿ 이/가 평등하지 않다면 약자를 특별 대우하여 불평등을 줄여야 한다. ＿＿＿＿ 의 평등은 도리어 역차별이라는 비판도 있으나 이는 진정한 평등이 이루어질 때까지의 잠정적 우대 조치로 많은 사람들이 평등한 삶을 누릴 수 있는 사회를 만드는 길이다.

(2) ＿＿＿＿＿＿＿＿ 교육의 실현 방안 (휴스턴 Houston, 1985)

　① ＿＿＿＿＿＿＿＿＿＿＿＿＿＿＿ : 성별 간의 차이를 야기할 수 있는 요소를 ⓐ ＿＿＿＿＿ 함으로써 남아와 여아 모두가 동등하게 접근할 수 있도록 하는 것을 의미한다. (한계 : 형식적인 기회를 보장하는 것뿐으로, 실질적으로 남아와 여아가 다양한 놀이에 동일하게 접근하는 결과로 이어지지 않았다.)

　② ＿＿＿＿＿＿＿＿＿＿＿＿＿＿＿ : 유아교육 현장에서 행해지는 다양한 활동 중 직 · 간접적으로 성차를 야기하는 활동을 사전에 ⓐ ＿＿＿＿＿ 하여 처음부터 교육활동 중 성불평등이 일어나지 않도록 ⓑ ＿＿＿＿＿ 하는 것이다. (한계 : 현실적으로 유아교육 현장에 존재하는 모든 불평등 요소를 제거한다는 것은 불가능하며 유아들이 다양한 환경을 접할 수 있는 가능성을 차단할 우려가 있다.)

　③ ＿＿＿＿＿＿＿＿＿＿＿＿＿＿＿ : 마틴(Martin, 1994)은 성이 차이를 만들 때는 성을 ⓐ ＿＿＿＿＿ 하고, 차이를 만들지 않을 때는 ⓑ ＿＿＿＿＿ 함에 의해 양성평등 교육이 이루어져야 한다고 주장했다. 성차에 민감하게 대처하고 적극적으로 고려하여 진정한 의미의 양성평등 교육이 이루어질 수 있도록 노력해야 할 것이다.

(3) 유아의 미시체계 안에서의 양성평등 교육

① _____ 와/과 양성평등 교육
: 양성평등한 교육환경을 구성한다는 목적이 분명하지 않은 상태에서는 교사가 의도하지 않았을지라도 미처 깨닫지 못한 곳에 성 차별적인 요소가 내재해 있을 수 있다.

② _____ 와/과 양성평등 교육 : 교육활동을 효과적으로 진행하기 위한 보조 도구로서의 매체는 해당 활동에 대한 교육목표만을 고려하여 제작된 경우가 많기 때문에 성 불평등한 요소들이 도처에 내재해 있다.

③ _____ 와/과 양성평등 교육 : 유아교육기관에서 이루어지는 수많은 교육활동 중 상당 부분이 교육목표부터 내용, 방법에 이르기까지 전통적 ⓐ _____ 에 의거한 불평등적 요소들을 다수 포함하고 있는 것으로 조사되었다.

④ _____ 와/과 양성평등 교육 : 교사는 유아에게 의도된 교육과 의도되지 않은 교육의 두 가지 양식으로 성 역할 형성에 지대한 영향을 미친다. 그러므로 교사는 자신이 지니고 있는 성 역할에 관한 신념 및 가치관을 반성적인 태도로 겸허하게 돌이켜보아야 하며, 또한 교육과정을 운영해 나아가는 데 있어 양성평등 교육을 실시하려는 적극적 의지를 갖고 임해야 한다.

⑤ _____ 와/과 양성평등 교육 : 실제로 유아의 성 역할 형성에 가장 막대한 영향을 미치는 타자는 부모이다. 따라서 부모의 성 역할 의식이 바람직한 방향으로 변화되어야만 실제적으로 유아를 위한 양성평등 교육이 이루어질 수 있으므로 유아교육기관의 물리적 환경, 교수 · 학습 매체, 교육과정, 교사 등 다양한 요소들과 가정과의 연계가 필요하다.

(3) ① 유아교육기관의
　　　　물리적 환경
　　② 유아교수학습매체
　　③ 유아교육과정
　　　　ⓐ 성 고정관념
　　④ 유아교사
　　⑤ 유아의 부모

9 감정과 정서의 발달

정답

(1) ① 일차 정서
② 이차 정서
ⓐ 자아의식적
ⓑ 자기평가적

(2) ① 행동주의적
ⓐ 사회학습
② 인지발달적
ⓐ 모순

1 정서의 개념

(1) 정서의 종류

① _____ : 생후 2개월~7개월경에 나타나는 정서로서 세계 모든 문화권에서 볼 수 있는 정서(생물학적으로 정해진 것)이다.

　ⓐ 에크만(Ekman, 1980) : 행복, 혐오, 놀람, 슬픔, 분노, 공포

　ⓑ 플루칙(Plutchik, 1980) : 공포, 분노, 기쁨, 슬픔, 수용, 혐오, 기대, 놀람

② _____ : 당혹감, 수치심, 죄책감, 부러움, 자부심과 같은 _____ 은/는 일차 정서보다 늦게 표현되며, 좀 더 복잡한 인지능력이 요구된다.

　ⓐ _____ 정서(루이스 Lewis) : 자아개념이 발달함에 따라 자부심, 수치심, 당혹감, 죄책감, 질투와 같은 정서를 경험하게 되며, 이러한 고차원적 정서들은 자아개념을 손상시키거나 증진시킨다.

　ⓑ _____ 정서 : 자기인식과 자기의 행동을 평가하는 규준에 대한 이해를 바탕으로 하는 정서이며, 자아의식적 정서와 유사한 개념으로 사용된다. **예** 수치심, 죄책감, 자부심 등

(2) 정서발달에 대한 이론적 배경

① _____ 접근 : 정서발달에서 사회화의 역할을 강조하였는데, 정서의 사회화는 모방과 강화과정을 통해 이루어진다고 간주한다. ⓐ _____ 이론에서 정서는 강화와 벌, 관찰과 모방을 통해 학습되며 자신이 속한 사회문화에서 적합하다고 인정되는 방향으로 사회화되며 발달한다고 본다.

② _____ 접근 : 정서는 인지과정의 산물이고, 정서 상태는 유아가 상황을 어떻게 인지하느냐에 달려 있다고 본다.

　ⓐ _____ 이론(discrepancy theory) : 헵(Hebb)은 새로운 자극이 기존의 도식과 유사하거나 차이가 없다면 정서적 불안은 적고, 차이가 클수록 정서적 불안이 커지지만 새로운 자극과 기존 도식의 차이가 너무 크게 되면 정서적 반응은 줄어든다고 주장했다.

③ 　　　　　　　　　　 접근 : 정서란 인간행동의 중심적인 역할을 하는 매개체
이므로, 시험 등 인지적 활동이나 대인관계 등 사회적 행동에 정서가 개입한다. 정
서의 광의적 기능은 개인적 목적 달성을 위해 행동을 동기화하는 것이다.

2 정서지능의 개념

(1) 가드너의 　　　　　　　　 이론
　① 　　　　　　　　　 지능 : 다른 사람의 동기, 작업 방식 등 다른 사람을 이해하는
　능력

　② 　　　　　　　　　 지능 : 자기 이해의 핵심으로서 자신의 감정을 이해하고 변별
　하고 감정과 행동을 조절할 수 있는 능력

(2) 정서지능 이론
　① 　　　　　　　　 : 자신과 타인의 정서를 정확하게 평가하고 표현하며, 삶을 고
　양시키는 방향으로 정서를 조절하는 능력이다.

② 정서지능 3요소 10영역 모형(살로베이와 메이어 P. Salovey & J. Mayer, 1990)

정서지능 구성요소	요소
ⓐ	• 자기 정서의 언어적 인식과 표현 • 자기 정서의 비언어적 인식과 표현 • 타인 정서의 비언어적 인식과 표현 • 감정 이입
ⓑ	• 자기의 정서 조절 • 타인의 정서 조절
ⓒ	• 융통성 있는 계획 세우기 • 창조적 사고 • 주의 집중의 전환 • 동기화

③ 정서지능 4요인 모델(살로베이와 메이어 Salovey & Mayer, 1997)

영역	수준
ⓐ	1. 자신의 정서를 파악하기 2. 자신의 외부 정서를 파악하기 3. 정서를 정확하게 표현하기 4. 표현된 정서들을 구별하기

정답

③ 기능주의적

(1) 다중지능
　① 대인관계
　② 개인 내적

(2) ① 정서지능
　② ⓐ 정서의 인식과 표현
　　 ⓑ 정서의 조절
　　 ⓒ 정서의 활용
　③ ⓐ 정서의 인식과 표현

정답

ⓑ 정서에 의한 사고 촉진
ⓒ 정서지식의 활용
ⓓ 정서의 반영적 조절
④ ⓐ 정서인식
　　ⓑ 정서활용
　　ⓒ 정서이해
　　ⓓ 정서조절(정서관리)

(3) ① 자기인식
　　② 자기조절
　　③ 자기동기화
　　　ⓐ 만족지연
　　④ 감정이입
　　⑤ 대인관계 기술

ⓑ	1. 정서 정보를 이용하여 사고의 우선순위 정하기 2. 정서를 이용하여 판단하고 기억하기 3. 정서를 이용하여 다양한 관점 취하기 4. 정서를 활용하여 문제 해결 촉진하기
ⓒ	1. 미묘한 정서 간의 관계를 이해하고 명명하기 2. 정서 속에 담긴 의미를 해석하기 3. 복잡하고 복합적인 감정을 이해하기 4. 정서들 간의 전환을 이해하기
ⓓ	1. 정적·부적 정서들을 모두 받아들이기 2. 자신의 정서에서 거리를 두거나 반영적으로 바라보기 3. 자신과 타인의 관계 속에서 정서를 반영적으로 들여다보기 4. 자신과 타인의 정서를 조절하기

④ 살로베이(P. Salovey)와 메이어(J. Mayer), 카루소(D. A. Caruso)는 정서지능 요인을 ⓐ_____, ⓑ_____, ⓒ_____, ⓓ_____(으)로 구분했다.

(3) 골만(Goleman, 1995)의 5가지 정서지능의 구성요소

구성요소	내용
①	• 자신의 감정을 있는 그대로 인식하고 이해하는 능력 • 타인의 표정이나 언어, 행동 등을 단서로 타인의 정서를 인식하고 이해하는 능력
②	• 분노, 우울, 스트레스 등의 감정을 스스로 관리하고 조절하는 능력 **예** 화가 날 땐 숨을 한번 크게 쉬어보는 것은 어떨까?
③	• 목표 달성을 위해 일시적인 만족이나 충동을 억제하는 능력 (ⓐ_____ 능력) • 어려움을 참고 성취를 위해 노력하는 능력
④	• 타인이 느끼는 감정을 자신의 것처럼 느끼고 타인의 감정을 읽고 적절하게 반응하는 공감능력
⑤	• 타인의 감정을 효과적으로 관리하고, 타인과의 상호작용을 시작하는 능력 • 자신의 요구를 전달하고 친사회적 행동을 할 수 있는 능력

(4) 아이젠버그(Eisenberg, 1998)의 [   ] 능력 발달

    ① 정서조절은 ⓐ [   ] 에서 ⓑ [   ] (으)로 변화된다.

    ② 정서를 조절하기 위하여 머릿속으로 특정 정서를 유발하는 자극을 떠올리지 않거나 관심의 초점을 전환시키는 것과 같은 [   ] 책략들이 발달된다.

    ③ 울음을 참는 것과 같은 정서를 [   ] 하는 능력이 점차 발달된다.

정답

(4) 정서조절
  ① ⓐ 외적 조절
    ⓑ 내적 조절
  ② 인지적
  ③ 통제

10 또래관계와 놀이

정답

(1) 또래
　① 사회화

(2) ① ⓐ 상징적
　　　ⓑ 사회적 상호작용
　② ⓐ 또래와의 상호작용
　　　ⓑ 자아중심성

(3) ① 모델
　② 강화자
　③ 비교준거

1 또래관계의 발달

(1) ＿＿＿＿＿＿＿ : 행동이 거의 같은 수준에서 상호작용하는 유아들이다. 유아의 성격이나 사회적 행동, 가치관, 태도 형성에 중요한 영향을 준다. 서로 모방하거나 벌을 줌으로써 서로의 행동을 변화시키며, 서로의 행동에 비교준거로 작용하면서 ① ＿＿＿＿＿＿＿ 에 영향을 미친다.

(2) 유아기 또래관계의 발달

　① 유아는 ⓐ ＿＿＿＿＿＿＿ 사고, 표상이 가능함에 따라 또래와의 ⓑ ＿＿＿＿＿＿＿ 의 복잡성이 증가하면서 ⓑ ＿＿＿＿＿＿＿ 의 기술이 점차 증가한다.

　② 인지발달이론에서는 유사한 수준의 ⓐ ＿＿＿＿＿＿＿ 을/를 통해 다른 사람의 관점을 조망하게 되고 ⓑ ＿＿＿＿＿＿＿ 이/가 점차 줄어든다고 보았다.

(3) 또래의 영향

　① ＿＿＿＿＿＿＿ (으)로서의 또래 : 유아는 어른의 지시 따르기, 나누어 갖기, 사회참여, 문제 해결과 같은 다양한 행동들에서 또래끼리 서로 ＿＿＿＿＿ 이/가 된다.

　② ＿＿＿＿＿＿＿ (으)로서의 또래 : 또래는 서로에게 강화나 벌을 주기도 하는데 그 효과는 매우 강력하다.

　③ 사회적 ＿＿＿＿＿＿＿ (으)로서의 또래 : 자신의 여러 행동과 성취 결과를 또래와 비교함으로써 자기 자신의 성격, 능력, 태도 등을 판단한다.

(1) 우정

(2) ① ⓐ 보상 · 비용

2 우정

(1) ＿＿＿＿＿ (이)란 충성심, 친밀감, 상호 애정을 갖는 두 사람 사이의 지속적 관계이다. 유아기 ＿＿＿＿ 의 특징은 친구란 같이 놀면 즐겁고 물건을 나누어 갖는 사람이라고 생각하는 것이다.

(2) 학자별 우정 발달 단계

　① 비게로우(Bigelow, 1977)의 우정 발달 단계

　　ⓐ ＿＿＿＿＿＿＿ 의 단계 : 이상적 친구란 자신에게 유익하고 즐거움의 자원이 되는 유아, 즉 멋진 놀잇감을 갖고 있거나 놀이에 함께 참여할 수 있는 유아이다.

정답은 빨간색으로 작성해서 빨간시트로 가리고 다시 한번 복습해 보세요!

ⓑ [   ]의 단계(초등학교 중반기) : 공유된 가치와 규칙이 우정의 중요한 요소가 된다. 이들은 서로에 대한 수용, 존경, 충성 등을 우정에서 강조하고 친구란, 서로 도와주며 신뢰가 있어야 한다고 생각한다.

ⓒ [   ]의 단계(사춘기 이후) : 친구에게 무슨 일이 일어났는가에 관심을 갖게 된다. 상호 이해, 자기 개방, 친밀감 등이 우정에 중요한 요소라고 생각한다.

② 데이먼(Damon, 1977)의 우정 발달 단계

　ⓐ Level 1 : 친구와 놀기 위하여 빈번한 [   ](으)로 접촉하는 단계이다. 이 시기에는 단시간에 우정관계가 이루어지기도 하고, 쉽게 깨어지기도 한다.

　ⓑ Level 2 : 서로 도움을 주고 또 요청하는 단계이다. 이 시기에는 [   ] 입장에서 한 사람은 다른 사람의 요구나 필요에 따라 반응하게 되며, 성격이나 기질에 기초하여 주관적이고 현실적인 견지에서 관계가 이루어진다고 볼 수 있는 단계이다.

　ⓒ Level 3 : 다른 한 사람을 이해하는 단계로서 서로의 사고·감정·비밀 등을 [   ]하고 있으며, 서로의 심리적 문제에 도움을 주며, 상호이해와 용서가 가능하기 때문에 오랫동안 관계를 유지할 수 있는 단계이다.

③ 셀만(Selman)의 우정 발달 단계

0단계 (3~7세)	ⓐ	우정 관계는 일시적이며, 신체적인 상호작용을 중심으로 이루어져 있다. 이때의 우정 관계는 쉽게 변하며, 친구를 순간적이고 즉흥적인 놀이 친구라고 생각한다.
1단계 (4~9세)	ⓑ	우정 관계는 일방적인 원조로 이루어지고 친구를 자기의 목적을 달성하기 위한 특별한 대행자로 생각하는 데 그치는 단계이므로 순간적으로 놀이 친구가 형성된다.
2단계 (6~9세)	ⓒ	우정 관계는 결부된 양방적인 상호관계를 갖는 시기로, 협동이 나타나며 서로 좋아하고 싫어하는 정도에 따라 행동을 결정하게 된다.

ⓓ 상호적 공유 단계
ⓔ 자율적 상호의존 단계
④ ⓐ 일시적인 놀이 동료
ⓑ 일방적인 도움
ⓒ 쌍방적이고 공정한 협력
ⓓ 친밀한 상호 공유
ⓔ 성숙한 친구

(3) ① 성
② 연령
③ 인종
④ 흥미

(4) 또래 수용도
① 또래 지명법

(5) ① 접촉하기
(또래 관계 시도 기술)
② 긍정적 관계 유지하기
(또래 관계유지 기술)

3단계 (9~12세)	ⓓ	우정 관계는 친밀하고 상호적이며 공유의 관계를 나타낸다. 애정 관계가 두터워짐으로써 작은 갈등을 초월하여 서로 주고받는 우정을 지속적으로 유지하려는 노력을 보이기도 한다.
4단계 (12세 이상)	ⓔ	우정 관계는 자율적인 상호의존의 개념이 형성되면서 상호 심리적인 원조에 의존하고 서로 동일시하며 정체감을 형성해가는 단계이다.

④ 코스텔닉(Kostelnik)도 셀만(A. Selman)의 단계와 유사하다.

0수준	ⓐ	
1수준	ⓑ	
2수준	ⓒ	
3수준	ⓓ	
4수준	ⓔ	

(3) 우정 형성의 결정 요인 : 유사성

① ____ : 취학 전~아동 중기까지 동성의 친구를 선호한다.

② ____ : 나이가 비슷한 또래 간에 우정이 형성된다.

③ ____ : 취학 전부터 나타나 연령이 높아지면서 증가한다.

④ ____ : 흥미와 좋아하는 것의 유사성도 중요한 변인이 된다.

(4) ____(이)란, 유아가 또래로부터 수용되고 거부되는 정도를 말하며 또래 수용성, 혹은 인기도라고도 한다.

① 코이 등(Coie et al., 1982) : 사회성 측정법 중 ____을/를 사용하여 유아의 사회적 지위를 구분하여 인기아, 거부아, 무시아, 양면아, 보통아로 구분했다.

(5) 친구 관계 형성 단계(코스텔닉 등 Kostelnik et al., 2009)

① ____ : 인기아는 비인기아에 비해 또래와의 상호작용을 쉽게 시작하고, 형성된 놀이집단에도 어려움 없이 참여할 수 있다.

② ____ : 또래관계를 잘 유지하기 위해서는 또래의 말 경청하기, 뛰어난 의사소통 능력, 협동, 자신의 욕구 조절, 나누기 행동 등 사회적 지식과 기술이 필요하다.

③ [   ] : 사회적으로 유능한 유아는 또래집단에서 갈등이 생겼을 때 자기주장을 줄이고 또래의 의견을 수용하며, 놀잇감을 나누어 갖는 등 갈등을 효과적으로 해결할 줄 안다.

④ [   ] : 이사를 하거나 다른 기관으로 옮기게 되어 친구관계가 끝나기도 한다.

(6) 셀만(A. Selman)의 대인간 이해의 협상 전략

0수준	①	자신의 욕구를 달성하기 위해 신체적 전략을 사용하는 수준이다.
1수준	②	지시적인 언어적 위협이나 명령 혹은 지배적인 복종 전략을 사용하는 수준이다.
2수준	③	자기 반영적이며 호혜적인 협상 능력을 통한 전략 수준이다.
3수준	④	제3자의 입장에서 상호적 조망이 가능하고 자신과 타인의 요구를 통합하여 협력하는 수준이다.

정답

③ 갈등 협상하기
(또래 간 갈등 해결 기술)
④ 친구 관계 끝내기

(6) ① 자기 중심적 · 충동적 수준
② 단독적 · 일방적 수준
③ 호혜적 · 반영적 수준
④ 상호적 · 협력적 수준

11 사회인지와 관계 기술의 발달

(1) 사회인지
　　① 상호 결정론

(2) ① 조망수용
　　② 조망수용
　　　ⓐ 지각적
　　　ⓑ 사회적
　　　ⓒ 인지적
　　　ⓓ 감정적

1 사회인지의 발달

(1) ＿＿＿＿＿＿＿은/는 자기(self), 다른 사람(other) 및 사회적 관계(social relationship)를 포함한다. 즉, 자신과 타인의 행동을 포함하여 모든 사회적 자극을 지각하고 이를 해석하여 이해하는 것을 말한다.

　① 반두라의 ＿＿＿＿＿＿＿ 모델 : 유아, 유아의 행동, 그리고 환경의 세 요소가 서로 상호작용을 하며 유아의 발달을 이루어간다. 이때 유아는 사회적 도식을 가지고 있는 개체로서 이에 따라 행동하고 환경과 상호작용을 한다.

(2) 타인의 사고에 대한 이해

　① ＿＿＿＿＿＿＿ 능력 : 다른 사람의 관점에서 이해하고 타인의 사고와 태도를 식별하는 능력이다.

　② ＿＿＿＿＿＿＿ 능력의 유형

ⓐ ＿＿＿＿＿＿ 조망수용			• 타인의 공간적 시각에서 추론하는 능력이다.
ⓑ ＿＿＿＿＿＿ 조망수용	ⓒ ＿＿＿＿＿＿ 조망수용		• 타인의 사고나 지식을 추론하는 능력이다. • 유아들이 사회를 알고 이해하는 데 중요한 역할을 한다.
		의도 조망수용 능력	• 타인의 의도 및 하고자 하는 것에 대해 추론하는 능력이다. (우연/의도)
		사고 조망수용 능력	• 타인의 지식이나 생각을 올바르게 추론하는 능력이다.
	ⓓ ＿＿＿＿＿＿ 조망수용		• 타인의 감정과 정서적 상태를 추론하는 능력이다.
		인지적 감정이입 (타인이 느끼는 감정을 이해)	• 다른 사람의 감정 규명 시 상황에 의존한다.
		정서적 감정이입 (타인에게 관찰된 정서를 대리 경험)	• 다른 사람의 감정 규명 시 얼굴 표정에 의존한다.

③ 셀만(Selman)의 아동기 조망수용 능력의 발달 단계

            이/가 탈피되면서 유아는 타인의 관점과 입장을 조망할 수 있는 능력이 함양 된다.

> 홀리는 나무에 올라가지 않겠다고 아버지와 약속했지만 어느 날 고양이가 나무 위에 걸리게 되어서 고양이를 구하기 위해 아버지와의 약속을 깨고 나무에 올라갈 것인가 아니면 아버지와의 약속을 지켜야 할 것인가 사이에서 고민하고 있다.

단계	설명
0단계(3~6세) ⓐ	미분화된 단계라고도 하며, 유아들은 자신의 관점과 다른 관점을 인식하지 못한다.
1단계(6~8세) ⓑ	타인의 조망이 자신의 것과 다를 수 있다는 것을 알지만, 그것은 그 사람이 다른 정보를 가지고 있기 때문이라고 생각한다. 타인의 사고에 대해 생각할 수 없어, 어떤 일에 타인이 어떻게 반응할지 예측할 수 없다.
2단계(8~10세) ⓒ	같은 정보를 알아도 자신과 타인의 관점이 다를 수 있다는 것을 알게 되고 타인의 입장에서 그들이 어떻게 행동할 것인지 예측도 가능하다. 그러나 아직까지 자신의 입장과 타인의 입장을 동시에 고려하지 못한다.
3단계(10~12세) ⓓ	아동은 자신과 타인의 입장을 동시에 고려할 수 있으며, 타인도 그렇게 할 수 있다고 인식한다. 제3자의 관점을 가정하고 각 사람이 상대방의 견해에 어떻게 반응할지를 예측할 수 있다.
4단계(12~15세) ⓔ	타인의 입장을 사회적 체계의 입장('일반화된 타인'의 입장)과 비교함으로써 이해하려 한다.

④   : 사람에게는 감정, 욕구, 의도, 믿음, 지식과 같은 내적 정신 과정이 있고, 이것이 사람의 행동을 이끌고 사람마다 다를 수 있다는 것을 이해하는 것이다.

 정답

③ 자아중심성
  ⓐ 자아중심적 단계
  ⓑ 사회 정보적
    역할수용 단계
  ⓒ 자기 반성적
    역할수용 단계
  ⓓ 상호적
    역할수용 단계
  ⓔ 사회적
    역할수용 단계
④ 마음이론

ⓐ 틀린 믿음

(3) ① 의도
② 감정

(1) 권위
① ⓐ 소망
ⓑ 외적인 특성
ⓒ 사회적 · 신체적 위력
ⓓ 특수한 재능이나 우수한

ⓐ [   ] 과제

> 철수는 찬장에 초콜릿이 있는 것을 보고 밖으로 놀러 나갔다. 철수가 없는 사이 어머니가 초콜릿을 냉장고에 옮겨 놓았다. 밖에서 놀던 철수는 초콜릿이 먹고 싶어서 집으로 들어왔다. 철수는 어디에서 초콜릿을 찾을까?

ⓐ [   ] 을/를 이해하는 것은 인간이 외부의 자극 상황에 대한 타인의 정보적 접근을 토대로 하여 타인이 어떠한 사물이나 사건에 대해 사실과 다른 잘못된 지식이나 표상을 가졌다고 판단하는 것을 의미한다.

(3) 타인의 ① [   ] 및 ② [   ] 에 대한 이해

① [   ] 이해 : 의도적인 행동과 우연적인 행동을 구별하는 능력과 의도적인 행동의 유형이 좋은 행동인지 아닌지를 변별하는 능력이다.

② [   ] 이해 : 다른 사람이 어떻게 느끼는지를 이해하는 인지적 반응으로 정의되기도 하고, 다른 사람과 같은 감정을 갖는 정의적 반응으로 정의되기도 한다.

② 사회적 개념의 발달

(1) [   ] 은/는 유아가 배워야 할 사회적 관계 중 하나로 유아 자신이 겪는 현재의 사회적 경험에 중요한 역할을 하며, 사회적 지식 발달의 핵심이기도 하다.

① 데이먼(Damon, 1977)의 권위 발달단계(4~9세)

단계	특징
Level 0-A	• 권위자의 기대에 맞추어 자신의 ⓐ [ ] 을/를 갖거나 자신의 ⓐ [ ] 에 맞추어 권위자의 기대를 왜곡한다. • 애정, 욕구, 자아동일시 등을 바탕으로 권위의 개념이 형성된다.
Level 0-B	• 권위가 자신의 요구와 다른 것임을 알고 자신의 특성과 반대되는 힘으로 인식한다. • 권위는 성별, 신체 발달 정도 등의 ⓑ [ ] 에 의해 결정된다.
Level 1-A	• 권위는 권위자의 ⓒ [ ] 에 대한 존경으로 이루어진다.
Level 1-B	• 권위는 권위자의 ⓓ [ ] 사람으로 여겨지는 능력에 의해 결정된다.

Level 2-A	• 권위자는 다른 사람에 비해 ⓔ [ ] 이/가 있는 사람으로 간주되고, 복종은 자발적인 행위로 벌을 피하기 위한 복종과 자발적이고 협동적인 복종으로 구별된다.
Level 2-B	• 권위를 구체적인 상황적 요소들을 고려한 ⓕ [ ] 인 관계로 인식한다.

정답

ⓔ 리더십
ⓕ 분담적이고 협의적

(2) 콜버그(L. Kohlberg, 1966)의 사회적 규칙 발달단계

단계	특징
Stage 0	• 규칙이나 규범 등에 대한 개념이 ① [ ].
Stage 1	• 규칙은 구체적인 ② [ ] (으)로부터 나오고, 나쁜 행동을 금지하고 복종해야 하는 것으로 인식한다.
Stage 2	• 규칙은 ③ [ ] 의 기준으로, 지키는 사람들에게 긍정적인 ③ [ ] 의 역할을 하는 것으로 간주한다.

(2) ① 없다
② 권위자
③ 안내

(3) 유아기 정의 개념의 발달 : 유아들은 또래와 장난감이나 물건을 나누어 함께 사용하고 차례를 지키는 행동 등을 정의롭다고 생각한다. 또한, 정의를 공정한 ① [   ] 개념이나 ② [   ] 의 행동으로 인식한다.

③ 데이먼(Damon, 1977)의 정의 개념(공정성 추론 이론)의 발달 단계(4~9세)

단계	특징
Level 0-A	• 분배의 정의는 개인의 욕구와 혼동되어 자신의 ⓐ [ ] 을/를 근거로 합리화시키려 한다.
Level 0-B	• 정의의 기준은 ⓑ [ ] 을/를 반영하는데, ⓒ [ ] (으)로 드러나는 요인을 바탕으로 합리화하려 한다.
Level 1-A	• 단순한 평등의 개념으로 일방적이고 융통성 없는 ⓓ [ ] 의 개념을 적용하려 한다.
Level 1-B	• 상호호혜적 행동 개념으로 발전하는데, 수행한 일에 대한 ⓔ [ ] 의 개념으로 분배하게 된다.
Level 2-A	• ⓕ [ ] 을/를 적용하여 각기 다른 사람들이 정의에 대해 서로 다른 근거를 가질 수 있음을 이해한다.
Level 2-B	• ⓖ [ ] 와/과 ⓗ [ ] 을/를 함께 고려하여 공정한 선택은 다양한 개인의 욕구와 구체적인 상황의 요인들을 모두 고려하여 이루어진다.

(3) ① 분배
② 나눔
③ ⓐ 소망
ⓑ 개인의 욕구
ⓒ 외적
ⓓ 공정성
ⓔ 보상
ⓕ 도덕적인 상대성
ⓖ 평등
ⓗ 상호호혜성

정답

(1) 친사회적 행동

(2) ① ⓐ 미분화된 공감 단계
　　　• 정서적 전염
　　ⓑ 자기중심적 공감 단계
　　ⓒ 타인의 감정에 대한
　　　공감 단계
　　ⓓ 다른사람의 삶의
　　　조건에 대한 공감 단계

(3) ① ⓐ 쾌락
　　ⓑ 타인 욕구지향
　　ⓒ 승인지향
　　ⓓ 공감
　　ⓔ 내면화
　　② ⓐ 욕구지향
　　ⓑ 감정이입지향

③ 친사회적 행동의 발달

(1) ▭▭▭▭▭▭▭▭▭(이)란, 외적인 보상에 대한 기대 없이 타인을 돕기 위해 행하는 자발적 행동으로 이타적 행동과 같은 의미이다.

(2) 감정이입 : 다른 사람의 정서적 상태를 경험하는 것이다.

① 공감 능력의 발달(호프만 Hoffman, 1993)

ⓐ	• 다른 사람의 고통스러운 모습을 보면 자신의 감정과 혼돈하여 함께 울게 된다. 이를 아이젠버그(Eisenberg)는 • '▭▭▭▭▭▭▭'(이)라고 하였다.
ⓑ	• 자신이 아닌 다른 사람이 고통스럽다는 것을 안다. 그러나, 자기 자신과는 감정이 다르고, 또 무엇을 원하는지는 이해하지 못한다.
ⓒ	• 인지 능력이 발달하면서 다른 사람의 입장이 되어 공감하고 이해하며 다른 사람의 고통의 원인을 찾아 해결하려고 한다. 고통받는 사람이 눈앞에 존재할 때에만 감정이입이 가능하다.
ⓓ	• 각자 느끼는 감정들이 인생 경험 전체에 의해 영향받는다는 것을 이해하게 되어 직접 관찰한 것뿐만 아니라 상상만으로도 감정이입이 가능하다.

(3) 친사회적 도덕 추론 능력 : 유아기에는 보상과 처벌이 도덕적 추론에 영향을 주지만, 아동기와 청소년기에는 도덕적 원리가 중요하게 작용한다.

① 친사회적 도덕추론의 수준(아이젠버그 Eisenberg, 1983)

단계	특징
ⓐ ▭▭▭▭▭▭ 수준	자기 자신에게 이익이 될 때만 도움을 준다.
ⓑ ▭▭▭▭▭▭ 수준	다른 사람의 필요에 의해 도움을 주나 공감하지 않으며 도와주지 않아도 죄책감이 없다.
ⓒ ▭▭▭▭▭▭ 수준	다른 사람의 칭찬이 친사회적 행동 수행의 주요 기준이 된다.
ⓓ ▭▭▭▭▭▭ 수준	도와주었을 때 좋은 기분이 드는 것이 갈등 판단에서 중요하다.
ⓔ ▭▭▭▭▭▭ 수준	사회적 행동 기준을 가치, 신념, 책임감에 둔다.

② 셰퍼(Shaffer, 2008)는 쾌락주의, ⓐ ▭▭▭▭▭▭, 전형적 승인지향, ⓑ ▭▭▭▭▭▭, 내면화된 가치 지향으로 설명했다.

(4) 돕기 : 타인의 요청이나 명령에 의해 이루어지기 시작하여 이타적 행동을 하는 방향으로 발달된다.

① 친사회적 행동의 발달 단계(바탈 Bar-Tal, 1982)

단계	특징
1단계 ⓐ	명령이나 위협을 받음에 의해 다른 사람을 돕는다. 아동의 시각은 자기중심적이며, 아동의 행동은 구체적으로 언급된 보상과 벌에 의해 가장 잘 이루어진다.
2단계 ⓑ	자신보다 힘이 센 권위자가 요구하면 다른 사람을 돕는다. 실제로 처벌하겠다는 위협은 더 이상 필요하지 않으며, 타인의 요청이나 명령을 수락할 준비가 되어 있다.
3단계 ⓒ	자발적으로 행동할 준비가 되어 있지만 보상을 기대하고 있기 때문에 상벌을 예측할 수 있을 때 돕는 행동이 나타난다.
4단계 ⓓ	'도움을 받으면 나도 남을 도와주어야 한다.'는 사회적 규범을 알고 있으며, 사회적 승인을 얻기 위해 다른 사람을 돕는다.
5단계 ⓔ	도움을 받은 사람은 언젠가는 보답할 것이라고 믿기 때문에 다른 사람을 돕는다.
6단계 ⓕ	순수하게 다른 사람을 위해서 돕는다. 보상을 바라지 않으며, 그 대신 자아존중감과 자기만족감을 향상시킨다.

② 친사회적 행동의 발달 단계(콜버그 Kohlberg)

1단계	ⓐ
2단계	ⓑ
3단계	ⓒ
4단계	ⓓ

정답

(4) ① ⓐ 구체적인 강화에 의한 순응
　　ⓑ 순응
　　ⓒ 구체적 보상에 의한 내적 주도성
　　ⓓ 규범적 행동
　　ⓔ 일반화된 상호호혜성
　　ⓕ 이타적 행동
② ⓐ 물리적 강화에 의한 추종
　　ⓑ 심리적 강화에 의한 복종
　　ⓒ 자발성의 시작
　　ⓓ 규범적 행동

5단계	ⓔ
6단계	ⓕ
7단계	ⓖ

(5)   : 공평의 원리를 충족시키는 방법으로 2세경의 유아도 놀잇감을 나눌 수 있다.

① 나누기 행동의 발달 단계(크로그와 램 Krogh & Lamme, 1983)

1단계(3~4세) ⓐ 나누기	• 자신이 좋아하는 것과 싫어하는 것에 따라 나눈다. • 자신의 관점과 타인의 관점을 구별하는 것이 어렵다.
2단계(4~5세) ⓑ 나누기 / 나누기	• 여전히 자아중심적이지만, 관찰 가능한 외부적 특징에 근거해서 나눈다.
3단계(5~6세) ⓒ	• 엄격하고 엄정한 균등을 기초로 나눈다.
4단계(6~7세) ⓓ	• ⓓ 이/가 되는 행동에 따라 더 또는 덜 보상받는다고 생각한다.
5단계(7~8세) ⓔ	• 도덕적 상대성에 대한 이해가 가능하므로 절충이 일어난다.

(6) 친사회적 행동에 영향을 미치는 요인

① 추론 관련 친사회적 행동 지도법

ⓐ	"친구끼리는 장난감을 나눠 써야 해."라고 설명하거나 지시하는 것이 아닌 "다른 친구가 왜 화가 났을까?", "네가 이렇게 하면 다른 친구의 마음은 어떻겠니?" 등 유아의 인지적 성장에 적합한 귀납적 설명으로 갈등 해결을 돕는 것이다. (솔로몬 Solomon 등)
ⓑ	외적 규제의 역할이 최소한의 상태에서 자신의 욕구와 다른 사람의 필요 중 어느 한쪽을 만족시킬 것인가를 선택하는 갈등상황에서의 추론이다. (아이젠버그 Eisenberg)

정답

ⓒ 	도덕적 주제와 갈등이 내포된 이야기를 선정하여 교사 자신이 정해진 답을 설교하고 훈계하는 것이 아니라 유아의 사고를 자극하여 보다 높은 추론으로 이끄는 방법이다. (콜버그 Kohlberg)

② 성인의 행동

ⓐ 훈육 방식 : 호프만(Hoffman)은 부모의 훈육 방법은 • ▢▢▢▢▢▢▢▢, • ▢▢▢▢▢▢▢▢▢, • ▢▢▢▢▢▢(으)로 나뉘며 이타적 행동을 해야 하는 이유를 설명하는 귀납적 추론을 사용하는 • ▢▢▢▢▢▢이/가 가장 효과적이라고 했다.

ⓑ ▢▢▢▢▢▢ : 성인이 친사회적 행동을 하면 유아의 친사회적 행동이 발달할 수 있다.

③ ▢▢▢▢▢▢▢▢▢ 관계 : 안정적인 애착 형성 및 친사회적 행동의 모델을 제공받고 다양한 상호작용 속에서 친사회적 행동을 해볼 수 있는 기회가 만들어진다.

4 공격적 행동

(1) ▢▢▢▢▢▢▢(이)란, 다른 사람이나 사물을 해치거나 해칠 잠재성을 가지고 있는 행동이며, 다른 사람이나 사물을 해치려는 의도를 가진 행동이다. 이에 반해 ① ▢▢▢▢▢▢ 은/는 자신의 소유물이나 권리 등을 방어하거나 소망과 요구를 직접적으로 말하는 행동으로 공격성과 구분된다.

(2) 공격성의 유형

① ▢▢▢▢ 공격성 : 해를 입힐 의도나 목적 없이 놀이나 활동을 하는 도중에 우연하게 타인에게 피해를 입히는 공격을 말한다.

② ▢▢▢ 공격성 : 해를 입힐 의도성은 없지만, 즐겁고 감각적인 경험을 하기 위해 타인을 다치게 하거나 타인의 권리를 방해하는 것이다.

③ ▢▢▢ 공격성 : 다른 사람을 해칠 의도는 없지만 자신이 원하는 것을 얻거나 어떤 것을 지키기 위해 타인에게 해를 입히는 것을 말한다.

④ ▢▢▢ 공격성 : 이전에 받았던 상처에 대해 보복을 하거나 원하는 것을 얻기 위해 타인에게 고의적으로 신체적·정신적 고통을 주는 것이다. 이 공격성을 크릭(Crick, 1995)은 ⓐ ▢▢▢ 공격성과 ⓑ ▢▢▢ 공격성으로 나누어 설명했다.

ⓒ 도덕적 추론
② ⓐ • 애정철회법
   • 권력행사법
   • 유도법
   • 유도법
  ⓑ 모델링
③ 가족과 또래

(1) 공격성
  ① 자기주장

(2) ① 우연적
   ② 표현적
   ③ 도구적
   ④ 적대적
     ⓐ 외현적
     ⓑ 관계적

정답

ⓐ 외현적
ⓑ 관계적

(3) ① 도구적
② ⓐ 도구적
　　ⓑ 적대적
③ ⓐ 신체적
　　ⓑ 언어적

(4) ① 행동적
② 정서적

(5) ① ⓐ 모델
　　ⓑ 교실환경
② 공감
③ 대안
④ 관심
⑤ 자기주장
⑥ ⓐ 중재 과정
　　ⓑ 유아의 관점
　　ⓒ 요약

ⓐ _____ 공격성 : 타인을 위협하여 신체적으로 해를 입히는 행동이다.

ⓑ _____ 공격성 : 거짓말이나 소문 등의 사회적 조작을 통해 타인의 지위나 자아존중감에 해를 주는 행동이다.

(3) 공격성의 발달 과정

① 생후 1년경이 되면 어린이들은 그 또래와 함께 있을 때 _____ 인 공격성을 나타내기 시작한다.

② 유치원, 초등학교에 가면 만족지연 능력이 발달하면서 ⓐ _____ 공격성은 점차적으로 감소하고 악의적 의도에 의한 ⓑ _____ 공격성이 증가한다.

③ 연령이 증가함에 따라 ⓐ _____ 공격성은 감소하고 ⓑ _____ 공격성이 증가한다.

(4) 유아의 자기규제 능력

① _____ 자기규제	순응성
	만족지연 능력
② _____ 자기규제	정서표현
	대처행동

(5) 공격적 행동을 줄이는 방법

① 교사는 바람직한 ⓐ _____ 이/가 되고, 유아의 좌절을 최소화하는 ⓑ _____ 을/를 조성한다.

② _____ 능력과 친사회적 능력을 강화한다.

③ 공격적 행동으로 인한 보상을 없애고 _____ 행동을 배우도록 한다.

④ 공격을 받은 유아에게 _____ 을/를 가진다. "하지 마."라고 말할 수 있도록 알려 주고, 필요하다면 함께 연습해 본다.

⑤ _____ 을/를 말로 표현할 수 있도록 한다.

⑥ 유아들 간의 갈등 중재 단계(코스텔닉 Kostelnik)

ⓐ _____ 시작하기	사물, 영역, 권리에 대해 중립적 입장을 취한다.
ⓑ _____ 을/를 분명히 하기	각 유아의 관점에서 갈등을 분명히 한다.
ⓒ _____ 하기	분쟁을 중립적으로 정의한다. 각 유아 모두에게 책임이 있다는 것을 분명히 한다.

ⓓ [_____]	해당 유아와 주변 유아들에게 대안을 제시해 보게 한다.
ⓔ [_____]하기	서로 만족할 수 있는 행동 계획을 만들도록 한다.
ⓕ [_____]강화하기	노력해서 서로 만족할 수 있는 해결방안을 만들어 낸 것에 대해 칭찬한다.
ⓖ [_____]하기	유아가 동의한 것을 실행하도록 돕는다.

5 자기조절

(1) [_____]의 개념 : 사회에 잘 적응하기 위해서 부정적인 충동을 참고, 양보하고 협동하고 규칙을 지키는 등 상황에 적합하게 자신의 생각과 행동을 조절하는 것이다.

(2) 자기조절의 발달(코스텔닉 등 Kostelnik et al., 2009)

① [_____] 단계 (조절행동 없음)	옳고 그른 것에 대한 개념이 없어 자신의 행동에 대해 옳고 그른 판단을 할 수 없다.
② [_____] 단계 (외적 조절)	외적 조절에 의한 ② [_____] 단계로 자신이 왜 그래야 하는지 모른 채 보상과 처벌에 의해 자기를 조절하는 모습을 보인다.
③ [_____] 단계 (공유된 조절)	보상과 처벌을 넘어서 자신이 좋아하는 어떤 사람처럼 되고 싶어 그 행동에 따라 자신을 조절한다. 그러나 행동에 내재되어 있는 가치는 모르며, ③ [_____] 모델의 행동이 있어야 행동할 수 있다.
④ [_____] 단계 (내적 조절)	외적 규제가 아니라 ④ [_____]된 자신의 신념에 따라 스스로 생각해서 행동을 조절한다. 정의, 정직, 공평의 신념을 ④ [_____]하여 성인이 없어도 친사회적 행동을 한다.

(3) 자기조절에 영향을 미치는 요인

① 유아의 발달 : 타인의 관점을 이해하는 [_____](이)나 옳고 그른 것에 대한 이해 등의 인지발달과, 규칙에 대한 이해 및 혼잣말의 사용에 필요한 언어발달은 자기조절에 영향을 미친다.

② 유아의 [_____] : 유아는 주변과 상호작용하며 다양한 [_____]을/를 통해 자신의 가치와 신념을 내면화시킨다.

(4) ① 반영하기
    ② 반응하기
    ③ 이유 제시하기
    ④ 합리적인 규칙 제시하기

(5) 만족지연
    ② 만족지연

(4) 자기조절의 지도방법(코스텔닉 등 Kostelnik et al., 2009)

　　① 　　　　　　　　　　 : 유아를 존중하고 유아의 관점에서 이해하고 표현해야 한다.

　　② 　　　　　　　　　　 : 유아의 정서나 행동에 적합하게 반응한다. 유아의 행동을 명확하게 언어로 표현하고, 바람직하지 못한 행동에 대해 말할 때는 객관적이고 구체적으로 알려 주어야 한다.

　　③ 　　　　　　　　　　　 : 어떤 행동이 옳고 그른지, 그 이유가 무엇인지 설명한다. 이를 통해 유아는 행동에 대한 추론 능력이 길러진다. 이는 유아의 행동이 변화될 때까지 반복해야 한다.

　　④ 　　　　　　　　　　　　　　　　 : 규칙은 유아가 지킬 수 있는 수준에서 합리적으로 제시해야 하고 명확하고 구체적으로 정의된 규칙을 제시하여 교사의 의도와 기대를 유아가 명확하게 이해하도록 한다.

(5) 　　　　　　　　　 능력

　　① 더 큰 결과를 위하여 즉각적인 즐거움, 보상, 욕구를 자발적으로 억제하고 통제하면서 욕구충족의 지연에 따른 좌절감을 인내하는 능력이다.

　　② 　　　　　　　　 행동은 더 큰 보상을 위하여 작은 보상을 뒤로 미룰 것인지를 결정하는 지연 선택 행동이 먼저 일어난 후에 발생한다. 그리고 선택한 후에는 지연된 더 큰 만족을 얻을 때까지 참고 견디는 인내력이 필요하다.

12 도덕성 발달과 지도

1 도덕성의 개념과 구성 요소

(1) 도덕성 발달 이론

① 정신분석 이론(프로이트 Freud) : 부모와의 ⓐ [   ](으)로 오이디푸스·엘렉트라 콤플렉스를 해결하는 5~6세 정도에 부모의 도덕적 가치관을 ⓑ [   ] 하면서 초자아가 형성됨으로써 도덕성이 발달된다.

② 사회학습 이론(반두라 Bandura) : 주변의 성인이나 또래가 어떻게 행동하는지를 ⓐ [   ] 하면서 ⓑ [   ] 와/과 처벌에 의해 도덕성이 발달된다.

③ 인지발달 이론(피아제 Piaget) : 도덕성이 [   ] 에 의해 좌우되기 때문에 도덕적 사고나 추론은 [   ] 단계에 따라 일련의 과정을 거쳐 발달된다.

④ 비고츠키(Vygotsky)의 이론 : 비고츠키가 도덕성의 발달에 대해 직접 언급한 적은 없지만 그의 이론을 도덕성 함양을 위한 교수-학습 방법에 적용해 보면 특히 [   ] 에서의 교사의 역할이 강조된다.

(2) 피아제의 도덕성 발달 단계

구분	① [ ] 단계	② [ ] 단계	③ [ ] 단계
연령	2~4세	5~6세	8~11세 이후
특징	• 규칙이나 질서 등의 도덕적 인식이 없음. • 규칙이 없는 게임이나 놀이에 몰두함.	• 도덕적 ⓐ [ ] : 규칙이란 절대적이며 변경이 불가능한 것으로 인식함. • 내재적 정의에 대한 믿음 : 규칙을 어기면 누군가 반드시 처벌함. • 도덕적 ⓑ [ ] : 행위의 의도나 원인보다 결과에 의해 판단	• 도덕적 ⓐ [ ] : 규칙은 사회적 승인에 의해 만들어진 임의적 약속이므로 변경될 수 있음. • 규칙을 위반해도 항상 처벌이 따르는 것은 아님. • 행위의 결과보다 ⓑ [ ] 고려

정답

(1) ① ⓐ 동일시
　　　ⓑ 내면화
　② ⓐ 모방
　　　ⓑ 강화
　③ 인지발달
　④ 토론활동

(2) ① 전도덕성
　② 타율적 도덕성
　　　ⓐ 절대성
　　　ⓑ 실재론
　③ 자율적 도덕성
　　　ⓐ 상대성
　　　ⓑ 의도나 원인

정답

(3) ① ⓐ 처벌과 복종지향의
　　　　도덕성
　　　ⓑ 도구적 목적 지향의
　　　　도덕성
　② ⓐ 착한 아이 지향의
　　　　도덕성
　　　ⓑ 법과 질서 지향의
　　　　도덕성
　③ ⓐ 사회계약과 합법성
　　　　지향의 도덕성
　　　ⓑ 보편적 윤리적 원리
　　　　지향의 도덕성

(3) 콜버그의 도덕성 발달 단계

① 전인습 수준 : 9세 이전의 아동이나 일부 청소년 및 일부 성인 범죄자에 해당된다. 사회규범이나 기대를 잘 이해하지 못하고 도덕적 판단이 외적 보상과 처벌에 의해 결정된다.

1단계 ⓐ	• 결과만 가지고 행동을 판단한다. • 처벌과 보상이 행동판단 기준이다. • 복종하라고 하기 때문에 복종한다.
2단계 ⓑ	• 보상과 아동 자신의 이익에 근거하여 판단한다. • 규칙은 상대적인 것으로 변할 수 있다고 생각한다. • 옳은 것이란 기분이 좋고 무엇인가 보상을 받는 것이다.

② 인습 수준 : 도덕적 추론이 사회적 권위에 기초한다고 생각하며 사회관습에 걸맞은 행동을 도덕적 행동이라 간주한다. 대부분의 청년과 다수의 성인이 도달하는 단계이다.

3단계 ⓐ	• 신뢰, 보호, 타인에 대한 충성에 근거하여 판단한다. • 좋은 아이, 착한 아이라 생각되기를 바란다. • 도덕적 판단 시 결과가 아니라 의도를 고려한다.
4단계 ⓑ	• 사회질서, 법, 정의, 의무 등에 근거한다. • 사회질서를 위해 법을 준수하는 행동이 도덕적 행동이라 생각한다.

③ 후인습 수준 : 도덕적 기준은 서로 상충될 수 있다는 것을 인식하게 되며, 권리나 정의에 근거하여 나름대로의 판단을 하게 된다. 후인습 수준의 도덕적 판단은 형식적 조작이 가능한 청년기에 이르러서야 가능하며 성인 중 소수만 이 수준에 도달할 수 있다. 또한, 후인습 수준의 7단계인 '우주적 영생 지향의 도덕성'을 포함시키기도 한다. 위대한 도덕가, 종교 지도자, 철인 등이 이에 해당된다.

5단계 ⓐ	• 법과 질서는 사회유지에 필요하나 상대적으로 바뀔 수도 있다고 생각한다. • 생명, 자유와 같은 인간의 기본 권리와 가치가 법을 능가하는 중요한 가치라고 생각한다.
6단계 ⓑ	• 법을 초월하는 양심, 생명의 존엄성, 평등성과 같은 보편적인 원리에 근거하여 옳고 그름을 판단한다. • 법과 양심 사이에서 갈등을 느낄 때 자신의 결정이 개인에게 위험을 가져오더라도 양심을 따른다.

(4) 길리건(Gilligan)의 [   ] 지향적 도덕성 발달 이론

　① 길리건은 남성이 여성보다 도덕성이 높다는 콜버그의 이론을 비판하면서 도덕성

　　발달에 [   ]을/를 주장했다.

　② 배려지향적 도덕성 발달

1수준 ⓐ [ ] 단계	생존을 위해 타인에 대한 관심이나 배려 없이 자기 자신만을 돌보는 수준이다.
1.5수준(제1과도기) 이기심에서 ⓑ [ ](으)로의 변화	이기심과 타인에 대한 애착으로 인한 책임감이 공존한다.
2수준 ⓒ [ ]와/과 자기희생 단계	타인을 위해 자신을 희생하는 수준으로 타인에 대한 책임감을 강조한다. 자기희생을 도덕적 이상으로 간주한다.
2.5수준(제2과도기) 선행에서 ⓓ [ ](으)로의 변화	타인을 위한 선행에서 인간관계에 대한 진실성으로 변하는 과도기적 수준이다. 배려는 이제 하나의 보편적 의무가 된다.
3수준 자신과 타인을 ⓔ [ ]하는 단계	자신을 무력하고 복종하는 존재로 여기지 않고 의사결정에 적극적으로 동등하게 참여한다. 비폭력과 모든 사람들의 고통을 최소화하려는 의무가 도덕적 기초가 된다.

(5) 투리엘(Turiel, 1983)의 [   ] 이론

　① 투리엘은 [   ]은/는 다양할 수 있으며, 어떤 행동이 수용되고 수용되지 않는 문제는 문화권의 사회적 지식과 가치에 따라 다를 수 있다고 주장했다.

　② 도덕성 발달 영역

ⓐ [ ] 영역	개인이 자유롭게 선택할 수 있는 행동으로 어떤 종교를 신봉하고 친구와는 어떻게 시간을 보내며 휴가에 어디로 갈 것인가를 결정하는 등의 지극히 개인적인 선택과 관련된 영역이다.
ⓑ [ ] 영역	정의, 공정성과 같이 시대와 사회를 막론하고 보편적으로 준수되어야 하는 가치 규범이다.
ⓒ [ ] 영역	인사, 두 손으로 드리기 등의 예절과 같이 각 문화의 사회인습에 관한 지식영역으로 문화마다 차이가 있다.

정답

(4) 배려
　① 성차
　② ⓐ 자기 중심적
　　ⓑ 책임감
　　ⓒ 책임감
　　ⓓ 인간관계에 대한 진실성
　　ⓔ 배려

(5) 영역 구분 모형
　① 도덕적 정의
　② ⓐ 개인적
　　ⓑ 도덕적
　　ⓒ 사회·인습적

② 도덕적 행동의 발달

(1) 도덕적 행동에 영향을 주는 요인

　① ＿＿＿＿＿＿＿ : 다른 사람의 견해를 느끼고 이해하는 것이다.

　② ＿＿＿＿＿＿ : 개인의 희생이 개입될지라도 기꺼이 다른 사람을 도우려는 것이다.

　③ ＿＿＿＿＿＿ : 유혹에 대한 저항과 옳다고 믿어지는 것을 하려는 것이다.

　④ ＿＿＿＿＿＿ : 개인의 성숙과 경험에 기초를 두고 옳거나 그르다고 믿는 것이다.

(2) 도덕적 행동 발달 요인

　① ＿＿＿＿＿＿ : 집단에 소속됨으로써 몰입을 하기도 하고 행동 선택의 기준을 찾기도 한다.

　② ＿＿＿＿ : 자신이 속한 집단, 사회가 어떤 행동을 받아들여주는가에 따라 행동의 기준이 달라진다.

　③ 집단과 ＿＿＿＿ : 자신이 속한 집단이 도덕적일 경우 도덕적 행동의 발달이 더 쉬워진다.

　④ ＿＿＿＿ : 벌을 받거나 벌받는 것을 보면서 행동의 기준을 결정하게 된다.

　⑤ ＿＿＿＿ : 잘못된 행동을 하면 벌을 받게 될 것을 아는 것은 행동 결정에 영향을 준다.

　⑥ ＿＿＿＿ : 부정적 행동이 강화되면 지속될 수 있다.

　⑦ ＿＿＿＿＿＿ : 장래의 더 큰 성과를 위해서 자신의 충동과 감정을 통제하는 눈앞의 욕구를 참는 능력을 말한다. 유혹에 대한 미래의 보상을 기다리지 못하면 행동에 대한 확고한 의사를 갖지 못한다.

　⑧ ＿＿＿＿ 상태 : 잘하려는 마음과 반항하는 마음 중 더 강한 욕구에 따라 행동이 달라진다.

　⑨ ＿＿＿＿ : 똑똑한 사람일 경우, 행동의 결과를 더 잘 예측하여 부정직한 행동의 욕구를 절제할 수 있다.

　⑩ ＿＿＿＿ : 성숙할수록 규칙과 타인의 감정을 이해하고 사회적으로 바람직한 행동을 한다고 본다.

　⑪ ＿＿＿＿＿＿ : 안정되고 자신을 신뢰하는 사람들은 올바르게 판단하고, 잘못된 행동을 시인하는 용기가 있다.

③ 가치와 태도 형성의 접근 방법

(1) _____ : 유아가 무엇이 옳은 가치이며 무엇이 좋은 행동인가를 말로 이야기하게 할 수는 있지만 가치에 대해 바르게 이해하게 할 수는 없다.

(2) _____ : 학생들로 하여금 각자의 신상(身上)에 관련된 가치문제(예컨대, 자기가 가장 소중하게 여기는 것은 무엇인가?)를 여러 각도에서 성찰하도록 함으로써 스스로의 가치관을 확인하도록 하는 방법을 말한다.

① 가치명료화를 돕기 위한 활동(래스 Raths)

ⓐ 유아가 자유롭게 _____ 을/를 하도록 격려한다. 많은 선택 가능성과 유아 주도 활동을 계획하고, 유아에게 정보를 주어 스스로 대안을 찾아 그것을 검토할 수 있도록 돕는다.

ⓑ 유아가 대안에 대하여 사려 깊게 _____ 할 수 있도록 물어본다.

ⓒ 유아가 소중히 여기는 것에 대하여 생각해보도록 한다.

ⓓ 유아가 자신의 신념에 따라 행동하고 자신의 생각을 _____ 하며 자신의 삶에서 반복되는 행동이나 형태를 발달시킬 수 있는 기회를 갖도록 돕는다.

② 가치 명료화 과정의 7단계(래스, 하르민, 사이먼 Raths, Harmin, Simon)

ⓐ _____	1. 자유롭게 2. 여러 대안으로부터 3. 각 대안을 신중히 고려한 후에
ⓑ _____	4. 선택한 것을 존중 5. 선택한 것을 확언
ⓒ _____	6. 선택한 것을 실천 7. 반복성 있게 실행

(3) _____ : 도덕이나 가치에 대한 의문점을 통해 유아가 합리적이고 논리적으로 올바른 도덕적 판단을 할 수 있는 능력을 발달시킬 수 있는 방법이다.

① 가치 분석 방법

ⓐ _____ : 문제 상황을 인식하고 주어진 상황에서 유아에게 사람들이 가지고 있는 가치를 찾아내도록 한다. 상황 설정은 유아에게 일어난 것일 수도 있고 이야기일 수도 있다.

ⓑ 가치의 _____ : 사람들이 선택한 가치의 차이점과 유사점을 알아본다. 교사는 유아에게 다른 상황에서 같은 사람이 사용한 가치나 같은 상황에서 다른 사람이 사용한 가치가 무엇인가를 물어 보도록 한다.

정답

(1) 주입식 접근

(2) 가치 명료화
① ⓐ 선택
  ⓑ 평가
  ⓓ 표현
② ⓐ 선택
  ⓑ 긍지 갖기
  ⓒ 실행

(3) 가치 분석
① ⓐ 가치 확인
  ⓑ 비교와 대조

정답

ⓒ 감정 탐색
ⓓ 가치판단 분석
ⓔ 가치갈등 분석
ⓕ • 역할 바꾸기
  • 보편적 결과
  • 새로운 사례
  • 포섭

ⓒ _____ : 유아 자신의 감정에 대하여 이야기하게 하고, 다른 사람의 감정을 알아보도록 하며, 새로운 감정이 일어나는 상황을 경험하게 함으로써 유아가 자신의 가치와 다른 사람의 가치를 구성하는 강한 정서적 요소에 대하여 이해할 수 있도록 도와준다.

ⓓ _____ : 유아에게 특정 가치판단을 지지하거나 반박할 수 있는 증거를 제시하도록 하거나 자신이 내린 가치판단의 결과를 예측하고 분석해 보도록 한다.

ⓔ _____ : 진퇴양난의 가치를 제시하고, 갈등이 무엇인지, 대안에는 어떠한 것이 있는지, 각각의 결과는 무엇인지 묻는다. 그리고 최상의 결과를 얻기 위한 대안을 선택하게 하고 그 이유를 설명하도록 한다.

ⓕ 자신의 가치검증 단계

  • _____ : 다른 사람의 입장이 되는 것.

  • _____ : 만약 모든 사람이 그러한 행동을 따른다면 그 결과를 수용할 것인가.

  • _____ : 그 행동의 결과가 다른 유사한 상황에서도 수용할 것인가.

  • _____ : 보다 적절한 고차원의 원리를 따르는가.

PART 3

3

상담심리학

상담이론과 실제

정답

(1) 스트레스
  ① 적응적 요구

(2) ① 좌절
  ② 갈등
    ⓐ 접근–회피 갈등
    ⓑ 접근–접근 갈등
    ⓒ 회피–회피 갈등
  ③ 압력

(3) ① 선천적
  ② 과제
    ⓐ • 좌절
    • 갈등
    • 압력

1 적응적 요구로서의 스트레스

(1) ⬛⬛⬛⬛⬛⬛의 의미

　① ⬛⬛⬛⬛⬛⬛⬛⬛에 효율적으로 대응하지 못할 경우 여러 가지 신체적 질병, 심리적 이상 및 사회적 부적응이라는 부정적 결과를 초래할 수 있다.

(2) 스트레스의 원인

　① ⬛⬛⬛ : 욕구나 동기가 차단되는 것이다.

　② ⬛⬛⬛ : 여러 가지 욕구나 동기가 상충됨으로써 생기는 것이다.

　　ⓐ ⬛⬛⬛⬛⬛⬛ : 학교에서 공부를 하고 싶지만 학급에 싫어하는 친구들이 있어서 교실에 들어가기가 꺼려지는 상황이다.

　　ⓑ ⬛⬛⬛⬛⬛⬛ : 유학도 가고 싶고 결혼해서 안정된 가정도 갖고 싶은 경우이다.

　　ⓒ ⬛⬛⬛⬛⬛⬛ : 만원 버스도 타기 싫고 답답한 지하철도 타기 싫은 경우이다.

　③ ⬛⬛⬛ : 자신의 포부 수준이나 다른 사람의 기대 및 요구 수준이 지나치게 높은 경우이다.

(3) 스트레스에 대한 심리적 반응의 형태

　① ⬛⬛⬛⬛⬛인 대응 메커니즘 : 울음, 털어놓고 이야기함, 유머, 수면과 꿈, 곰곰이 생각하기 등이다.

　② ⬛⬛⬛ 중심 반응 : 스트레스를 유발하는 상황의 적응적 요구를 현실적으로 대응해 나가려는 행동으로 비교적 의도적인 노력을 하는 것을 가리킨다.

　　ⓐ 공격

　　• ⬛⬛⬛에 대한 공격 반응 : 목적 달성에 방해가 되는 장애물을 제거하거나 극복하는 것을 가리킨다.

　　• ⬛⬛⬛에 대한 공격 반응 : 하나의 선택을 할 수 있는 준비가 충분하게 될 때까지 선택을 보류하고 두 가지의 가능성에 대하여 다 같이 열린 태도를 취하는 것을 가리킨다.

　　• ⬛⬛⬛에 대한 공격 반응 : 저항이나 반항하는 것을 말한다. 압력을 가하는 교사나 부모에 대한 소극적 형태의 저항은 꾸물거리는 것, 관심을 갖지 않는 것, 무력함을 보이는 것, 고의적으로 공부를 하지 않는 것 등이다.

ⓑ _____ : 고통이나 위험이 뒤따르게 될 일이라고 판단되었을 때 사전에 그
    일을 피함으로써 스트레스에 현실적으로 대응하는 방법이다.

ⓒ _____ : 협상, 흥정, 양보 등이다.

③ _____ 중심의 기제(_____ 기제) : 대부분 현실의 왜곡과 자기 기만의 수단
    으로 사용하지만, 그럼에도 불구하고 _____ 기제는 실패를 부드럽게 인식하고
    인지적 부조화를 감소시키며 불안이나 정서적 상처를 치유하면서 자아의 가치와
    자아의 적합성이라는 의식을 유지하기 위해 매우 중요한 역할을 한다.

2 스트레스 상황에 대한 효과적 대처

(1) 효과적 스트레스 대처의 단계

① 스트레스 상황의 _____ : 스트레스 상황의 _____ 이/가 지나치게 단순하
    거나 부정확하면 스트레스 상황을 다루는 데 장애가 될 수 있으므로 정확하고 현
    실적인 _____ 이/가 필요하다.

② 적합한 행동의 _____ : 여러 가지 지식, 정보, 추리, 상상 등은 물론 거의 모든
    유형의 의식적 과정을 통해서 가능한 해결책을 찾아본다. 일반적으로 위협이 크
    면 클수록 혹은 자신감이 적으면 적을수록 대안을 생각하는 것이 비합리적이 되
    기 쉽다.

③ 적극적 행동의 _____ : 최선으로 선택된 몇 가지 행동을 _____ 해 본다.

④ 결과의 _____ : 예상했던 것과 실천한 것을 비교하고 평가한 후 다시 실천한다.

3 상담의 절차

(1) 상담 초기 : ① _____ 형성, 관심 기울이기, ② _____ 경청하기, 재진술, 개
    방형 질문하기, 반영하기의 상담 기법으로 내담자와 바람직한 의사소통을 한다.

(2) 상담 중기

① _____ : 내담자의 입장을 고려하지 않은 상담자의 일방적인 지
    시나 통제, 내담자를 배려하지 않는 비우호적인 상담 분위기, 준비가 안 된 내담자
    에게 너무 급격한 변화의 압력을 가하는 상담자의 행위 등은 내담자의 강한 저항
    을 불러일으키는 주요 원인이 되므로 상담자는 이러한 경우를 조심해야 한다.

ⓑ 철수
ⓒ 타협
③ 방어

(1) ① 평가
    ② 탐색
    ③ 실천
    ④ 평가

(1) ① 라포
    ② 적극적

(2) ① 저항다루기

② ⓐ 심층적 공감
  ⓑ 피드백 주기
  ⓒ 직면
  ⓓ 즉시적 반응
  ⓔ 해석(재구조화)

(3) 종결

(4) 추수

(5) ① 상담
  ② 심리치료

② 상담기법

ⓐ   : 상담자가 내담자의 표현되지 않은 부분을 찾아내어 내담자로 하여금 자신을 더 깊이 이해하도록 돕는 것이다.

ⓑ   : 내담자의 사고 · 감정 · 행동에 대해 상담자 자신이 보고 관찰한 것을 전달하여 그의 현재 모습을 지지하거나 변화시키는 기법이다.

ⓒ   : 말과 행동 간의 불일치 등 불일치 상황 시 논리적 왜곡을 확인하게 하는 것이다.

ⓓ   : 내담자와 대화를 하며 상담자가 현재 내적으로 경험하는 것을 토대로 피드백을 주는 것으로, 상담 중에 일어나는 상담자와 내담자 간의 즉각적인 상호작용을 의미한다.

ⓔ   : 내담자가 자신의 문제를 새로운 각도(과거의 생각과는 다른)에서 이해하도록 그의 생활 경험과 행동의 의미를 설명해 주는 것이다.

(3)   단계 : 내담자가 설정한 상담목표가 달성되었는지를 확인하고 변화된 상태에 대해 피드백을 제공한다. 상담 전 과정에 대한 요약과 목표 달성에 대한 확인을 바탕으로 상담을 종결해도 괜찮은지의 여부를 최종 평가한다. 친숙한 관계의 갑작스런 청산으로 비롯되는 내담자의 상실감을 인식하고 내담자의 특성을 고려하여 종결에 대한 준비를 해야 한다.

(4)   단계 : 짧은 만남, 전화, 문자, 쪽지 등으로 변화가 유지되었는지 확인하고 상담종결을 확정하거나 필요한 경우 상담목표를 재구성한 후 상담을 다시 시작하는 것이다.

(5) ①   와/과 ②   의 구별

	①	②
목적	전체 생활지도 프로그램과 마찬가지로 합리적인 계획, 문제 해결, 상황적인 압력에 대한 지지 등	개인의 성격과 관련된 심각한 행동의 교정
대상	정상인	심리적 장애를 가진 사람
자료	현재적 · 의식적 자료에 기초	재현이나 무의식적 과정에 의존
실시 장소	학교, 대학, 지역 봉사기관, 교회	병원, 진료기관
상담자	개인의 긍정적 측면을 강조해서 개인적 · 사회적 상황에서 사용하도록 함.	진단과 치료를 강조
기간	단기	장기

2 정신분석 상담이론

1 정신분석 상담이론의 특징

(1) 기본 가정

① 결정론 : 인간의 행동은 어릴 때의 _____ 에 따라 크게 좌우된다. 프로이트는 인간의 행동이 무의식적 동기와 생물학적 욕구 및 충동, 그리고 생후 5년간의 생활경험에 의해 결정된다고 보았다.

② _____ : 빙산의 대부분이 물에 잠겨 있듯이 마음의 대부분은 의식할 수 없는 무의식 속에 있기 때문에 임상적 관찰로 _____ 속에 있는 부적응의 원인을 찾아내야 한다.

③ 내담자 과거의 인간관계가 현재의 치료과정에 _____ 되는 현상을 중시하고 이를 치료의 과정에 포함시킨다.

(2) 불안의 종류

① _____	• 자아가 현실을 지각하여 두려움을 느끼는 불안이다. • 실제적 위험에서 우리를 보호하는 데 기여한다.
② _____	• 현실을 고려하여 작동하는 자아와 본능에 의해 작동되는 원초아 간의 갈등에서 비롯된 불안이다. • 막대한 힘을 가진 원초아에 의해 충동적으로 표출된 행동이 처벌되지 않을까 하는 무의식적 두려움이다.
③ _____	• 원초아와 초자아 간의 갈등에서 비롯된 불안으로 본질적으로 자신의 양심에 대한 두려움이다. • 자신의 행동이 도덕적 기준에서 위배된 생각이나 행동을 했을 때 발생되는 불안이다.
④ _____	• 두 가지 이상의 원인이 뒤섞여서 나타나는 두려움이다. • 신경증적 불안과 현실 불안, 도덕적 불안과 현실 불안, 신경증적 불안과 도덕적 불안 또는 세 가지 이상의 불안이 혼재되어 나타나는 현상이다.

(3) 방어기제의 종류

① _____ : 외부 현실 및 이미 일어난 경험의 고통스러운 면을 인식하기를 거부함으로써 감정적 갈등이나 내외적인 스트레스를 처리하는 것이다.

② _____ : 부인과는 반대로 자신이 원하는 욕구 때문에 없는 것을 있는 것으로 상상하고, 실제로 있는 것으로 믿고 있는 것을 가리킨다.

 정답

(1) ① 경험
② 무의식
③ 전이

(2) ① 현실 불안
② 신경증적 불안
③ 도덕적 불안
④ 혼재성 불안

(3) ① 현실의 부인
② 환상

③ 합리화
④ 투사
⑤ 억압
⑥ 억제
⑦ 지성화
⑧ 전위
⑨ 퇴행
⑩ 보상
⑪ 행동화(공격)
⑫ 신체화
⑬ 말소화
⑭ 반동형성
⑮ 승화
⑯ 동일시
⑰ 도피

③ [   ] : 자기가 하고 있거나 하려는 행동을 정당화하기 위해 '좋은' 이유 들을 생각해 내는 것을 가리킨다.

④ [   ] : 자신이 지니고 있는 동기나 욕구가 용납할 수 없는 것일 경우 이를 다른 사람의 탓으로 귀속시키거나 또는 자신의 실수나 단점을 다른 사람의 책임으로 돌리는 것이다.

⑤ [   ] : 위협이나 고통스러운 상념들이나 욕망들을 의식에서 제외시키는 것이다.

⑥ [   ] : 괴롭고 용납될 수 없는 충동이나 생각을 의식적으로 잊고자 노력하는 성숙한 방어기제이다.

⑦ [   ] : 정신적으로 상처를 주는 사건에 대해 개인의 느낌이나 감정은 무시하고 추상적 문제로 일반화함으로써 스트레스를 감소시키는 방어기제이다.

⑧ [   ] : 적개심의 대상이 원래 그 적개심을 일으키게 한 사람에서 다른 사람이나 사물로 전치되는 것이다.

⑨ [   ] : 발달단계로 보았을 때 훨씬 더 어린 나이에나 맞는 반응양식을 보이는 것을 말한다.

⑩ [   ] : 약점이나 바람직하지 못한 특성을 위장하거나 메우기 위하여 장점이나 바람직한 특성을 강조하거나 발전시킴으로써 극복하는 방어기제이다.

⑪ [   ] : 금지된 욕망과 관련된 불안이나 긴장을 감소시키기 위하여 그 욕망을 행동으로 옮겨 그대로 표현하는 것이다.

⑫ [   ] : 심리적인 갈등이 신체를 통해 병이나 증상 등의 형태로 전환되어 나타나는 것이다.

⑬ [   ] : 용납될 수 없는 생각, 충동, 행위 같은 것을 부정하거나 속죄하는 것이다.

⑭ [   ] : 자신이 느끼는 감정과 반대의 행동이나 태도를 취하는 것이다.

⑮ [   ] : 사회적으로 받아들일 수 없는 성적, 혹은 폭력적 충동의 대상이나 표현 방법을 다른 것으로 전환시키는 성숙한 방어기제 중 하나이다.

⑯ [   ] : 뛰어난 인물이나 단체 등의 다른 사람과 자기를 같은 수준으로 동일하게 보고 이에 따라 우월감이나 안정감을 가지려는 기제이다. 즉, 남의 장점 또는 특성의 일부를 자기의 일부로 삼고자 하는 기제이다.

⑰ [   ] : 욕구불만이나 갈등이 생기는 상황에 직면하거나 또는 그 상황이 예상될 때 그 상황에서 멀리 벗어나 있고자 하는 기제이다.

⑱   : 자기의 안정을 유지하기 위하여 현실에 접촉하지 않고자 하는 기제이다.

⑲   : 현실의 세계에서 욕구가 충족되지 않을 때, 공상의 세계에서 그 것을 만족해함으로써 긴장을 해소하려는 기제이다.

⑳   : 무시당함으로써 생기는 불안성에 대한 방어기제 이다.

㉑   : 자기 안에 있는 분노를 다른 사람에게 향하는 것이 위험하고 허락될 수 없다는 것을 알고 분노를 자기 자신에 게 돌려 스스로에게 보복을 하면서 자기를 파괴해 나가는 것이다.

㉒   : 목적하던 것을 갖지 못하게 되었을 때의 스트레스를 줄이기 위해 원래 목적했던 것과 비슷한 대상을 취해 만족을 얻는 방어기제이다.

⑱ 고립
⑲ 백일몽
⑳ 주의획득 반응
㉑ 분노의 자기에로의 전향
㉒ 대치

② 정신분석 상담의 실제

(1) 상담자와 내담자와의 관계

① 상담자의 역할 : 상담자는 내담자가 과거의 경험과 감정들을 거리낌 없이 털어놓 을 수 있도록   한다. 처음에는 주로 듣는 데에 치중하면서 가끔 해석을 해 준다. 상담자는 내담자에게 자신의 문제에 대한 통찰을 얻도록 함으로써 내담 자가 자신을 이해하도록 도와준다.

②   : 내담자가 과거의 중요한 인물에 대한 감정을 상담자에게 투사하는 현 상으로 이   현상의 해소는 정신분석적 상담의 핵심이다. 상담의 효과가 있으려면 이러한   관계를 파헤쳐서 극복해 나가야 한다.

③   : 상담자가 내담자와의 관계에서 갈등을 느끼고 내담자를 싫어하 거나 좋아하게 되는 경우이다.   이/가 일어나면 상담자 자신의 감정 이 부각되어 상담에 방해가 되므로 상담자는 내담자에 대한 자신의 감정에 주의 를 기울이면서   이/가 일어나지 않도록 조심해야 한다.

④   : 상담자가 상담을 위해 내담자의 건강한 성격 부분과 협력하 는 것이다. 이를 통해 내담자의 신경증적이고 미숙한 부분을 건강한 성격 구조로 수정해 나가게 된다.

(1) ① 격려
    ② 전이
    ③ 역전이
    ④ 치료동맹

(2) 상담기법

①   : 내담자는 안락의자에 누워 가능한 한 마음을 텅 비우고 과거 를 회상하고 충격적인 상황 속에서 느꼈던 여러 감정들을 발산하게 된다.

(2) ① 자유연상

② 　　　　　　　　 : 무의식적 자료를 발굴하고 정리함으로써 내담자로 하여금 자신의 내면세계와 문제 영역에 대해 통찰을 얻도록 도와주는 중요한 절차이다.

③ 　　　　　　　　　　 : 약속 어기기, 경험 이야기하지 않기 등 내담자의 상담자에 대한 비협조적인 무의식적 행동을 저항이라고 한다. 상담자는 내담자가 자신을 보호하기 위해 저항하고 있다는 것을 지적해야 한다.

④ 　　　　　　　　 : 상담자는 내담자에게 중립적이고 객관적이며 비교적 수동적인 자세를 취함으로써 내담자의 전이를 유도한다. 　　　　　　　　　　 은/는 어렸을 때의 주요 정서적 갈등을 해결하는 계기가 될 수 있다. 상담자의 해석으로 전이 감정이 해소되면 내담자는 과거의 영향으로부터 벗어나게 되어 정서적으로 성숙한 인간이 될 수 있다.

⑤ 　　　　　 : 무의식 속에 묻혀 있던 모든 억압된 생각과 경험을 이야기할 때, 또한 억눌린 감정이나 경험을 말로 쏟아낼 때 억압되었던 강력한 정서적 감정이 발산됨으로써 고통과 불안이 감소되는 것을 말한다.

3 행동주의 상담이론

1 행동주의 상담의 특징

(1) 기본 가정

① 객관적으로 [   ]할 수 있고 측정 가능한 행동을 상담 대상으로 삼기 때문에 상담의 효율성과 성과 및 진전 정도를 객관적으로 평가할 수 있다.

② 행동문제의 치료를 위해 과거보다는 [   ]의 부적응 행동에 초점을 맞추고 거기에 맞는 기법을 선택하고 구체적 치료절차를 정한다.

③ 행동주의 [   ]이론에 기초를 두고 있으며, 부적응 행동을 약화시키거나 제거하고 적응행동을 형성하거나 강화할 수 있도록 하는 체계화된 [   ]이론을 적용한다.

④ 인간관 : 대부분의 인간의 행동을 [   ]된 것으로 보며, [   ]의 원리를 통해 인간의 행동을 파악하고자 한다. 그러나 최근의 행동수정자들은 내담자의 정서, 인지 과정의 변화, 사고방식의 수정도 중요시하는 폭넓은 상담을 하고 있다.

2 상호제지이론

(1) 특징

① 파블로프(Pavlov)의 [   ]이론에 근거하여 웰페(Wölpe)가 처음 주장한 이론이다.

② 불안·공포 등의 [   ]행동을 고전적 조건화에 의해 학습된 것으로 가정하고, 모든 [   ]반응은 그것과 대립되거나 또는 양립할 수 없는 다른 강력한 반응에 의해서 제지될 수 있다고 본다.

③ [   ] : 적응적 반응이 일어나려고 하는 순간, 이 반응과 상반하는 비적응적 반응을 유발시키면 적응적 반응이 약화되는데, 이 절차가 반복되면 제거하고자 하는 반응은 점차 약화되다가 결국 없어진다.

(2) 상담기법

① [   ] : 주로 대인관계에 대한 불안이나 공포를 치료하는 기법으로, 감정표현이나 감정을 나타내는 안면 표정, '나'라는 주어의 강조, 칭찬을 피하지 않고 받아들이는 것, 타인의 의견에 이의를 제기하는 것, 그리고 표현의 자발성을 높이는 훈련 등이 포함된다.

정답

(1) ① 관찰
② 현재
③ 학습
④ 학습

(1) ① 고전적 조건형성
② 신경증적
③ 상호제지

(2) ① 자기표현훈련
(자기주장훈련)

ⓐ • 소극적
　　• 공격적
　　• 자기주장적
② 체계적 둔감법
③ 혐오치료
④ 홍수법(범람법)

ⓐ 의사소통의 세 가지 유형

• 　　　　　 의사소통	자신의 욕구와 권리를 표현하지 못하고 간접적으로 표현한다(예 문을 꽝 닫음). 자신의 소극적 행동에 불안해하며, 자기에 대해 실망하고 뒤늦게 분노하게 된다.
• 　　　　　 의사소통	정서적으로 정직하나 누군가를 희생시켜 자신의 욕구와 권리를 만족시킨다. 당당한 우월감과 분노를 느끼지만 나중에는 대부분 죄의식을 느낀다.
• 　　　　　 의사소통	자신의 욕구와 권리를 정서적으로 정직하고 직접적으로 표현한다.

② 　　　　　　　　　　 : 이완된 상태에서 불안을 유발하는 상황이나 장면을 상상하도록 함으로써 그러한 장면에 대한 불안 반응을 둔감화시키는 일종의 역제지(역조건화)에 해당한다.

③ 　　　　　　　　 : 증상이 나타날 때마다 고통스러운 혐오 자극(전기충격, 시청각 자료, 타임아웃, 과잉교정)을 가하여 문제 행동을 소거시키는 방법이다.

④ 　　　　　　 : 체계적 둔감법과는 대조를 이루는 불안 치료법으로, 상담자가 내담자를 강력하고도 지속적으로 문제 상황에 노출시키는 방법이다.

3 행동수정이론

(1) ① 조작적 조건형성

(1) 특징

① 스키너(Skinner)의 　　　　　　　　　　　　 이론을 토대로 하여 발전된 행동치료적 접근의 한 방법이다.

(2) ① 강화
　　　ⓐ 정적
　　　ⓑ 부적
　　② 프리맥 원리

(2) 바람직한 행동을 증진시키는 기법

① 　　　　 : 특정한 반응이 일어날 확률을 증가시키는 것이다.

ⓐ 　　　 강화 : 어떤 행동이 일어난 직후에 그가 좋아하는 것(칭찬, 간식 등)을 주어 그 행동의 빈도가 높아지도록 하는 방법이다.

ⓑ 　　　 강화 : 어떤 사람이 어떤 행동(바람직한 행동)을 했을 때 그가 싫어하는 것을 제거함으로써 행동의 빈도를 증가시키는 방법이다.

② 　　　　　　　　 : 선호가 높은 행동은 선호가 낮은 행동에 대해 정적 강화물이 될 수 있다. 따라서 아동이 선호하는 행동을 순서대로 나열해 보는 것은 교사가 아동의 특정한 행동을 강화하는 데 매우 유용하다.

정답

③ 토큰
④ 차별
⑤ 간헐
⑥ 행동형성(행동조성)
⑦ 용암법
⑧ 행동계약
⑨ 행동연쇄

③ _____ 강화 : 바람직한 행동을 인정해 주는 것만으로는 별 효과가 없을 때 _____ 을/를 주어 나중에 사탕, 입장권 등 내담자가 원하는 물건이나 권리와 바꿀 수 있도록 하는 치료 절차이다.

④ _____ 강화 : 여러 행동 중에서 어느 특정 행동만을 선택적으로 강화(보상)함으로써 그 행동을 증가시키는 기법이다.

⑤ _____ 강화 : 행동의 발생빈도를 증가시키기 위해서 그 행동이 나타날 때마다 강화를 간헐적으로 제공하는 기법으로 계속 강화의 반대 개념이다.

⑥ _____ : 새로운 행동을 가르치기 위하여 전체의 복잡하고 어려운 행동을 작은 단위의 하위행동으로 세분화하여, 제일 쉽고 낮은 수준의 행동부터 강화해 주어 결국 목표행동인 복잡하고 어려운 행동을 학습하도록 하는 순차적이고 점진적인 강화방법이다.

⑦ _____ : 특정행동이 다른 상황에서도 발생할 수 있도록 조건(자극)을 점차적으로 줄여 가는 방법이다.

⑧ _____ : 내담자가 수행하는 행동과 그에 대한 결과로서 제공되는 강화자극(보상) 또는 혐오자극(벌)에 관해 서류상으로 협약을 맺고, 이에 따라 해당 자극을 제공함으로써 행동을 수정하려는 기법이다.

⑨ _____ : 이전의 조건 형성된 행동이 이후의 조건 형성과 연결되어 하나의 통합된 행동으로 이어지는 것이다. 즉, 이미 존재하는 단순한 행동을 적절한 방법으로 연결하여 보다 복잡한 행동을 학습하도록 하는 방법이다.

(3) 바람직하지 않은 행동을 감소·제거시키는 기법

(3) ① 처벌
　　ⓐ 정적
　　ⓑ 부적
② 반응대가
③ 타임아웃
④ 소거

① _____ : 부적절한 반응(행동)의 빈도를 감소시키는 것이다.

　ⓐ _____ 처벌 : 행동에 혐오자극이 뒤따를 때 반응의 빈도가 감소하는 것이다. (제1유형의 벌)

　ⓑ _____ 처벌 : 행동에 뒤따르는 긍정자극을 제거함으로써 반응의 빈도가 감소하는 것이다. (제2유형의 벌)

② _____ : 바람직하지 못한 행동을 했을 때 그 대가로 자기가 가지고 있는 정적 강화를 박탈당하는 것이다.

③ _____ : 유아가 바람직하지 않은 행동을 할 때 일정 시간 동안 다른 장소에 격리하는 방법이다.

④ _____ : 어떤 행동 후 정적 강화물이 뒤따르지 않거나 부정적인 결과를 얻게 되어 그 행동이 점차 없어지는 것을 말한다.

정답

⑤ 수반성
⑥ 상반행동강화
⑦ 포화법

(1) ① 인지
② 행동
③ 논리적

(2) 자기교습훈련

(3) ① 자기 지시
② 자기 점검
③ 자기 강화
④ 행동 계약

⑤ [   ] : 반응과 반응의 결과 간에 확립할 수 있는 특별한 관계나 규칙을 강화나 처벌의 [   ](이)라고 한다. [   ]은/는 어떤 사건(A)이 일어나면 어떤 사건(B)이 야기될 것이라는 것을 진술하는 규칙이다.

⑥ [   ] : 부적응 행동과 상반되는 행동(바람직한 행동)을 강화해 줌으로써 상대적으로 부적응 행동을 감소·제거시키려는 기법이다.

⑦ [   ] : 문제 행동을 충족시켜 줄 수 있는 자극을 정도가 지나치게 제공함으로써, 질려 버리게 만드는 기법이다.

4 인지적 행동수정

(1) 인간의 사고에 대해 대립된 의견을 가졌던 ① [   ] 심리학과 ② [   ] 심리학의 이론을 결합한 행동 교정법이다. 문제 해결을 위해 ③ [   ]인 추론을 강조하여 개인의 문제를 어떻게 합리적으로 만족스럽게 해결할 것인가를 탐색한다.

(2) [   ] : 비합리적 자기언어(스스로의 다짐, 마음속의 독백 등)를 정서적 장애의 근원으로 보고 적응적인 행동방법이나 행동전략을 자기 자신에게 이야기하도록(자기교시) 하게 함으로써 적응적인 행동을 하도록 가르친다.

(3) 자기통제의 기법

① [ ]	불안이나 긴장을 야기하는 상황에 적당하게 '대처하는' 행동을 하기 위해 스스로에게 지시를 하도록 가르친다.
② [ ]	자신의 부적절한 어떤 행동을 그때마다 기록해 두면 그 행동이 점차 줄어든다.
③ [ ]	내담자가 어떤 종류의 강화자극을 얼마만큼 줄 것인가를 결정하는 과정에 참여시키는 것이다.
④ [ ]	치료자와 내담자 간에 무엇을, 어떻게 하겠다는 것에 대해 문서로 약속해 놓는 것이다.

4 인간 중심 상담이론

 정답

1 인간 중심 상담이론의 특징

(1) 인간 중심 상담 이론

① 1940년대에 미국의 심리학자인 칼 로저스(Carl Rogers)의 상담이론에 근거한 접근 방법이다. 상담자가 ⓐ _____ 인 분위기를 조성하여 내담자로 하여금 자기통찰과 수용을 통해서 ⓑ _____ 문제를 해결해 갈 수 있도록 한다.

② 인간관 : 인간은 스스로 자신의 길을 발견하고 성장해 나갈 수 있는 ⓐ _____ 이/가 있다. 따라서 상담자는 내담자가 자신의 문제해결 능력을 ⓑ _____ 되찾고 인간적인 성숙을 기할 수 있도록 도와주는 것이다.

(2) 주요 개념

① _____ : 현재 자신의 모습에 대한 인식과 앞으로 자신이 어떤 존재가 되어야 하고, 어떤 존재가 되기를 원하고 있는지에 대한 인식으로 구성된 자기상이다.

② _____ 경향성 : 자신의 잠재력과 가능성을 실현하려는 유기체의 타고난 경향성이다. 어떤 사람이 현재 좌절을 겪고 있다면 그것은 가능성이나 잠재력이 부족해서가 아니라 자신의 가능성을 발견하지 못하여 제대로 실현하지 못했기 때문이다.

③ _____ 경향성 : 유전적인 특질이 허용한 한도 내에서 최선의 자기가 되게 하는 것을 말한다.

④ _____ : 자신의 잠재력을 인식하여 능력과 자질을 발휘하고 자신에 대한 완벽한 이해와 경험을 풍부히 하는 방향으로 발전해 나가는 사람으로 건강한 인간을 지칭한다.

(3) 심리적 문제의 발생과정

① 긍정적 존중에의 욕구와 _____ : 타인의 평가에 따라 _____ 은/는 긍정적일 수도 있고 부정적일 수도 있다.

② _____ 의 조건 : _____ 이/가 있고 없음을 규정짓는 외적인 조건들을 말한다. 외적으로 규정된 조건에 들어맞을 때 _____ 이/가 있으며, 반대로 부합하지 않을 때 _____ 이/가 없다고 느낀다.

---

(1) ① ⓐ 허용적
　　　ⓑ 스스로
　　② ⓐ 잠재능력
　　　ⓑ 스스로

(2) ① 자기개념
　　② 실현화
　　③ 자아실현
　　④ 완전히 기능하는 사람

(3) ① 자기개념
　　② 가치

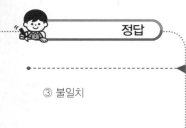

정답

③ 불일치

(1) ① 무조건적 긍정적 존중
② 공감적 이해
③ 일치성(진실성)

(2) ① 적극적 경청
② 반영
③ 명료화

③ 자기와 경험의 [   ] : 외적으로 부여된 가치 조건에 따라 살아가게 되면 자기개념과 경험 간에 [   ] 이/가 생기게 되며, 이러한 [   ] 이/가 많을수록 잠재력을 실현할 수 없고 심리적 문제와 부적응이 커지게 된다.

2 상담과정

(1) 상담자의 역할

① [   ] : 내담자를 한 인간으로 존중하며 그의 감정·사고·행동을 평가하거나 판단하지 않고 있는 그대로 받아들이는 것이다.

② [   ] : 내담자의 입장과 시각에서 내담자의 감정·생각·경험·주관적 세계들을 이해하는 능력, 또는 내담자로 하여금 자신이 깊이 있게 정확히 이해받았다는 느낌이 들 수 있도록 상담자가 이해한 바를 정확하게 전달할 수 있는 능력이다.

③ [   ] : 상담자가 내담자와의 관계에서 순간순간 경험하는 자신의 감정이나 태도를 있는 그대로 솔직하게 표현하는 것이다. 상담자는 자신의 경험이나 감정을 왜곡해서는 안 되며, 또 자신의 전문성에 대해서도 허세를 부리지 말아야 한다.

(2) 상담기법

① [   ] : 상대방이 하는 이야기의 내용을 파악하는 것은 물론, 그의 몸짓, 표정, 음성 등에서 나타나는 미묘한 변화를 알아차리고 저변에 깔려 있는 심층적인 의미와 감정을 감지하며 그 감지한 것을 표현하는 과정을 포함한다.

② [   ] : 내담자의 느낌이나 진술의 정서적인 부분을 상담자가 그 느낌의 원인이 되는 사건, 상황, 사람, 생각과 함께 동일한 의미의 말로 바꾸어 기술하는 것이다.

③ [   ] : 내담자가 사용하는 말의 의미 속에 포함되어 있으나 내담자가 미처 깨닫지 못하고 있는 말의 의미를 분명하게 해 주는 것이다.

인지주의 상담이론

 정답은 빨간색으로 작성해서 빨간시트로 가리고 다시 한번 복습해 보세요!

1 인지 · 정서 · 행동 상담

(1) 인지 · 정서 · 행동 상담의 특징

① 엘리스(Albert Ellis)에 의해 창안된 심리치료법으로, 정서적 · 행동적 장애는 비현실적 · 비적응적인 인지체계(사고체계)의 결과이며, 치료는 이러한 잘못된   을/를 재구성하는 것이라고 간주한다.

② 내담자의 심리적 고통이나 문제는 그의   에서 비롯된 것이므로, 내담자가 가진   을/를 합리적 신념체계로 바꾸게 함으로써 문제를 해결하도록 한다.

③ 인지 · 정서 · 행동치료는 행동 수정 이론에 비해 ⓐ   의 변화뿐 아니라 ⓑ   , ⓒ   까지도 변화시키려는 데 더 강조점을 둔다.

(2) ABCDE모형

①   : 타인과의 싸움 등 개인에게 정서적 혼란을 야기하는 어떤 사건이나 행위를 의미한다. 이러한 사건들은 우리의 기분을 나쁘게 하고 심하면 화를 내거나 자신을 비난하는 상황에 이르게 한다.

②   : 어떤 사건이나 행위 등과 같은 환경적 자극에 대해서 각 개인이 가지게 되는 태도, 또는 그의 신념체계나 사고방식을 가리킨다. 신념체계에는 ⓐ   와/과 ⓑ   이/가 있다.

특성 \ 구분	ⓐ	ⓑ
논리성	논리적으로 모순이 없다.	논리적으로 모순이 많다.
현실성	경험적 현실과 일치한다.	경험적 현실과 일치하지 않는다.
실용성	삶의 목적 달성에 도움이 된다.	삶의 목적 달성에 방해가 된다.
융통성	융통성이 있고, 상대적이다.	절대적, 극단적, 경직되어 있다.
파급 효과	적절한 정서와 적응적 행동에 영향을 준다.	부적절한 정서와 부적응적 행동을 유도한다.

③   : 선행사건을 경험한 후 개인의 신념체계를 통해 사건을 해석함으로써 생기는 정서적 · 행동적 결과를 의미한다.

정답

(1) ① 인지과정
　　② 비합리적 신념체계
　　③ ⓐ 행동
　　　　ⓑ 생각
　　　　ⓒ 정서

(2) ① 선행사건
　　　　(A : Activating Event)
　　② 신념체계
　　　　(B : Belief System)
　　　　ⓐ 합리적 신념
　　　　ⓑ 비합리적 신념
　　③ 정서적 결과
　　　　(C : Consequence)

④ _____ : 자신이 가지고 있는 비합리적인 신념이나 사고에 대해서 도전해 보고 과연 그 생각이 이치에 맞는 것인지를 다시 한번 검토해 보도록 상담자가 논박하는 것을 말한다.

　ⓐ _____ : 단순히 1년에 한 번 있는 시험에 낙방했다고 그를 실패자라고 규정하는 것이 논리적인가?

　ⓑ _____ : 사랑하는 사람이 떠났다고 이 세상을 살아갈 수 없다는 증거가 어디 있는가?

　ⓒ _____ : 직장에서 명예퇴직을 당했다고 자신을 실패자라고 생각하는 것이 당신에게 도움이 되는가?

⑤ _____ : 앞의 과정을 통해 얻게 되는 심리적 효과로, 내담자가 가진 비합리적인 신념을 철저하게 논박함으로써 합리적인 신념으로 대치한 다음에 느끼게 되는 자기 수용적인 태도와 긍정적인 감정의 결과를 말한다.

(3) 행동 수정 기법

① _____ : 상담자의 지도하에 내담자가 새롭게 획득한 합리적 신념과 일치되는 새로운 행동을 연습해 보게 하는 것이다.

② _____ : 상담자는 내담자가 되어 비합리적 생각을 표출하고, 내담자는 상담자 편에서 합리적 생각을 드러냄으로써 논박해 본다.

③ _____ : 내담자가 지니고 있는 비합리적 생각에 대해 타인들의 의견을 조사해 오게 한다.

④ _____ : 어떤 대상이나 상황에 대해 공포를 느끼는 사람에게 그 상황에 억지로 빠지게 함으로써 둔감해지도록 하는 방법이다.

⑤ _____ : 내담자들에게 일부러 미련하고 이상스러운 행동(그러나 자신이나 타인에게 해로워서는 안 되는)을 공공의 장소에서 행해 보도록 해서 타인의 인정을 너무 심각하게 받아들이지 않고, 수치스러운 행동을 하는 자신의 모습을 받아들일 수 있도록 하는 것이다.

⑥ _____ : 예를 들어 실제로 가능하면 많은 여자 친구를 사귀어서 거절의 경험을 통해 거절당하는 상황에 대해서 점차로 익숙해지도록 하는 것이다.

⑦ _____ : 변화를 이루고 싶어 하는 영역에서의 계산된 그리고 고의적인 위험을 무릅쓰도록 압력을 받는 것이다.

2 벡(Beck)의 인지상담 이론

(1) 주요 개념

① _____ : 어떤 사건에 당면하여 자동적으로 떠오르는 생각이다. 자동적으로 내부에서 발생하기 때문에 아무 의심 없이 받아들이게 되며, 이러한 _____ 이/가 부정적인 내용일 경우 심리적 문제로 이어진다.

② _____ : 사람, 사건, 그리고 환경에 관한 기본가정을 말한다. _____ 은/는 긍정적 유형과 부정적 유형으로 구분된다.

(2) _____ : 현실을 제대로 지각하지 못하거나 사실이나 그 의미를 왜곡하여 받아들이는 것을 의미한다.

① _____ : 어떤 결론을 내리기에 충분한 근거가 없는데도 최종적인 결론을 성급하게 내려 버리는 오류이다.

② _____ : 상황이나 사건의 주된 내용은 무시하고 특정한 일부 정보에만 주의를 기울여 전체의 의미를 해석하는 오류이다.

③ _____ : 한두 번의 사건에 근거하여 일반적인 결론을 내리고 그 결론을 무관한 상황에 적용하는 오류이다.

④ _____ : 자신과 관련시킬 근거가 없는 외부 사건에 대해서 무조건 자신이 원인이고 자신이 책임져야 할 것으로 받아들이는 경우이다.

⑤ _____ : 사건의 중요성이나 의미를 지나치게 과장하거나 축소하는 오류이다.

⑥ _____ : 사건의 의미를 이분법적인 범주의 둘 중 하나로 해석하는 오류이다.

⑦ _____ : 부적절한 규정에 의해 자신에 대한 부정확한 감각이나 정체성을 창출하는 것이다.

MEMO

PART 4

부모교육

1 부모교육의 개념 및 목적

정답

1 부모교육의 개념과 필요성

(1) 부모교육의 개념

① 부모에게 양육 지식과 정보를 제공하고 바람직한 〔　　　　　〕을/를 습득하도록 도와줌으로써 부모로서의 자질을 향상시키는 체계적인 교육이다.

② 궁극적으로 부모의 ⓐ〔　　　　　〕을/를 향상시키고 자기실현을 돕는 과정이다. 자신을 사랑하고 자아를 실현하는 부모의 모습이 그대로 자녀에게 ⓑ〔　　　〕이/가 될 수 있다.

(2) 부모교육의 필요성

① 아동 측면

ⓐ 영유아기 및 아동기를 포함하는 생애 초기는 신체, 인지, 언어, 사회성, 정서 등 전반적인 성장과 발달이 이루어지는 〔　　　　　〕시기이기 때문이다.

ⓑ 부모는 아동의 양육과 사회화를 담당하는 주체이다. 따라서 부모를 대상으로 하는 교육을 통해 아동과의 안정애착을 형성하는 데 〔　　　　　　　　〕을/를 수행하도록 지원해야 한다.

ⓒ 아동의 •〔　　　　　〕와/과 •〔　　　　　〕을/를 보장하기 위해 바람직한 부모역할에 대한 교육이 요구된다.

② 부모 측면

ⓐ 자신을 사랑하고 자아를 실현하려고 노력하는 부모가 자녀에게 중요한 〔　　　　〕이/가 되어 지속적으로 긍정적인 영향을 미칠 수 있다.

ⓑ 현대사회에서는 핵가족화와 가족구성원의 감소로, 일상생활에서 관찰학습을 통해 〔　　　　　　〕에 대한 지식과 정보를 간접적으로 습득할 기회가 없다. 따라서 〔　　　　　〕수행에 대한 정서적 긴장을 극복하고 시행착오를 최소화하기 위해 바람직한 〔　　　　　　〕에 대하여 안내받을 수 있는 부모교육이 필요하다.

ⓒ 부모는 자녀교육에 대한 •〔　　　　　〕을/를 가질 수 있고, 자녀와 경험하는 다양한 •〔　　　　　〕에 효과적으로 대처할 수 있게 된다.

③ 교사 측면

ⓐ 부모와 교사 간에 효과적인 〔　　　　　〕을/를 통해 교사는 유아를 위하여 현실적인 목표를 설정하고, 그 목표의 달성을 위해 가족으로부터 적절한 지원을 받을 수 있다.

[정답란]

(1) ① 양육기술
② ⓐ 자아존중감
ⓑ 모델

(2) ① ⓐ 민감한
ⓑ 바람직한 부모역할
ⓒ • 생존권
• 발달권
② ⓐ 모델
ⓑ 부모역할
ⓒ • 자신감
• 문제상황
③ ⓐ 의사소통

ⓑ 부모교육을 통하여 형성될 수 있는 부모와 교사의 긴밀한 유대관계는 교사로 하여금 자부심과 보람을 느끼게 하고 개별 유아의 특정 상황과 맥락을 고려하는 맞춤형 지원과 　　　　　 있는 교육이 가능하다.

④ 사회적 측면

 ⓐ 한 부모 가족, 다문화 가족, 조손 가족 등 다양한 요구를 지닌 가족의 부모들이 　　　　　　을/를 해소하고 건강한 가정생활을 유지하는 데는 도움이 필요하다.

 ⓑ 자녀는 부모에게 일방적 희생을 요구하는 존재라는 등의 출산과 양육에 대한 비합리적인 신념이나 막연한 공포를 감소시키고, 　　　　　 현상의 극복을 위해서 부모교육이 필요하다.

 ⓒ 아동을 　　　　 사회에 적응할 수 있는 인간으로 길러내는 데 국가차원에서의 부모교육이 필요하다. 특히 부모가 부모 세대와는 다른 　　　　 사회를 살아갈 자녀에게 무엇을, 어떻게 준비시켜야 할지에 대한 도움을 제공하는 부모교육이 필요하다.

 ⓓ 사회문제의 　　　　 차원에서 부모교육이 효과적이다. 바람직한 부모역할을 위한 부모교육은 아동기 및 청소년기의 비행이나 범죄를 　　　　 하는 가장 효율적인 방법이 될 수 있다.

② 부모교육의 목적

(1) 아동 측면

 ① 부모교육을 통해 아동은 　　　　　　 발달을 이루며 사회 적응력을 최대화할 수 있다.

 ② 부모교육을 통해 아동은 바람직한 가정환경에서 성장할 수 있으므로 문제 가능성을 사전에 　　　　 할 수 있다.

(2) 부모 측면

 ① 부모교육을 통해 자신의 성숙을 이루고, 이를 바탕으로 자녀와 　　　　　 관계를 맺을 수 있다.

 ② 부모는 자신의 신념에 대해 명료하게 인식하고, 문제가 있을 경우 이를 　　　　 시킬 수 있다.

정답

ⓑ 일관성
④ ⓐ 스트레스
　 ⓑ 저출산
　 ⓒ 미래
　 ⓓ 예방

(1) ① 전인적
　 ② 예방

(2) ① 긍정적인
　 ② 변화

정답

③ 아동발달
④ 특정한 기술

(1) ① 아동관
② 아동관

(2) ① 자기이해
② 아동기 경험

(3) ① 아동발달
② 양육방법
③ 양육행동
ⓐ 부모
ⓑ 자녀
ⓒ 상황

③ 부모는   에 관한 기초지식을 습득할 수 있다.

④ 효율적인 부모역할을 수행할 수 있는   을/를 습득할 수 있다.

③ 부모교육의 주된 내용

(1) 아동관 및 양육 가치관 형성

① 자녀양육에 대한 태도는 부모가 지닌   에 의해 영향을 받는다.

② 부모의   은/는 아동 행동의 원인을 해석하는 방향에도 영향을 미친다.

(2) 부모의 자기이해 및 통찰

① 부모의   : 자녀와의 관계나 양육 과정에서 경험하는 어려움은 부모의 개인적인 문제에서 비롯되는 경우가 많으므로 부모가 자신의 문제점과 한계를 인식하고 바람직한 부모역할을 수행하는 데 장애가 되지 않도록 한다.

② 부모의   : 자신의   이/가 현재 자신이 수행하는 부모역할에 영향을 미칠 수 있음을 부모교육을 통해 이해하고, 만약 부정적인 영향을 미치고 있다면 이를 점검하고 수정하는 기회를 갖도록 한다.

(3) 부모역할 수행에 필요한 지식 제공

①   에 관한 지식 : 부모교육은   의 기본원리에 대한 정확한 지식을 제공하여 부모가 필요한 정보를 선별하고 대중매체 등의 무분별한 정보에 휘둘리지 않도록 도와야 한다.

②   에 관한 지식 : 부모는 자신의 양육태도 및 행동이 자녀에게 어떠한 영향을 미치는가에 대하여 숙지할 필요가 있다.

③   에 영향을 미치는 요인에 관한 지식

ⓐ   요인 : 부모의 연령, 성격, 심리적 · 정서적 문제, 아동기의 경험 등은 양육 행동에 영향을 미친다.

ⓑ   요인 : 자녀의 성별, 출생순위, 기질, 장애 여부, 연령 등은 부모의 양육 행동에 영향을 미친다.

ⓒ   요인 : 부모의 배우자와의 관계, 심리적 지지체계(배우자의 지지나 사회적 지원망), 사회 경제적 지위, 부모의 직장 환경, 사회 문화적 배경(서구의 개인주의와 아시아의 집단 중심적 문화) 등도 부모의 양육행동에 광범위한 영향을 미친다.

(4) 부모의 양육 실제 기술 훈련

　① 자녀에게 따뜻한 　　　　　 보이기 : 자녀에게 무관심하고 거부적인 부모 밑에서
　　 성장한 아동은 불안이나 낮은 사회성과 같은 정서 문제를 보이기 쉬우며 낮은 자
　　 아존중감을 보이고 인지적 발달도 지체될 수 있다.

　② 자녀를 　　　　　 하고 이해하기 : 관찰경험이 없거나 관찰방법에 대한 이해가 없
　　 는 사람의 눈에는 보이지 않는 것들이 있다. 따라서 올바른 관찰방법을 익혀 평소
　　 아동의 행동을 주의 깊게 　　　　　 하는 습관을 갖도록 해야 한다.

　③ 자녀의 감정에 ⓐ 　　　　　 하고 ⓑ 　　　　　 하기 : 자녀가 부정적인 감정을 표
　　 현할 때 수용하기보다 그것을 부적절한 행동으로 여겨 감정을 억제하도록 하거나
　　 꾸짖는다면 부모와 자녀 간의 대화와 소통은 단절된다.

　④ 자녀의 발달을 도모하는 　　　　　 : 부모는 자녀와의 　　　　　
　　 을/를 통해 자녀의 신체발달은 물론 인지, 언어, 사회 · 정서 능력의 발달에 도움을
　　 줄 수 있다.

　⑤ 　　　　　 기술 : 동일한 내용의 메시지라 하더라도 어떻게 전달하느냐
　　 에 따라 상대방이 전혀 다르게 받아들일 수 있다. 효과적인 　　　　　 기
　　 술은 학습과 연습으로 향상될 수 있다.

　⑥ 　　　　　 기술 : 자녀에게 할 수 있는 행동과 할 수 없는 행동을 일관성 있게 알려
　　 줌으로써 사회 구성원으로서의 기본소양을 지도하는 것이다. 그러나 통제나 처벌
　　 을 하는 것보다는 바람직한 행동을 했을 때 그 행동이 강화될 수 있도록 지원하고
　　 지지해 주는 것이 더욱 중요하고 효과적이다.

　⑦ 바람직한 역할 　　　　　 되기 : 부모의 언행이 자녀의 성장에서 바람직한 역할
　　 　　　　　 이/가 되도록 끊임없이 노력해야 한다.

4 영유아 교육기관에서의 부모교육

(1) 부모교육의 효과

　① 영유아교육기관 측면 : 영유아교육기관에서 지향하는 교육관을 부모들에게 이해
　　 시킬 수 있고 가정과 ⓐ 　　　　　 된 교육활동을 실천할 수 있다. 또한 학부모의
　　 적극적 참여를 독려하는 과정에서 학부모의 ⓑ 　　　　　 을/를 교육활동에
　　 이용할 수 있는 기회가 된다.

　② 학부모 측면 : 자녀에게 알맞은 부모교육을 손쉽게 접할 수 있고 부모교육에 대한
　　 ⓐ 　　　　　 및 ⓑ 　　　　　 이/가 수월하다. 또한 개별상담 및 개별 부모교육을
　　 받을 수도 있으며 사후 피드백이 원활하다.

정답

(4) ① 관심
　② 관찰
　③ ⓐ 공감
　　 ⓑ 수용
　④ 상호작용
　⑤ 의사소통
　⑥ 훈육
　⑦ 모델

(1) ① ⓐ 연계
　　 ⓑ 전문성
　② ⓐ 참여
　　 ⓑ 몰입

③ 영유아 측면 : 자신에 대한 부모의 관심 및 애정을 느끼는 기회가 되며 영유아교육 기관 및 교육과정에 대한 부모의 ⓐ _____ 이/가 높아짐에 따라 부모와의 원활한 ⓑ _____ 이/가 가능하다. 또한 교육에 대한 교사와 학부모의 태도 및 훈육방식이 ⓒ ____ 됨으로써 영유아가 겪는 인지적 혼동이 감소되고 교사 및 교육기관에 대해 가지는 ⓓ _____ 이/가 높아진다.

(2) 부모교육 프로그램 유형 분류기준

① 부모교육의 실시방법에 따른 분류

ⓐ _____ 부모교육 : 강연회, 부모면담, 부모회, 부모참여 수업 등이 해당된다.

ⓑ _____ 부모교육 : 등 · 하원 시 부모와 교사와의 상호작용, 전화, 메일 등이 해당된다.

② 부모교육의 내용 및 목적에 따른 분류(피네 M. J. Fine, 1989)

ⓐ _____ : 강연, 집단토의, 관련 서적 읽기, 부모집단 모임 등

ⓑ _____ : 집단토의, 구체적인 개별 혹은 집단 활동, 일기쓰기와 기록, 자기분석 연습

ⓒ _____ : 시범 · 연습 · 피드백, 관련 서적 읽기, 토의

ⓓ _____ : 과제에 대한 피드백, 관찰에 대한 피드백, 토의, 추후 검토 등

③ _____ : 기관에서의 적극적인 부모 개입을 기대하는 부모교육의 광의의 개념으로, 부모와 기관이 동반자적 협력관계라는 의미에 초점을 맞춘 표현이다. 유치원 입장에서는 '가정과의 연계'라는 용어로도 사용한다.

ⓐ 스티븐스와 킹(Stevens & King, 1979)의 부모개입 단계

1단계 • _____ (으)로서의 역할	정보를 받아들이는 청중의 입장에서 최소한의 개입을 하는 것이다.
2단계 • _____ (으)로서의 역할	공식적인 교육 환경 외에 가정 자녀 교사로서의 역할이다. 긍정적인 학습을 위해 교육적으로 지도하는 것이다.
3단계 • _____ (으)로서의 역할	학교 내 공식적 · 비공식적 행사 시 도움을 주는 것이다.
4단계 • _____ (으)로서의 역할	전문적 지식을 가진 부모들이 유아를 교육하는 것이다.

	5단계	프로그램 결정 등 직접적인 참여를 하는 것
•		이다.
	(으)로서의 역할	

ⓑ 앱스테인(J. L. Epstein, 1995)의 부모참여 유형 및 내용

유형	내용
•	학부모의 기본 의무를 다하기 위해 부모가 자녀의 발달을 이해하고 건강하고 안전한 가정환경을 조성할 수 있도록 자녀지원을 위한 가정환경 구성에 도움을 제공한다. 예 부모교육과 훈련, 가족건강 · 영양 등 정보제공, 가정방문 등
•	유아의 건강한 발달과 성장을 위해 학교와 학부모가 상담 등을 통해 효과적인 의사소통에 참여하는 것이다. 예 부모상담, 자녀 작업 전달, 가정통신문, 알림장, 전화, 기관 안내 등
•	다양한 학급 활동에 자원봉사자나 보조자로 참여하는 것이다. 예 기관과 교사를 돕는 지원, 일일교사, 기관행사 지원 등
•	가정에서 교육과정과 관련한 활동과 숙제를 돕는 방법에 대한 정보를 제공하는 것이다. 예 교육과정 관련 정보제공, 숙제 또는 가정에서 해 보는 활동 등
•	학교의 학부모 조직이나 학교운영위원회 등 각종 위원회에 참여하거나 심의 및 의결에 참여하는 것이다. 예 학부모 운영위원회, 기관개선을 위한 건의 모임 등
•	기관 프로그램을 강화하는 지역사회로부터의 서비스를 구체화하고 조직하는 것이다. 예 지역사회 자원에 대한 안내, 지역사회활동과의 연계 등

정답

• 정책결정자
ⓑ • 부모교육
  (부모역할하기)
• 의사소통 하기
• 자원봉사 참여
  (부모지원)
• 가정학습
• 의사결정
• 지역사회와의
  연계 협력

(3) ① 아버지
② 조부모
③ 다양한
④ 가족참여
⑤ 소외감
⑥ 참여율

(3) 부모교육 활성화 방안

① [   ] 참여를 확대하기 위해 [   ] 이/가 참여하기 수월한 시간에 부모교육을 실행하도록 한다.

② [   ] 을/를 대상으로 양육 및 교육에 필요한 지식과 기술을 가르치거나 서로의 정보와 의견을 공유하는 장을 마련하는 등 [   ] 의 부모교육 참여를 확대해야 한다.

③ [   ] 유형과 주제의 부모교육 프로그램을 지속적으로 개발한다.

④ 부모와 자녀, 친지까지 함께 참여하여 상호작용 기술을 습득하고 관계를 공고히 할 수 있는 [   ] 프로그램을 활성화한다.

⑤ 장애 유아 및 재구성 가족, 한 부모 가족 등 다양한 형태의 가족이 [   ] 을/를 느끼지 않도록 이들을 배려하여 실행한다.

⑥ 자녀의 교육활동 및 결과물과 연계한 부모교육을 하여 부모의 [   ] 을/를 높인다.

2 부모교육의 역사

1 20세기 초 부모교육

(1) 19세기

① 칼뱅주의의 영향 : 아동의 본성을 사악하다고 보았기 때문에 엄격한 훈육과 강한 도덕적 훈련을 주장했다. 어머니가 아동 양육에 영향을 미치는 중요한 인물로 여겨졌다.

② 환경론의 영향

ⓐ 존 로크(J. Locke) : 인간은 • [   ] 상태의 정신을 가지고 태어나지만 성장하면서 겪는 • [   ] 에 의하여 인격이 형성된다고 보았다.

ⓑ [   ] : 자녀는 무엇이 옳은지 모르는 존재이므로 신체적 체벌이 아니라 설득과 보상으로 자녀를 복종하도록 해야 한다고 보았다.

(2) 20세기 초 부모교육의 특성

① [   ] 양육법 : 아이들은 저절로 키워지는 것이 아니기 때문에, 자녀를 바르게 기를 수 있는 올바른 방법을 배우기 위해 시간과 노력을 들여야 한다는 개념이 싹텄다.

② 유아기 [   ] 의 중요성 인식 : 유아기 [   ] 은/는 중요하며 출생에서 5세까지의 결정적 시기, [   ] 의 중요성, 가소성과 같은 용어들이 사용되기 시작하였다.

③ 유아원, 유치원 교육기회의 확대 필요성 인식 : 유아기는 [   ] 이/가 높은 시기이므로 이 시기에 교육을 받게 해야 한다는 인식을 갖게 되었다. 이에 따라 1920년대 미국의 유명한 교육 철학자 듀이, 킬패트릭, 홀 등이 유치원 교육내용에 깊이 관여했다.

④ 부모-자녀 관계의 연구와 [   ] 의 강화 : 부모-자녀 관계의 중요성이 인식되었고 [   ] 이/가 강화되었다.

(3) 1910~1920년대

① 왓슨(Watson) : 「아동의 심리적인 보살핌」이라는 저서에서 부모는 자녀의 응석을 받아주지 말고 작은 [   ] (으)로 취급하도록 명시했다. 이러한 왓슨의 양육지침은 미국 및 유럽의 많은 부모들에게 영향을 미쳤다.

정답

(1) ② ⓐ • 백지
　　　　 • 경험
　　 ⓑ 조기발달론

(2) ① 과학적
　　 ② 경험
　　 ③ 가소성
　　 ④ 부모교육

(3) ① 성인

② ⓐ 욕구
  ⓑ 변화
(4) ① ⓐ 행하면서
  ⓑ 정신분석
  ⓒ 성숙
  ⓓ 행동주의
 ② 행동주의

(5) ① 부모교육
 ② 정신분석
 ③ 어머니

(1) ① 부모회
 ② 게젤

(2) ① ⓐ 스푸트니크
  ⓑ 조기교육
 ② 빈곤의 악순환

---

② 프로이트(Freud) : 엄격한 자녀훈육에 이의를 제기하면서 부모가 자녀의 본능적인 ⓐ [   ]을/를 억제하면 심리적 손상을 받는다는 정신분석학의 이론에 의해 많은 부모들이 양육방식과 태도를 ⓑ [   ] 시켜야 할 필요성을 느끼게 되었다.

(4) 1920~1930년대

① 1920년대의 양육이론은 듀이의 ⓐ [   ] 배우기, 프로이트의 ⓑ [   ] 이론, 게젤의 ⓒ [   ] 이론, 왓슨의 ⓓ [   ] 이론들이었다.

② 왓슨의 [   ] 양육이론이 우세한 영향력을 가지면서 부모교육도 [   ] 양육이론을 중요시하게 되었다.

(5) 1930~1950년대

① 1930년대의 세계 경제 불황에 의해 [   ]에 대한 인식이 더욱 확대되었다.

② 행동주의 양육이론이 구체적이기는 하나 모든 상황에 적용되는 것이 아님을 깨달으면서 [   ] 이론이 더 많은 영향을 미치게 되었다.

③ 정서적으로 건전한 아동을 양육하는 것이 중요하다고 여겨졌고 [   ]의 역할은 아동의 자연적, 자발적인 흥미와 욕구가 잘 계발되도록 돕는 것임이 강조되었다.

2 20세기 후반의 부모교육의 변화

(1) 1950~1960년대

① 부모를 교육 기능의 조력자, 후원자로 보게 되었고 [   ]이/가 증가되었다.

② 정신의학, [   ]의 영향으로 애정적 양육방식, 아동의 자율성, 사회·정서적 발달, 개별성, 아동의 발달속도에 맞는 교육 등이 강조되었다.

(2) 1960~1970년대

① 1957년 구소련의 ⓐ [   ]의 영향으로 부모교육이 확대되었고 아동의 준비도를 기다리는 것보다는 인지 관련 ⓑ [   ]에 대한 요구가 대두되었다.

② 1964년 빈곤퇴치전쟁의 선포와 함께 [   ]을/를 끊는 방법으로 하류계층의 부모도 부모교육의 대상으로 혜택을 받게 되었다. 예 헤드 스타트 등

③ 1960년대 이후 부모교육에 영향을 준 연구들

ⓐ 헌트(Hunt) : 지능은 출생 시부터 고정되어 있는 것이 아니라 _____ 에 의해 변화 · 발달된다는 개념을 발표했다.

ⓑ 브루너(Bruner) : 어떤 전문 분야의 지식이라도 학습자의 _____ 에 맞게 제시된다면 어떤 연령의 아동이라도 배울 수 있다는 이론을 발표했다.

ⓒ 블룸(B. S. Bloom) : 유아기는 인간의 발달에 중요한 시기이며 이 시기의 • _____ 및 • _____ 은/는 대단히 중요한 역할을 담당한다는 이론을 발표했다.

ⓓ 브론펜브레너(U. Bronfenbrenner): _____ (이)야말로 아동의 발달을 돕고 유지할 수 있는 가장 효과적이고 경제적인 제도라 주장했다.

(3) 1980년대 이후

① 문제 ⓐ _____ 와/과 가족의 안녕에 초점을 둔 프로그램이 개발되었고 예비 부모교육 프로그램이 활성화되었으며, 다양한 ⓑ _____ 을/를 가진 부모를 위한 프로그램에도 관심을 기울이게 되었다.

② ⓐ _____ 운영위원회의 설립과 운영이 제도화되고 ⓑ _____ 참여 프로그램이 증가했다.

3 우리나라의 부모교육

(1) 전통사회의 부모교육

① _____ : 부모가 자녀에게 말로만 가르치고 지시하기보다는 부모 자신이 먼저 본보기가 되고자 노력하는 것을 강조한 원리이다.

② ____ 중시 : ____ 사상은 유교와 유학이 도입되면서 우리나라 전통사회 부모교육의 주요 내용이 되었다.

③ _____ 중시 : 태몽 이야기는 자성예언이 되어 개인의 발달에 긍정적인 영향을 주었다. _____ (이)나 태몽문화는 잉태하는 순간부터 자녀를 하나의 생명체로 존중하였던 우리나라의 자녀양육 문화를 반영해 주는 것이라고 할 수 있다.

④ _____ : 부모의 조화롭고 이상적인 역할 담당을 강조하는 것으로, 부모는 자녀 인격의 기본 틀을 형성하는 데 중요한 역할을 한다고 보았다.

⑤ _____ 의 부모교육 : 아동을 하나의 인격체로 존중하여 아동의 발달 단계에 따른 적절한 교육방법을 제안하였다.

③ ⓐ 환경
　 ⓑ 발달수준
　 ⓒ • 부모
　　 • 가정환경
　 ⓓ 가정

(3) ① ⓐ 예방
　　 ⓑ 문화적 배경
　 ② ⓐ 학부모
　　 ⓑ 아버지

(1) ① 지행합일
　 ② 효
　 ③ 태교
　 ④ 엄부자모
　 ⑤ 아동존중

(2) 20세기와 21세기의 부모교육

① 1914년 미국 선교사 브라운리(Brownlee)는 이화정동유치원을 설립하여 본격적인 [   ]을/를 시작하였고, 1920년대 일제 강점기에는 소수의 양반계층과 일본인 자녀를 대상으로 실시되었다.

② 1960년대부터 아동에 대한 관심이 커지게 되었고, 1980년대에 '영유아교육진흥법'이 제정되어 영유아교육기관에서의 부모교육 프로그램이 본격적으로 실시되기 시작했다. 또한 브론펜브레너의 [   ] 관점이 관심을 받으면서 부모교육에도 적용되었다.

③ 21세기에 요구되는 부모교육 : 개방성, 창의성, 사회성, 수요자 중심의 부모교육이 필요하다. 특히 저소득층 부모, 한 부모, 장애아동 가족 등 [   ] 부모를 위한 교육이 세심하게 이루어질 필요가 있다.

4 자녀양육 태도에 영향을 준 이론들

(1) 게젤(1880~1961)의 [   ] 이론 : 인간발달을 예정된 전개로 보고, 아동의 [   ]은/는 발달단계에 따라 예정된 대로 나타난다고 주장했다.

(2) 프로이트(1856~1939)의 [   ] 이론 : 인성은 유아기의 여러 ① [   ]에 의해 결정된다고 주장하면서 유아기의 ① [   ], 특히 부모와의 ② [   ]의 중요성을 강조했다.

(3) 아들러(1870~1937)의 [   ] 이론

① 프로이트는 인간 행동을 성적 충동이 근원이 되어 일어난다고 보는 반면, 아들러는 [   ] 충동이 동기가 되어 일어난다고 보았다.

② 아들러의 [   ] 이론

ⓐ [   ] : 인간은 현실적으로는 존재하지 않는 허구적 아이디어에 의해 살아간다.

ⓑ [   ] : 인간은 자기를 완전히 완성하려는 노력을 한다.

ⓒ [   ] : 이 세상에 열등감을 느끼지 않는 사람은 없다고 보았으며, 인간은 일생동안 열등감을 극복하기 위해 노력한다.

ⓓ [   ] : 완전한 사회를 건설하고자 하는 의도 및 사회 그 자체를 돕는 개인의 태도이다. [   ](으)로 인간은 자신의 약점을 보완한다.

ⓔ _____ : 인간은 우월성을 취하려는 궁극적 목적을 가졌지만 개인에 따라 지적 열등요소 또는 신체적 열등요소 등 각각 다른 열등감을 갖고 태어나기 때문에 이를 극복하기 위해 각각 다른 _____ 을/를 선택하게 된다. 따라서 _____ (이)란 한 개인이 특정한 열등감을 보상하려고 노력한 결과 획득한 인성적 특성이다.

ⓕ _____ : 개인에게 작용하는 자극과 그 자극을 받아들여 반응하는 사람들 사이를 중재하는 심리적 힘이다.

③ 부모교육의 관점 : ⓐ _____, ⓑ _____, ⓒ _____ 의 세 요인은 유아들이 세상에 대해 잘못된 개념을 갖게 만들기 때문에 병적인 생활양식을 발생시킨다고 보았다.

ⓐ _____ : 유아양육에 대한 아들러의 주된 관심은 열등한 요소들을 가진 유아들, 버릇 나쁜 유아들, 소홀히 키워지는 유아들에 대한 것이었다. 만일 이런 유아들이 이해심 있고 격려를 해 주는 어른이나 교사를 만나면 자신의 열등감을 보상해서 장점으로 바꿀 수 있다고 주장했다.

ⓑ _____ : 자녀의 응석을 받아주면 사회가 자신의 소망을 채워 주기를 기대하는 사람이 되므로 장래 사회의 가장 위험한 존재로 키우는 것이 된다고 하였다.

ⓒ _____ : 부모에 의해 소홀하게 다루어진 유아들은 장차 사회의 적이 된다고 보았다.

(4) 왓슨(1878~1958)의 _____ : 의식이나 정신생활을 비과학이라고 단정하고, 심리학은 관찰과 측정 가능한 행동만을 다루어야 한다고 주장했다.

3 아동 발달 단계에 따른 부모의 역할

1 부모의 주 양육 기능

(1) [   ] : 자녀가 자신의 삶을 통제하는 수단을 제공하고, 그것을 바탕으로 아동의 성격이 형성되고 표현되게 하는 것을 목표로 하는 육아행동이다.

(2) [   ] : 아동의 건강한 성장과 복지를 위한 것이다. ① [   ] 보호와 ② [   ] 보호가 긍정적이며 일관성 있게 주어질 경우 아동은 건강하게 성장 · 발달할 수 있다.

　① [   ] 보호 : 부모에게 보이는 아동의 행동적 · 언어적 요구를 알아차리고 이해하고 반응해 주는 것이다.

　② [   ] 보호 : 자녀가 성장하면서 부모에게서 필요로 하는 보호나 관심을 스스로 결정하도록 하는 것이다.

2 아동 발달 단계에 따른 부모의 역할

(1) 영아기의 특성과 부모의 역할

　① 기질(체스와 토마스 Chess & Thomas, 1977)

　　ⓐ [   ] 기질 : 수면시간과 식사시간이 일정하지 않고 수면량과 식사량도 불규칙하며, 정서적으로 부정적이거나 정서표현이 격렬하고 자신이 원하는 상태가 될 때까지 끊임없이 요구한다.

　　ⓑ [   ] 기질 : 환경에 대한 반응 수준이 낮고 활동성이 떨어진다. 성격은 ⓐ [   ] 기질의 아동과 유사하나, 부정적인 반응양식이 다소 부드럽다는 차이가 있다.

　　ⓒ [   ] 기질 : 주의집중을 잘 하고 정서를 잘 조절하며 부모와 공동 주의집중을 더 많이 한다.

(2) 부모의 발달적 역할(갈린스키 Galinsky, 1987)

　① 제1단계 [   ] 단계 : 임신기간 동안 자신의 신체, 심리 변화에 적응하며 부모기를 준비하는 시기이다.

　② 제2단계 [   ] 단계 : 자녀의 출생에서 생후 2년까지의 시기로, 가족 관계의 재정립이 필요한 시기이다.

　③ 제3단계 [   ] 단계 : 만 2세에서 4~5세에 해당되는 시기로, 완벽한 부모에 대한 이미지를 재평가하면서 부모의 권위가 무엇이며 왜 필요한지 등에 대한 기준을 결정해야 한다.

④ 제4단계   단계 : 만 5세경부터 12~13세까지인 초등학생에 해당되는 시기로, 이 시기의 부모의 주요 과업은 자녀에게 세상을   해 주는 것이다.

⑤ 제5단계   단계 : 자녀가 청소년기에 들어서는 시기로, 자녀의 기존 이미지를 버리고 새로운 권위관계를 정립하고 이에 적응해야 한다.

⑥ 제6단계   단계 : 이 시기의 주요 과업은 자녀의 독립에 대해 준비하는 것이다.

정답

④ 설명
⑤ 상호의존
⑥ 떠나보내는

3 부모의 양육 행동 유형과 아동의 특성

(1) 쉐퍼(Schaefer, 1959)의 양육 행동

① 양육 행동의 질적 차원

ⓐ   : 칭찬, 애정표현, 요구에 민감한 반응 등이다.

ⓑ   : 애정과 상반되는 행동이 포함된다.

ⓒ   : 허용적인 태도를 말한다.

ⓓ   : 자유를 얼마나 제한하는가, 또는 부모가 자녀에게 성숙한 행동을 얼마나 많이 요구하는가이다.

② 양육 행동 유형

ⓐ   태도 : 애정적인 태도로 자녀에게 책임이 따르는 자유를 제공하며 자녀로 하여금 행위의 결과를 인식하고 관심을 가지게 하는 것이다. 자녀는 부모를 신뢰하며 다른 사람을 사랑할 줄 알고 자신의 감정을 자유롭게 표현하며 우호적인 대인관계를 형성할 수 있다.

ⓑ   태도 : 애정은 있으나 자녀의 행동을 통제하려는 태도로, 애정을 가지고 있으면서 동시에 자녀의 행동에 간섭과 통제를 보이는 태도를 말한다. 특히 인지발달에 집착하여 자녀의 학습 성취 여부에 따라 애정수준과 통제수준을 조율한다. 자녀는 의존적이며 자신감이 없고 다른 사람에 대해 적대감정을 품는 경향이 높아진다.

ⓒ   태도 : 애정이 없는 상태로 자녀를 있는 그대로 수용하지 못하고 양육을 귀찮게 생각하면서 무관심, 방임, 태만, 냉담적 태도로 자녀를 대한다. 자녀는 정서적으로 불안하고 미성숙한 행동을 보이고, 자신의 행동을 적절히 통제하지 못해 반사회적인 행동을 할 가능성이 높다.

(1) ① ⓐ 애정
       ⓑ 거부
       ⓒ 자율
       ⓓ 통제
  ② ⓐ 애정-자율적
       ⓑ 애정-통제적
       ⓒ 거부-자율적

ⓓ   태도 : 자녀를 따뜻하게 대하지 않으며 잘못된 행동에 대해 쉽게 처벌하고 심리적인 억압을 가하기도 하면서 권위적, 독재적, 거부적인 반응으로 상호작용한다. 자녀는 내적·외적·성적(性的) 부적응 행동 같은 정신병적 증상을 일으킬 수 있으며, 후일 자신의 자녀를 학대하는 결과를 가져올 가능성이 높다.

(2) 바움린드(Baumrind, 1967)의 양육 행동

① 양육 태도의 질적 차원

ⓐ   부모 : 자녀가 긍정적 자질을 가졌다고 생각하며, 자녀와 함께 있는 것에 즐거움을 느낀다.

ⓑ   부모 : 자녀를 좋아하지 않으며 무시하거나 체벌을 가한다.

ⓒ   부모 : 자녀에게 규칙을 부과하지 않으며 비교적 요구도 적다.

ⓓ   부모 : 자녀에게 많은 규칙을 부과하며 자녀가 지켜야 할 행동의 기준을 명백히 설정하지만 이러한 기준이 반드시 지나치거나 처벌적인 것은 아니다.

② 부모의 자녀 양육 행동과 아동의 특성

유형		부모의 양육 행동	자녀의 특성
ⓐ 양육		• 엄격한 통제, 처벌적 • 애정이나 지지가 없음.	• 불안하고 주도권을 갖지 못함. • 대화기술이 부족 • 공격적 행동을 하거나 지나치게 복종적, 순종적 행동을 함.
ⓑ 양육	ⓒ 양육	• 절제되지 않은 충동과 욕구 표현을 수용 • 자녀의 모든 요구를 다 들어줌. • 때로는 극단적으로 벌을 주거나 분노 폭발로 죄책감을 느낌.	• 반항적·불순종적 • 과제 수행 시 끈기 부족 • 목적이 없고 소극적 활동, 낮은 성취지향
	ⓓ 양육	• 칭찬도 벌도 주지 않고 비난만 함. • 자녀가 고의로 나쁜 행동을 했다고 생각함. • 자신의 기분에 따라 일관성 없게 자녀를 대함.	• 부모와 애착관계를 형성하지 못함. • 약속을 가볍게 여김.

정답

ⓓ 거부-통제적

(2) ① ⓐ 애정(수용)적
　　　ⓑ 거부적
　　　ⓒ 허용적
　　　ⓓ 통제적
　　② ⓐ 권위주의적
　　　ⓑ 허용적
　　　ⓒ 방종적
　　　ⓓ 방임적

ⓔ _____ 양육	• 엄격한 규칙을 세우고 옳지 않은 행동에 대해 불쾌한 감정을 분명히 표현 • 개방적인 의사소통 • 자녀의 잘못을 벌할 때도 자녀의 잠재력을 인정	• 나누어 갖기, 타인에 대한 높은 이해 • 협동 등의 친사회적 행동

ⓔ 권위있는
③ ⓐ 허용적
ⓑ 권위있는(민주적)
ⓒ 무관심한
ⓓ 권위주의적

③ 바움린드(D. Baumrind), 맥코비와 마틴(E. Maccoby & A. Martin) : 부모 양육 유형

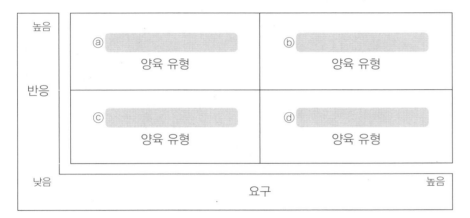

ⓐ _____ 양육 유형 : 애정은 많으나 아동의 연령에 적절한 요구나 통제, 그리고 대화가 적은 유형이다.

ⓑ _____ 양육 유형 : 통제할 것은 하면서 동시에 아이에게 애정 어린 양육을 하는 유형이다. 가정에서 아동이 지켜야 할 규칙을 명확하게 제시함과 동시에 아동의 개인적인 욕구에도 잘 반응한다.

ⓒ _____ 양육 유형 : 자녀의 욕구에 반응도 적고 적절한 통제도 하지 않는 유형으로 4가지 양육 태도 중 가장 나쁜 결과를 나타낸다.

ⓓ _____ 양육 유형 : 자녀에게 요구가 많고 통제를 많이 하는 반면 자녀의 욕구에 대한 반응은 적은 유형이다.

(3) 번스타인(Bernstein)의 언어통제 유형

① 언어적 상호작용의 방법

ⓐ _____ 어법 : 문장의 형태가 짧고 단순하며 언급하려는 주제를 문장 안에서 명백히 표현하지 못하고 논리적이기보다는 감정적인 표현에 의존하는 경우가 많다.

ⓑ _____ 어법 : 광범위한 구문에서 언어를 선택하며 정확한 문법적 어순과 구문을 사용하는 어법이다.

(3) ① ⓐ 제한된
ⓑ 정교한

② 가족의 유형

　ⓐ 　　　　　　　　　 가족 : 연령, 성, 세대 등 지위에 따라 역할과 책임 영역이 엄격히 구분되어 있는 가족으로 자녀에게 부여되는 역할의 선택범위가 매우 제한적이며 '제한된 어법'을 사용한다.

　ⓑ 　　　　　　　　　 가족 : 가족구성원의 특성이나 상황에 따른 다양성을 허용하면서 융통성 있는 관계를 가지는 가족으로 아동의 관점, 특성, 의도를 중요시하는 '정교한 어법'을 사용하여 부모와 자녀가 긴밀한 상호의존적 관계를 형성하기 쉽다.

③ 어머니의 언어 표현 유형(자녀에게 얼마만큼의 역할재량권을 주는가)

　ⓐ 　　　　　　　　 언어통제 유형 : 제한된 어법을 사용하며, 부모의 지시에 대한 복종만 허용하고 자녀의 행동을 체벌이나 위협 등으로 관리하려 한다.

　ⓑ 　　　　　　　　 언어통제 유형 : 사회의 보편적 지위에 따라 자녀의 행동을 통제하고자 한다. 여기에서 행동통제의 기준은 부모나 아동의 심리적 특성이 아니라 가족, 사회의 규범이나 자녀의 지위 규범이다.

　ⓒ 　　　　　　　　 언어통제 유형 : 개인의 동기, 의도, 성향 등의 심리적 특성을 고려하여 자녀의 행동을 통제하는 것으로, 부모는 자녀에게 재량권을 주어 행동을 선택하게 하고 자녀가 부모의 명령에 의문을 제기할 경우 적절한 설명을 해 준다.

(4) ① 　　　　　 와/과 ② 　　　　

비교항목	①	②
통제방법	외적 통제	내적 통제
제공시기	성공 시	성공 및 실패 시
제공기준	절대적 기준 존재	노력과 향상
평가	외적 평가	내적 평가

4 현대사회의 부모의 역할

 정답은 빨간색으로 작성해서 빨간시트로
가리고 다시 한번 복습해 보세요!

1 맞벌이 가족과 한 부모 가족의 부모역할

(1) 　　　　　　 가족 : 자녀의 연령이 어린 경우 양육자 부재, 자녀 양육의 역할 분담
등의 문제가 발생한다. 취업모는 자녀를 충분히 돌보지 못한다는 사실에 대하여 미안
해하고 죄책감이나 불안감을 느끼게 되어 지배적이면서도 관대한 ①　　　　　　
특성을 보이는 경향이 있다.

(2) 　　　　　 가족 : 만 18세 미만의 미성년 자녀를 둔 가정에서 부모 중 한쪽이 사
망이나 이혼, 별거, 유기, 미혼모 등의 이유로 혼자서 자녀를 키우는 한 부모와 자녀
로 구성된 가족을 의미한다. 한 부모가 두 부모의 역할을 수행해야 한다는 점에서
①　　　　　　　　　　 의 문제가 있다. 또한, 사회적 관계망이 축소되고 정서적
고립으로 인한 불안과 우울감 같은 정신건강상의 문제를 초래할 수도 있다.

2 조손 가족과 다문화 가족의 부모역할

(1) 　　　　 가족 : 부모가 부재하거나 부모가 존재하더라도 부모의 기능을 수행하지 못
하는 경우, 조부모가 만 18세 이하의 손자녀와 동거하면서 일차적 책임을 지는 가족
을 의미한다. 　　　　 가족 대부분이 한 조부모 형태를 띠기 때문에 그 어려움은 더
욱 가중된다.

(2) 　　　　　　 가족 : 부부 중 한 사람이 외국 출신으로 국제결혼에 의하여 가족관계
가 형성된 가족형태이며, 가족 내에 다양한 문화가 공존하고 있다는 의미를 내포한다.

정답

(1) 맞벌이
 ① 이중적

(2) 한 부모
 ① 역할 과부하

(1) 조손

(2) 다문화

5 부모교육 이론 및 프로그램

(1) 민주적 부모교육
　① 아들러
　② 생활양식
　③ 평등성

(2) ① ⓐ 상호존중
　　ⓑ 평등
　　ⓒ 질서 있는 자유
　② ⓐ 소속
　　ⓑ 계획

(3) ① 평등

1 드라이커스의 민주적 부모교육 이론

(1) ＿＿＿＿＿＿＿＿＿＿＿＿＿ 이론의 이론적 배경

① 드라이커스(Dreikurs, 1897~1972)는 1930년대 초에 ＿＿＿＿＿＿＿의 개인심리학을 부모교육에 적용함으로써 부모들에게 민주적 양육의 원칙을 소개하려고 노력하였다.

② ＿＿＿＿＿＿＿＿ : 아들러(Adler)는 유아가 사회화 과정을 통해 인성, 태도, 신념, 능력 등을 포함하는 ＿＿＿＿＿＿＿＿＿ 을/를 형성하며, 이것은 부모의 양육태도에서 많은 영향을 받는다고 주장했다.

③ 드라이커스는 인간관계에서 ＿＿＿＿＿＿＿ 을/를 강조하고 어떤 상황에서도 적용 가능한 민주적인 갈등 해결 방법을 제안했다.

(2) 민주적 부모교육 이론의 기본가정

① 민주적인 자녀 양육태도

ⓐ ＿＿＿＿＿＿＿＿＿ : 민주적 상황의 기본 요소인 ＿＿＿＿＿＿＿＿＿＿＿ 와/과 동등한 대우라는 개념을 바탕으로 하는 양육태도이다. 이러한 태도 하에서는 상벌을 이용한 어른들의 훈육은 더 이상 효과가 없다.

ⓑ ＿＿＿＿＿ : 동등한 관계라는 개념을 허용(permission)이라는 개념으로 잘못 해석해서는 안 된다. 여기서 말하는 허용이란 민주주의를 나타내는 것이 아니라 무질서를 나타낸다.

ⓒ ＿＿＿＿＿＿＿＿＿＿＿ : 독재란 자유 없는 질서를 뜻하며 무질서, 무정부는 질서 없는 자유이다. 민주주의는 ＿＿＿＿＿＿＿＿＿＿＿＿＿ 을/를 뜻하는 것으로서 아동은 민주적으로 키워야 한다.

② 기본 가정 : 인간의 기본욕구 중 하나는 사회집단에 ⓐ＿＿＿＿＿ 되고자 하는 것이다. 또한, 인간은 자신의 행동을 결정할 때 비록 잘못된 가정에 의해 행동이 결정되었더라도 그 결정에 따라 생의 ⓑ＿＿＿＿＿ 을/를 세운다.

(3) 민주적 부모교육 이론의 목표

① 부모-자녀 간 ＿＿＿＿＿ 한 관계 수립 : 부모는 자녀를 한 사람의 인격체로 존중하는 민주적인 양육태도를 지니며, 자녀 스스로 자신의 일을 결정하고 책임질 수 있는 기회를 제공해야 한다.

② 자녀의 ⬜⬜⬜ 이해 : 부모는 자녀가 잘못된 행동목표를 설정하고 바람직하지 못한 생활양식을 형성하지 않도록 세심한 배려를 해야 하며 자녀가 스스로 자신의 목표를 인식하고 바람직한 방식으로 달성하도록 도와주어야 한다.

③ 사회적 능력 함양에 도움 : 집단에 대한 ⬜⬜⬜⬜ 을/를 느끼지 못하는 경우, 아동은 ⬜⬜⬜⬜ 을/를 얻기 위해 잘못된 행동목표를 설정하게 된다. 따라서 부모는 아동에게 안정된 ⬜⬜⬜⬜ 을/를 제공해 주는 것과 동시에 자녀가 설정하는 잘못된 행동목표를 인식하고 수정하도록 도와주어야 한다.

(4) 잘못된 목표와 행동전략의 배경

① 생활양식 및 심리적 목표 : 유아는 부모에게 상대적 ⓐ ⬜⬜⬜⬜ 을/를 느끼며, 스스로에게 기본적으로 부정적 개념을 지니고 있다. 따라서 이러한 ⓐ ⬜⬜⬜⬜ 을/를 보상하기 위해 ⓑ ⬜⬜⬜⬜ 을/를 세우게 되고 이것을 달성하기 위한 특정행동이 반복되어 ⓒ ⬜⬜⬜⬜ 이/가 된다.

② 잘못된 목표 및 행동 전략 : 아동은 ⓐ ⬜⬜⬜⬜ 받거나 ⓑ ⬜⬜⬜⬜ 을/를 얻기 위해서 여러 가지 행동을 하는데, 좋은 방법으로 ⓐ ⬜⬜⬜⬜ 받지 못할 때 잘못된 행동을 하게 된다. 부모가 효과적으로 부모역할을 수행하고 자녀와 긍정적인 관계를 맺기 위해서는 자녀가 세운 직접적 목표를 알아야 한다.

(5) 아동의 잘못된 가상의 목표 및 행동전략

① ⬜⬜⬜⬜⬜ : 아동이 바람직한 방법으로 가족 구성원의 관심을 얻을 수 없다고 생각하게 되면, 바람직하지 않은 파괴적인 방법으로 관심을 얻으려고 한다. 아동의 행동을 수정하기 위해서 부모는 잘못된 행동은 ⓐ ⬜⬜⬜ 하고 긍정적인 행동에만 ⓑ ⬜⬜⬜ 을/를 보여야 한다. 또한, 자녀가 잘못된 행동목표를 설정하기 전에 미리 관심을 보이는 것도 바람직하다.

② ⬜⬜⬜⬜⬜ : 아동은 신체적으로 작고 많은 것을 혼자서 할 수 없다는 것을 인식하게 되면 수치심과 열등감을 갖는다. 자신이 스스로 많은 것을 할 수 있으나 할 수 있는 것을 부모가 하지 못하게 한다고 생각하면, 하고 싶은 것을 해야만 가정에서 확고한 위치를 차지할 수 있다고 생각하여 자신의 힘과 능력을 시험해 보고 싶어 한다.

정답

② 목표
③ 소속감

(4) ① ⓐ 열등감
　　 ⓑ 가상목표
　　 ⓒ 생활양식
② ⓐ 인정
　 ⓑ 소속감

(5) ① 관심끌기
　　 ⓐ 무시
　　 ⓑ 관심
② 힘 행사하기

③ 앙갚음하기(보복하기)
④ 무능함 보이기(부적절성 나타내기)

③ _____ : 소속감을 얻지 못한 아동은 자신이 상처받은 만큼 다른 사람도 상처받아야 한다고 생각한다. 따라서, 부모는 자녀에게 선의와 관심을 보여 주고 침착하게 대화함으로써 긍정적인 부모-자녀 관계로 개선되도록 노력해야 한다.

④ _____ : 이상의 세 가지 방법을 모두 사용해도 소속감을 얻지 못할 경우 자신에 대해 상당히 실망하고 희망을 포기하는 무능함의 단계로 넘어간다. 부모는 자녀를 비난해서는 안 되고 아동의 특기나 장점에 관심을 집중시키고 개선 노력이 조금이라도 보이면 격려해 주는 태도가 필요하다.

(6) ① 자연적 귀결
② 논리적 귀결

(6) 자녀 행동 통제의 방법

① _____ : 아동이 일상적인 상황에서 자신의 행동에 대한 자연적 결과를 경험하게 되는 것이다.

② _____ : 아동의 행동과 관계되는 결과를 성인이나 부모들이 아동과 합의하여 정하는 방법이다.

(7) ① 논리적 귀결
ⓐ 현재와 미래
② 처벌
ⓐ 과거

(7) ① _____ 와/과 ② _____ 의 차이

① _____	② _____
문제 행동과 논리적 관계	문제 행동과 무관
일반적 사회질서	강한 자의 힘 과시
ⓐ _____ 의 행동에 중점	ⓐ _____ 행동에 초점
선택 허용	복종 요구
도덕적 판단 배제	도덕적 판단

(8) ① 인식반응
② 가족회의
③ 격려

(8) 기타 여러 가지 전략

① _____ : 유아가 자신이 택한 잘못된 행동 목표를 깨달았다는 뜻을 나타내는 미소나 눈빛을 말하며, 문제가 심각하지 않을 때는 이것만으로도 문제를 해결할 수 있다.

② _____ : 매주 모임은 부모와 유아에게 모든 종류의 가족 문제를 말할 수 있는 기회를 주며 불평이나 다양한 해결방법의 제시, 투표를 할 수도 있다.

③ _____ : 상황이나 결과와 무관하게 성취 및 긍정적인 측면을 강조함으로써 궁극적으로 자녀가 이를 극복할 수 있음을 믿게 하는 것이다. 개인이 통제할 수 없는 요인의 영향을 최소화하고 통제할 수 있는 요인을 최대한 이용하도록 돕는 것이다.

2 기노트의 인본주의 부모교육 이론

(1) 부모-자녀 관계에 대한 견해

　① 기노트(H. Ginott)는 양육의 주목적은 자녀가 시간이 흐름에 따라 보다 효과적으로
　　　　　　　　하도록 교육시키는 것이라고 하였다.

　② 효과적인 부모역할을 위하여 부모는 자신과 자신의 느낌에 대해 잘 알아야 하며
　　ⓐ 　　　　　　　　이/가 있어야 한다. 이러한 태도를 갖는 부모는 보다 성숙
　　한 ⓑ 　　　　　이/가 될 수 있고, 자녀에게 관심을 갖고 지도할 수 있게 되어, 자
　　녀의 정서 · 인지 · 사회성 발달을 도울 수 있다.

(2) 자녀 양육 원리

　① 성의 있는 　　　　　하기

　　ⓐ 질문 속에 숨은 마음 찾아 읽기 : 　　　　　　　　　　　의 방법으로 자녀가
　　　말하고자 하는 것을 파악할 수 있다.

　　ⓑ 자녀의 행동이 아니라 감정에 대응하기 : 부모의 　　　　　　　만큼 아동의
　　　　　　　　　　도 존중하여야 하며 충고나 지시를 할 때에는 자녀의 말 속에
　　　있는 감정을 충분히 이해한 후에 말하면 자녀의 마음을 풀어 주는 대화를 할
　　　수 있다.

　　ⓒ 　　　　　　　　　　을/를 이해하고 이에 대응하기 : 자녀가 어떤 사건에
　　　대해서 이야기하면 그것이 암시하는 것, 자녀가 느끼는 감정과 함께 그 감정이
　　　뜻하는 의미를 모두 이해하고 공감한다는 것을 보여 주어야 한다.

　　ⓓ 　　　　　　　　　인정하기 : 자녀는 자신에게 영향을 끼치는 사람에게
　　　동전의 양면처럼 서로 다른 감정을 동시에 느낄 수가 있다. 이런 감정은 정상적
　　　인 감정이라는 것을 알게 해 주어 감정에 대한 걱정이나 불안, 죄의식과 같은
　　　혼란을 없애 주어야 한다.

　② 자녀를 　　　　　하고 이끌어 주기

　　ⓐ 　　　　　와/과 비난하기 : 무조건적인 칭찬보다는 자녀는 부모가 현재 모습
　　　그대로 자신을 봐 줄 때 자신감과 안정감을 갖는다.

　　ⓑ 　　　　　다스리기 : 인간의 감정인 분노와 화 인정하기, 부모도 분노와 화를
　　　표현할 수 있다는 것 인정하기, 분노의 상황에서 해결책 제시하기

　　ⓒ 행동의 　　　　　설정하기 : 완전히 허락되는 행동, 특별히 예외로 허락되는
　　　행동, 무조건 중단해야 하는 행동

(1) ① 적응
　　② ⓐ 자아확신
　　　　ⓑ 모델

(2) ① 대화
　　　　ⓐ 적극적 경청
　　　　ⓑ 자존심
　　　　ⓒ 자녀의 감정
　　　　ⓓ 상반된 감정
　　② 격려
　　　　ⓐ 칭찬
　　　　ⓑ 분노
　　　　ⓒ 한계

@ 책임감
@ 독립심

(3) ① 인정
② 한계
③ 성취
④ 표현

(4) ① 경험과 불평 늘어놓기
② 감수성 높이기
③ 개념 형성
④ 기술 습득

(1) ① 부모
② 방법
③ 대화
④ ⓐ 자녀 양육 방법

@ [   ] 와/과 @ [   ] : 부모와 자녀는 일상생활에서 각자 책임져야 하는 부분을 정해 자녀가 스스로 선택할 기회를 주어 @ [   ] 와/과 @ [   ] 을/를 갖도록 한다.

(3) 자녀의 행동을 통제하고 한계를 정하는 효과적인 4단계

① 자녀가 원하는 바를 [   ] 하고 간단하게 반복하여 말해 준다.

② 특별한 행동에 대한 [   ] 을/를 명확하게 표현한다.

③ 부모는 소원이 최소한 일부분이라도 [   ] 될 수 있는 방법을 가르쳐 준다.

④ 제한을 받은 자녀는 화를 낼 수 있다. 부모는 그런 분노를 어느 정도 [   ] 하도록 도와주어야 한다. 그런 다음에 공감을 [   ] 해야 한다.

(4) 4단계의 부모교육 프로그램

① [   ] 단계 : 자녀들과 생활하는 과정에서 생기는 문제들을 이야기함으로써 부모들은 서로 연민의 감정을 갖게 되고 공통의 공감대를 형성한다.

② [   ] 단계 : 자녀의 입장에서 문제를 생각하고 감정이입을 하도록 한다.

③ [   ] 단계 : 자신이 왜 자녀의 문제를 다루는데 실패했는지 원인을 파악하고 자녀의 심리발달에 대한 이론을 실제에 적용해 보는 단계이다.

④ [   ] 단계 : 문제 상황을 해결할 적절한 양육 기술을 발견해 실제 생활에서 적용하도록 하는 단계이다. 새로운 방법을 집에서 직접 적용해 본 후, 그 방법의 효과에 대해 다시 토의하여 새로운 양육 기술을 익힌다.

3 고든의 부모효율성 훈련

(1) 부모-자녀 관계에 대한 견해

① 문제아동을 심리치료하는 과정에서 정작 심리치료가 필요한 것은 아동이 아니라 [   ] (이)라고 생각하게 되었다.

② 문제가 있는 부모들은 문제를 다루는 [   ] 을/를 잘 모르거나 자신이 비효과적이며 부적합한 부모라고 느낀다.

③ 부모-자녀 관계에 대해 과거의 체벌, 비난 등의 훈육 방법은 효과가 없으며, 부모와 자녀의 관계를 효과적으로 연결해 주는 것은 [   ] (이)라고 생각하였다.

④ 바람직하지 못한 대화 유형을 사용하는 이유

ⓐ 과거의 [   ] 답습 : 문명화된 사회구조에 맞지 않는 과거의 [   ] 을/를 사용하기 때문이다.

ⓑ   의 혼동 : 자신은 부족하고 실수를 저지르며 완전하지 못한 사람이라는 것을 인식하나, 자녀를 기르는 부모로서는 완전해야 한다고 생각한다.

ⓒ   중심적 인간관 : 성인 대 아동의 관계는 동등하지 않다고 보고 아동의 장래를 위해서는 비평이나 체벌이 필요하다고 본다.

(2) 부모교육에의 접근

①   프로그램 : 공식적 교육 이후 인간관계에 대한 교육을 전혀 받지 못한 부모들을 위한 프로그램으로, 최초의 참가자는 겨우 17명이었으나 1980년대에는 약 60만 명이 참가하였고 지금은 미국 내 전국적인 운동으로 퍼져 있다.

② 부모교육의 목적

ⓐ 자녀의 행동의 의미를 파악하고 자신의   을/를 솔직하게 표현하는 기술을 습득하도록 한다.

ⓑ 자녀와의 관계에서 발생하는 문제를 해결할 수 있는 효과적인   기술을 습득하게 한다.

(3) ①   의 확인과 ②   의 확인

①   의 확인 : 수용적 부모는 덜 평가적이고 융통성이 있으며 인내심이 많다. 반면, 비수용적 부모는 자녀의 이상한 행동을 조금도 참지 못하고 그 기준이 높다. 따라서, 부모는 자녀 행동에 대한 자신의   이/가 객관적으로 보아 합리적인지 판단해야 한다.

②   의 확인 : 자녀가 문제를 갖고 있는 경우, 부모가 문제를 갖고 있는 경우, 부모-자녀 관계에 문제가 없는 경우, 부모-자녀 모두에게 문제가 되는 경우 중 해당하는 것이 무엇인지   을/를 확인해야 한다.

(4) 문제 해결을 돕는 의사소통 기법

①   : 말한 내용을 그대로 반영해 주거나 자녀의 말을 확인하는 종류의 언어적 반응이며, 문제를 갖고 있는 사람이 자녀일 때 사용하는 방법이다. 부모는 자녀의 문제를 자신의 문제로 받아들여 해결해 주는 것이 아니라 자녀 스스로 자신의 문제를 해결해 나가도록 도와준다.

ⓐ   의 방법

•   : 부모가 자녀의 말을 조용히 들어주는 것이다. 이것만으로 자녀는 큰 힘을 얻는다.

정답

ⓑ 역할 개념
ⓒ 성인

(2) ① 부모효율성 훈련
② ⓐ 감정
   ⓑ 의사소통

(3) ① 수용 수준
② 문제 소유자

(4) ① 반영적 경청
   ⓐ 반영적 경청
     • 소극적 경청

정답

•   : 부모가 자녀의 말을 열심히 듣고 있다는
표시로 언어적 · 비언어적인 반응(reaction)을 보여 주는 것이다.

•   : 자녀가 감정이나 문제를
이야기할 때 계속 말할 수 있도록 격려해 주어야 한다.

•   : 부모가 자녀로부터 들은 내용을 충분히 이해하여
그 속에 내재되어 있는 의미나 감정을 찾아내어 적절하게 피드백을 해 주는
것이다.

ⓑ   의 3단계

• 1단계   : 자녀가 말이나 얼굴 표정, 태도, 말씨 또는
신체적 표현을 통해 자신이 문제를 가지고 있다는 단서를 전달한다. 예 "제
사에 꼭 가야 해요?"

• 2단계   및   : 부모는 자녀가 표현한 관
찰할 수 있는 단서로 암호를 해독하고, 자녀가 어떤 문제로 어려움을 겪는지
추측해서 자녀의 느낌이나 생각을 피드백해 준다. 예 "사촌과 비교 당하는
게 싫었구나."

• 3단계   또는   : 자녀는 부모의 피드백에 따라 자신의 감정
을 확인하거나 혹은 그 감정을 거부할 경우 계속 자신의 문제를 표현하거나
보다 확실한 신호를 보내고자 한다. 예 "예, 그래요."

②   : 문제가 되는 사람이 부모일 경우에는 자신의 생각과 감정을
자녀에게 효과적으로 전달할 수 있는 방법이다. 또한, 아동에게 부모의 감정이나
생각을 전달하면서 아동으로 하여금 허용되지 않는 행동을 수정하도록 만든다.

ⓐ   의 3가지 구성요소

• 문제가 되는   서술 : 동생을 때리니

•   서술 : 형제 사이가 나빠질 것 같아

• 부모의   서술 : 엄마 마음이 아프구나.

③   : 권위적(부모가 이기고 자녀는 지는 방식)이거나 허용적인 방법
(부모가 지고 자녀는 이기는 방식) 모두 바람직하지 못하기 때문에 고든은 제3의 방법
으로 부모-자녀가 객관적인 태도로 사실에 입각하여 문제를 토의하면서 해결해
나가는 방법을 제안했다.

ⓐ   의 시행단계

• 제1단계 : 갈등을 확인하고   을/를 내린다.

• 제2단계 :   을/를 찾는다.

- 제3단계 : 가능성 있는 해결책을 [   ]한다.
- 제4단계 : 두 사람 모두를 위한 [   ]을/를 찾는다.
- 제5단계 : 결정된 해결책을 [   ]한다.
- 제6단계 : 해결책이 잘 적용되었는지 후속 [   ]한다.

④ 번의 교류분석이론

(1) 교류분석이론의 이론적 배경

① [   ] 이론은 미국의 정신과 의사인 에릭 번(Eric Berne)이 정신 장애 치료를 위해 개발한 심리치료 모델이다.

② 인간은 생득적으로 [   ]을/를 가지고 있으나 성장하면서 [   ] 을/를 버리고 부모의 뜻대로 행동하게 되는데, 이렇게 포기된 [   ]을/를 회복시키는 것이 교류분석의 기본가정이다.

③ 모든 인간은 자극을 받고자 하는 ⓐ [   ]와/과 사회적 상호작용을 통해 인정을 받고자 하는 ⓑ [   ]을/를 가지고 있다. 자극욕구는 ⓒ [   ](이)라고 불리는 것을 통해 충족되며, 인정욕구는 자극욕구 가 확대되어 상징적인 ⓓ [   ]을/를 통하여 충족된다.

(2) 교류분석이론의 구체적 목표

① [   ]의 파악뿐 아니라 [   ] 간 교류를 융통적으로 이루어지게 하여 적응적인 행동을 높이고 갈등을 감소시킨다.

② 상호 간의 교류를 통해 형성된 기본적 ⓐ [   ]와/과 이를 근거로 형성된 ⓑ [   ]에 대해 분석해야 한다고 주장했다.

(3) 자아상태(ego state)의 구조

① [   ] 자아상태 : [   ](이)나 형제, 다른 권위적인 위치에 있는 사람들을 통해 배운 태도나 행동이 내면화된 것으로, 일종의 '가르침을 받은 생활개념'이다. 해야 할 일, 하지 말아야 할 일, 예의, 전통, 가치 등을 배우며, 자신이 살고 있는 사회에 적응하게 된다.

ⓐ [   ] 부모 자아상태 : 부모처럼 보살펴 주고 위로하며 따뜻한 말을 건네는 등 원만한 대인관계의 초석이 되지만, 지나칠 경우 상대방의 독립심이나 자립심, 자신감을 저해하는 요인이 되기도 한다.

ⓑ [   ] 부모 자아상태 : 아동이 사회생활을 하는 데 필요한 관습이나 규칙을 지도하는 토대가 되지만 지나칠 경우 아동의 창의적인 능력이나 자율성을 제한하게 된다.

정답

- 평가
- 최선의 해결책
- 실행
- 평가

(1) ① 교류분석
② 자율성
③ ⓐ 자극욕구
ⓑ 인정욕구
ⓒ 스트로크
ⓓ 언어

(2) ① 자아상태
② ⓐ 인생태도
ⓑ 인생각본

(3) ① 부모
ⓐ 양육적
ⓑ 비판적

② 아동
　ⓐ 자유로운
　ⓑ 순응하는
③ 성인

(4) ① 오염
　ⓐ 망상
　ⓑ 편견
　ⓒ 오염
② 배제
　ⓐ 부모
　ⓑ 성인
　ⓒ 아동

② ⬚⬚⬚⬚ 자아상태 : 어린 시절 실제로 느끼고 행동했던 것과 같은 감정이나 행동이 내면화된 일종의 '느껴진 생활개념'으로, ⬚⬚⬚⬚이/가 태어나면서부터 존재하는 것이다. 상대방이 부모처럼 행동하거나 자신이 의존적인 기분이 들 때, 즐거운 생각을 할 때 작동하며 창의성, 직관성, 자발적 욕구, 기쁨과 같은 정서적 상태가 나타난다.

　ⓐ ⬚⬚⬚⬚ 아동 자아상태 : 일상생활에 대한 느낌을 반영하는 것으로 ("와아, 멋지다.") 호기심이나 창조적인 힘의 원천이 되지만 지나칠 경우에는 현실을 고려하지 않고 즉흥적으로 행동하거나 경솔한 행동을 하는 경향이 있다.

　ⓑ ⬚⬚⬚⬚ 아동 자아상태 : 순종적이고 참을성이 있으므로 사회생활에 적응하는 데 용이하나, 이면에 억제된 공격성이 감추어져 있기도 하다.

③ ⬚⬚⬚⬚ 자아상태 : 부모로부터 '배운 개념'과 아동의 '느낀 개념'으로부터 나온, 인생에 대해 '터득한 능력'으로, 성숙 정도는 개인마다 다르다. 감정보다는 이성이 선행하며 합리성, 생산성, 적응성을 지니면서 부모 자아상태와 아동 자아상태의 활동을 조절하고 객관적으로 중재하는 역할도 수행한다.

(4) 자아상태(ego state)의 경계(혼란)

① 자아상태의 ⬚⬚⬚⬚ : 자아상태의 경계가 지나치게 이완되어 성인 자아상태, 부모 자아상태, 아동 자아상태의 구별이 확실하지 않은 상태이다.

　ⓐ ⬚⬚⬚⬚ : 성인 자아상태가 아동 자아상태에 오염된 경우로, 일 처리과정에서 충동적이며 적절하지 않은 결정을 내리거나 자기중심적으로 문제 해결을 하기 쉽다.

　ⓑ ⬚⬚⬚⬚ : 성인 자아상태가 부모 자아상태에 오염된 경우로, 자기 자신이나 타인에게 엄격하게 행동하며 통제하려는 경향이 있다.

　ⓒ 성인자아가 부모자아와 아동자아에 의해 ⬚⬚⬚⬚된 경우 : 권위 있는 존재들이 가르쳐 준 대로 결정하려는 경향과 정서적·충동적으로 결정하려는 두 경향이 공존한다.

② 자아상태의 ⬚⬚⬚⬚

　ⓐ ⬚⬚⬚⬚ 자아상태가 배제된 경우 : 문화적 규범, 사회질서, 사회통제 등 부모나 사회가 요구하고 기대하는 바를 무시한다.

　ⓑ ⬚⬚⬚⬚ 자아상태가 배제된 경우 : 현실을 객관적으로 판단하는 능력이 부족하여 합리적으로 행동을 하지 못한다.

　ⓒ ⬚⬚⬚⬚ 자아상태가 배제된 경우 : 현실에 따라 적절히 판단하고 일을 처리하며 가족을 열심히 돌보고 배려하지만 자신의 천진한 자아 및 기본적 욕구충족은 하지 못한다.

(5) 의사소통의 교류 분석

①　　　　　　상호교류 : 서로 한 종류의 자아상태가 상호교류를 하는 경우이며, 이 경우에는 의사소통이 잘 이루어져 문제가 발생하지 않는다.

②　　　　　　상호교류 : 두 사람의 자아상태가 교차하는 경우로, 이러한 경우는 의사소통이 중단되며 두 사람의 관계에 문제가 발생하게 된다.

③　　　　　　교류 : 사회적 메시지는 언어적으로 전달되고, 심리적 메시지는 언어 이면에 작용하게 되는데 교류의 결과는 대부분 심리적 메시지에 의해 결정된다.

ⓐ　　　　　교류 : 두 사람 간에 세 종류의 자아상태가 관여하는 경우로, 일반적인 정보를 제공하지만 그를 통해 상대방의 특정 자아상태가 자극되기를 원할 때 사용된다.

ⓑ　　　　　교류 : 두 사람의 의사소통에 네 종류의 자아상태가 작용하는 것이다.

(6)　　　　　　　 : '어루만지기'란 뜻으로, 신체적 접촉을 원하는 아기를 안아 주고 쓰다듬어 주는 것 같은 행위이다. 또한, 인간행동의 동기에는 먹고 잠자는 것과 같은 생리적 욕구와 타인과의 상호교류를 통해 충족되는 심리적 욕구가 작용한다고 하면서, 타인과의 상호교류를 통해 받는 자극을　　　　　　　　　　(이)라고 했다.

① 스트로크의 종류

ⓐ　　　　　　　　　　스트로크 : 영유아기에는 신체적 스트로크가 필수적이며, 이는 성장함에 따라 인정받고자 하는 욕구로 바뀌므로 영유아가 성장하면서 ・　　　　　　스트로크에 대한 욕구는 줄어들고 ・　　　　　　스트로크에 대한 욕구로 대치된다.

ⓑ　　　　　스트로크 : 어떤 사람을 기분 좋게 만들거나 자신이 팬찮다고 느끼게 하는 것으로, 개인의 존재 자체에 근거하여 인정하는 '　　　　　　무조건 스트로크'와 개인적 성취나 행위에 기초하여 인정해 주는 '　　　　　조건 스트로크'가 있다.

ⓒ　　　　　스트로크 : 긍정적인 방식으로 스트로크를 얻지 못할 경우, 상대방을 화나게 하거나 상처를 줘서라도 관심을 얻으려고 한다. '　　　　　무조건 스트로크'는 개인의 특정한 행동이 아니라 존재 자체에 대해 부정적 스트로크를 제공하는 것이고, '　　　　　조건 스트로크'는 "너는 거짓말을 자주 해서 싫어."와 같이 개인의 특정한 행동에 대해 부정적 스트로크를 제공하는 것이다.

▶

(5) ① 보완적
② 교차적
③ 이면적
　ⓐ 각진
　ⓑ 이중적

(6) 스트로크(자극에의 욕구)
① ⓐ 신체적 · 언어적
　・신체적
　・언어적
　ⓑ 긍정적
　ⓒ 부정적

② ⓐ 자극
ⓑ 인정
ⓒ 구조
• 시간의 구조화

(7) 시간의 구조화
(구조화에의 욕구)
① 철회
② 관습
③ 활동
④ 잡담
⑤ 게임
⑥ 친교

② 스트로크 충족 방법

ⓐ   갈망 : 영유아기에 주로 나타나며 신체적 접촉의 욕구를 의미한다.

ⓑ   갈망 : 승인욕구라고 하는데, 칭찬을 받거나 부모가 고개를 끄덕임으로써 보여 주는 언어나 동작에 의한 애정표현이나   의 욕구를 의미한다.

ⓒ   갈망 : 삶을 유지하는 동안 자신에게 주어진 시간을 어떻게 보낼 것인가 하는 방법을 찾고 발달시키고자 하는 욕구로, •   (이)라고도 한다. 자신의 생활에 필요한 스트로크를 최대한 보장받기 위해 시간을 적절하게 사용하는 수단으로, 주로 성인이 되어 사용한다.

(7)

①   : 스트로크를 교환하는 것에 대해 불안감을 지닌 경우 타인을 멀리하고 상대방과의 상호교류를 중단하는 것이다. 서로 주고받는 자극이 없기 때문에 상처받는 일이 없어 어떤 의미에서는 가장 안전한 방법이지만 그만큼 보상도 적다.

②   : 안전한 시간의 구조화 방법의 하나로, 타인을 만나 의례적인 이야기를 하는 것이다. 인사 및 관습적인 행사(제사, 동창회)에만 참여하는 것으로 최소한의 스트로크를 유지한다.

③   : 실용적으로 시간을 구조화하는 방법으로 요리나 공부처럼 도구를 매개로 하며, 자신의 '일'에 몰두하면서 스트로크를 받게 된다. 적극적이고 친밀한 인간관계를 포함하지 않으므로 비교적 안전한 시간의 구조화 방법이기는 하나 소외감이 유발될 수 있다.

④   : 부담이 없는 주제에 대한 정보를 상호 교환하는 것으로, 무난한 화제로 깊이가 없는 스트로크를 주고받는 사교적인 시간의 구조화 방법이다. 사회적 관계를 유지하는 데 도움이 되는 시간의 구조화 방법이지만 이득이 없는 대화가 되기도 하므로 비생산적인 시간의 구조화라는 점에서 한계가 있다.

⑤   : 신뢰와 애정이 있는 진실된 교류를 원하지만 그것이 이루어지지 않아 솔직하지 못한 스트로크를 교환하는 방식이다. 따라서 타인이 자신의 욕구를 알아차리지 못하도록 이면적 교류로 시간을 구조화하는 방법이다.   은/는 실제로 자신이 생각하거나 느끼는 바를 솔직하게 표현하지 않는다는 점에서 진실된 교류가 이루어질 수 없으며 자신을 보호하기 위한 속임수를 내포하고 있다.

⑥   : 상호 간의 감정교환이 자유롭게 이루어지며 상호 간 방어적 자세가 아니라 수용적 자세를 가지는 것으로 교류분석이론에서 추구하는 가장 이상적인 방법이다. 이러한 형태로 시간을 구조화하는 것이 습관화되면 '자기긍정-타인긍정'의 건강한 기본자세를 가지게 된다.

(8) _____

① _____ : 어린 시절 부모와의 스트로크를 바탕으로 형성된 자신이나 타인 혹은 세상에 대한 기본적인 태도 및 이에 근거한 자기상, 타인상을 의미한다.

② 4가지 기본적 삶의 태도

ⓐ _____ : 가장 바람직한 인생 태도로서 자신에 대해 만족하고 타인과의 관계에서도 편안함을 느낀다. 이러한 태도는 진보와 성장을 위한 동기를 유발한다.

ⓑ _____ : 자신은 가치가 없고 다른 사람은 가치가 있다는 인생 태도는 순종적인 아동들의 태도이다. 열등감, 부적절감, 우울감, 불신감 등을 갖게 되며 다른 사람과 경쟁하려 하지 않고 타인을 멀리하는 경향이 있다.

ⓒ _____ : 다른 사람은 부적절하고 무가치하다고 보는 태도로서 학대를 많이 받는 아동들에게 나타난다. 두려움을 느끼고 불안하며 타인을 신뢰하지 못하지만, 기본적인 인생 태도는 타인의 위에 군림하고자 하는 것이다.

ⓓ _____ : 유아기에 자신이 하고 싶은 행동을 하지 못함으로써 자기긍정성이 부정성으로 바뀌게 되고, 부모의 통제나 부정적 반응에서 다른 사람에 대해 부정적인 태도를 계속 가지게 된다. 이러한 사람은 자신뿐 아니라 아무도 믿지 않고 삶은 냉혹하고 무가치하다고 느낀다.

(9) _____ : 어린 시절 부모와의 상호작용을 통해 형성되며, 그 후로는 인생 과정을 통한 경험에 의해 강화받아 고정되는 인생에 대한 청사진이다.

① _____ : 인생의 목표를 스스로 설정하고 자기실현을 이루어 내는 각본을 가지고 이를 위해 전력을 다해 실행하며 살아가고 자신의 인생에 만족한다. 자존심이 높으며 도전하는 것을 두려워하지 않고 경쟁심이 강하다.

② _____ : 자신의 힘으로 목표를 달성할 힘이 없는 존재라 생각하고, 마음먹은 대로 되는 일이 하나도 없다고 생각하며 실제로 그렇게 행동한다. 상황이 항상 나쁜 쪽으로 갈 것이라는 각본을 가지고 있으며 열등감이 많고 사회 적응에 어려움을 보이며 심리적인 문제도 가지고 있다.

③ _____ : 특별한 문제를 일으키지 않지만 어느 정도의 수준에 도달하겠다는 목표 의식이 약해 자신의 목표를 달성하지 못하더라도 이를 합리화한다. 따라서 힘이 있음에도 불구하고 자신의 힘과 에너지, 능력을 사용하지 않으며 충분히 발휘하지 못한다.

(8) 인생태도(태도에의 욕구)
  ① 인생태도
  ② ⓐ 자기긍정–타인긍정
     ⓑ 자기부정–타인긍정
     ⓒ 자기긍정–타인부정
     ⓓ 자기부정–타인부정

(9) 인생각본
  ① 성공적인 승자 각본
  ② 파괴적인 패자 각본
  ③ 평범한 각본

정답

(1) ① 학습
② 결과
③ 책임

(2) ① ⓐ 선행요인
ⓑ 행동
ⓒ 후속결과
② 증가
③ 감소
④ ⓐ 지식
ⓑ 짧다
ⓒ 수정

5 행동수정 프로그램

(1) 부모-자녀관계에 대한 견해

① 행동수정이론에서는 인간의 외적 행동에 관심을 가지며, 인간의 모든 행동은 □□□□ 된 것이라고 본다.

② 아동이 바람직하지 않은 행동을 하는 것은 그러한 행동을 하였을 때 적절한 행동 □□□ 을/를 제시해 주는 사람이 없었기 때문이라고 본다.

③ 행동수정이론은 아동의 바람직하지 못한 행동습관을 부모나 다른 성인들의 □□□ (으)로 본다.

(2) 행동수정의 기법

① 행동의 ABC 분석 : 행동이 일어난 전후 상황 간의 관계를 분석하고 그 관계를 밝혀 주는 관찰 기법이다. 문제행동을 유발시킨 ⓐ □□□□□ 와/과 발생된 ⓑ □□□ 을/를 강화·유지시키는 ⓒ □□□□□ 을/를 기록한다.

② 바람직한 행동을 □□□ 시키는 것 : 정적 강화 및 부적 강화, 토큰 강화, 행동형성과 행동연쇄, 용암법, 자기 조절법(자기 관찰법, 자기 계약법), 모델학습 등

③ 부적절한 행동을 □□□ 시키는 것 : 벌, 소거, 타임아웃, 포화법, 반응 대가(권리 박탈), 대체행동 강화, 체계적 둔감법, 과잉정정, 이완법 등

④ 행동수정 기법의 장점

ⓐ 심리학적 치료과정에 대한 □□□ 이/가 거의 없는 사람도 배워서 활용할 수 있다.

ⓑ 행동수정 절차를 사용하도록 훈련하는 데 소요되는 시간이 비교적 □□□.

ⓒ 아동기의 많은 문제행동은 일상생활의 자연환경 속에서 □□□ 이/가 가능하다.

6 지역사회 연계 유형 (육아정책연구소 연구보고서, 2015)

(1) 지역사회 연계 유형

① ⓐ [   ] 및 ⓑ [   ] 활동 : 병원, 경찰서, 도서관, 초등학교, 대학, 동·면사무소, 공원 관리 사무소, 소방서, 우체국, 박물관, 농장, 과수원 등은 유아가 지역사회 기관 나들이를 하기에 바람직한 장소이다.

② [   ] 활동 : 지역사회에 있는 놀이터나 등산로 등을 활용하여 교육과정 운영을 할 수도 있다.

③ [   ] : 함평 나비 축제, 안동 민속 축제 등 지역사회의 축제에 참여하여 다양한 교육적 경험과 함께 지역사회의 소속감도 높일 수 있다.

④ [   ] : 지역사회에 대해 궁금한 점을 모아 방문하여 궁금증을 해결하는 활동을 할 수 있다.

⑤ [   ] : 세대 간 지혜 나눔 전문가 활용(전통놀이 체험활동, 이야기 할머니), 지역 치위생과 학생들의 치아 건강관리 지도 등 지역사회의 인적 자원과 연계를 맺는 것이다.

⑥ [   ] : 지역사회의 도서관과 연계하여 책이나 놀잇감을 주기적으로 빌려 보거나, 유아들이 정기적으로 방문하여 책을 읽는 활동을 할 수 있고, 초등학교 저학년과 지속적인 연계 프로그램을 운영할 수 있다. 또한, 특별한 보호나 지원을 필요로 하는 유아를 지원할 수 있다. 다문화 유아에게는 지역 기관에서 실시하는 한국어 프로그램에 참여할 수 있도록 안내해 줄 수 있다.

⑦ [   ] : 지역사회가 유치원을 활용할 수 있도록 개방하는 것(선거나 회의 장소 제공), 지역민을 대상으로 한 다양한 프로그램을 운영하는 것(강좌 및 바자회), 유아들의 다양한 시설 방문(양로원 등), 교직원이 지역사회의 여러 조직에 참여하는 것(전문가 모임 및 연수) 등이 있다.

정답

(1) ① ⓐ 현장체험
　　　ⓑ 기관 방문
　② 산책
　③ 지역사회 행사 참여
　④ 지역사회 조사 활동
　⑤ 지역사회 인사 활용
　⑥ 지역사회 기관 간
　　프로그램 협력
　⑦ 기관 자원의 지역사회로의
　　개방

MEMO

PART 5

5

놀이지도

놀이이론

1 고전적 놀이이론

(1) _____ 이론 : 인간이 노동을 하고 난 후 에너지가 남으면 이것을 쓰기 위해 놀이를 한다고 주장한다. 놀이를 통해 현실을 뛰어넘어 이를 변형시키는 과정에서 세계에 대한 새로운 ① _____ 을/를 얻게 된다고 하였는데, 이러한 관점은 피아제(piaget, 1962), 비고츠키(Vygotsky, 1967)의 이론에도 반영되어 있다. 놀이의 형태를 분류하여 물적(material) 잉여는 ② _____ (으)로 표출되고, 반대로 심미적(aesthetic) 잉여는 ③ _____ (으)로 표출된다고 했다.

(2) _____ 이론 : 노동으로 쌓인 피로를 풀기 위해 놀이를 한다는 것이다. 인간은 보통 힘든 노동을 하고 나서 정신적, 육체적으로 고갈되면 휴식과 수면을 통해 이를 충전하게 된다. 이때 완벽한 재충전을 위해서는 현실에서 벗어나 ① ____ 와/과 반대되는 활동을 할 필요가 있는데, 이러한 활동이 바로 놀이라고 하였다.

(3) _____ 이론 : 그루스(Groos)는 동물의 놀이 기간은 계통발생에 따라 다른데 고등동물일수록, 생존 기간이 길수록 미성숙기의 기간도 길어 놀이 기간도 길다고 보았다. 복잡한 유기체가 성인기에 필요한 기술을 배워 숙달하려면 오랜 시간 동안 _____ 을/를 해야 하기 때문이다. 즉, 놀이는 성인기의 활동을 _____ 하기 위해 존재한다는 것이다.

　① 아동의 발달에 따른 놀이 활동 종류

　　ⓐ _____ 놀이 : 감각기능과 운동기능을 연습하는 놀이로 구성되는데, 이 놀이의 목적은 자아통제를 발달시키기 위한 것이며 점차 구성적 놀이로 발전되는데 이것은 보다 높은 정신능력을 요구하는 것이다.

　　ⓑ _____ 놀이 : 쫓고 쫓기는 거친 신체놀이(rough and tumble play), 모방, 사회극, 가족놀이(연극놀이) 등이 포함된다. 이 놀이는 대인관계를 발달시키기 위한 것이다.

(4) _____ 이론 : 놀이를 통해 인류의 진화과정을 반복·재현함으로써 원시본능을 제거시키고 진화에 유용한 결정적인 행동은 계승시킨다는 진화론자들의 놀이 이론이다. 원시본능의 제거라는 놀이의 ① _____ 역할에 초점을 맞추고 있다.

☑ 현대의 놀이이론

(1) 정신분석의 놀이이론

① 프로이트(Freud, 1959)는 본능(id)과 쾌락원리에 대해 설명한 초기 저작에서 놀이가
ⓐ [   ] 을/를 위한 것이라고 언급하였다. 놀이는 아동이 상상
속에서 원하는 바를 표현하여 자신의 바람을 충족시키는 수단이며, 놀이의 반대
개념은 현실적인(real) 것이다. 아동에게 놀이란 ⓐ [   ] 와/과
더불어 충격을 받은 사건을 ⓑ [   ] 하는 데 필요한 것이라고 했다.

② 프로이트는 놀이가 지닌 ⓐ [   ] 효과를 강조하고 있는데, 특히 놀이를 반복
적으로 수행하는 것은 유아가 경험한 부정적인 정서를 ⓐ [   ] 하기 위해서
라고 했다. 유아들은 독립적이지 못한 존재로 외부세계에 대한 본능적 불안감을
가지고 있다. 따라서 놀잇감을 가지고 노는 놀이 세계는 자신이 조절할 수 있으므
로 불안감을 ⓑ [   ] 하는 데 도움을 줄 수 있다.

③ 놀이의 정화기능 : ⓐ [   ] 와/과 ⓑ [   ] 의 두 기제를 통해서
가능하다.

ⓐ [ ]	역할놀이에 참여한 유아는 놀이 상황에서 현실을 잠시 중단하고, 현실에서의 부정적 경험을 수동적으로 받아들이는 존재에서 그 부정적 경험을 제공하는 적극적이고 능동적인 존재로 역할을 전환할 수 있다. 이러한 과정에서 유아는 부정적인 감정을 다른 사람이나 대체물에게 전이할 수 있다.
ⓑ [ ]	놀이에서 유아는 현실에서의 나쁜 경험이나 감정을 여러 번 반복해서 다룬다. 즉 부정적 경험을 자신이 감당할 수 있을 정도의 작은 부분으로 나누어 놀이를 계속 반복함으로써 유아는 그 경험과 관련된 부정적 정서를 천천히 정화시킬 수 있다.

④ 에릭슨(Erikson)은 놀이가 유아의 ⓐ [   ] 기능을 강화시킬 수 있다고 보았다.
즉, 유아들은 놀이를 통해 신체 및 ⓑ [   ] 을/를 발달시키고
주변 세계를 숙달하게 된다고 보았다.

정답

(1) ① ⓐ 소망의 충족
　　　ⓑ 정화
　② ⓐ 정화
　　　ⓑ 극복
　③ ⓐ 역할전환
　　　ⓑ 반복
　④ ⓐ 자아
　　　ⓑ 사회적 기술

⑤ • 자기세계
• 미시영역
• 거시영역
⑥ 놀이치료

⑤ 에릭슨의 놀이 발달 단계

• 놀이	출생 후 1년 동안의 시기로, 자신의 신체를 가지고 탐색하는 단계이다.
• 놀이	1세~2세까지의 시기로, 자신의 신체에서 벗어나 주변의 사물이나 놀잇감을 조작하며 노는 단계이다.
• 놀이	3세 이후의 시기로, 자신의 신체와 사물에서 벗어나 주변의 또래와 사회적인 상호작용을 하는 단계이다.

⑥   : 에릭슨은 프로이트의 놀이이론 중 특히 정화의 측면을 강조하여 이를 토대로 정서적인 어려움을 겪고 있는 아동에게   을/를 실시하였다.

(2) ① ⓐ 인지발달
ⓑ 동화
② ⓐ 연습놀이
ⓑ 상징놀이
• 가작화
• 가작화
• 정화
ⓒ 규칙있는 게임
• 규칙
• 규칙

(2) 피아제의 놀이이론

① 피아제(Piaget)에 의하면 놀이는 아동의 ⓐ   수준을 나타내줄 뿐 아니라 ⓐ   에 기여하는 요소이다. 피아제는 놀이는 'ⓑ   이/가 조절보다 우세한 상태'라고 보았다.

② 피아제의 인지발달 단계에 따른 놀이 유형

ⓐ   : 감각운동기에는 잘 알고 있는 대상에 반복해 접근하거나 행동을 반복하는   이/가 나타난다. 이 놀이를 통해 영아는 자신과 환경을 통제할 수 있다는 자신감과 기쁨을 얻게 된다.

ⓑ   : 아동이 전조작기에 이르면   이/가 시작된다. 아동의 인지가 발달하면서 '의미 있는 것'이 '의미가 부여된 것'으로 분화됨으로써 상징적 •   이/가 시작된다. 프로이트의 이론과 마찬가지로 피아제는 놀이의 •   을/를 통해 손상을 받아 왜곡된 정서가 완화되는 •   작용이 나타난다고 하였다.

ⓒ   : 놀이에 사회적 •   이/가 관여되는 놀이이며 아동이 전조작기에서 구체적 조작기로 들어감을 나타낸다. 아동들 간에 사회적 관계가 형성되며, •   이/가 상징을 대치하고 반복활동을 통합하게 된다.

(3) ① 소망

(3) 비고츠키의 놀이이론

① 프로이트처럼 비고츠키도 아동이 잊을 수 없거나 현실사회에 의해서 충족될 수 없는   들 간의 긴장에서 놀이가 도출된다고 보았다.

② 놀이는 개인의 인지가 발달하면서 자연스럽게 나타나는 행동이라기보다 개인이 　　　　에서 부딪힌 문제를 해결하기 위해 노력하는 과정이다.

③ 아동이 놀이에서 널빤지로 자동차를 대치할 수 있기 위해서는 아동의 인지구조가 ⓐ 　　　　　와/과 ⓑ 　　　　　을/를 분리시킬 수 있을 만큼 구조적으로 성숙되어야 한다.

④ 초기의 주축은 원래 대상과 매우 닮은 것이 되지만, 점차 그 전형성이 감소되어 마침내는 사물의 ⓐ 　　　　　이/가 사물보다 우세하게 되는데 이를 ⓑ 　　　　　(이)라고 한다.

⑤ 상징적 놀이는 　　　　　 사고의 발달에 결정적인 역할을 한다고 할 수 있다.

⑥ 놀이는 ⓐ 　　　　　을/를 촉진시킨다. 놀이는 특별한 놀이 역할과 ⓑ 　　　　에 따라 자신의 행동을 금지하고 구속할 것을 요구하기 때문에 유아들로 하여금 ⓐ 　　　　　을/를 연습하도록 돕는다. 상상놀이에서 만든 ⓑ 　　　　에 의해서 어린이들은 사회의 규범과 기대를 보다 잘 이해하고 그에 따라 행동하려고 노력한다.

⑦ 놀이의 변화는 외현적인 ⓐ 　　　　　 상황과 그의 내재된 ⓑ 　　　　의 형태인 상상놀이로부터 외현적인 ⓑ 　　　　와/과 그에 내포된 ⓐ 　　　　 상황 형태인 규칙있는 게임으로 전환되고, 연령이 증가되면서 상징놀이가 소멸되는 것이 아니라 현실 속으로 스며든다고 했다. 초기에 유아가 상징놀이를 단독적으로 행한다고 할지라도 그 놀이 안에는 이미 사회적 상황이 존재하며 내재된 ⓑ 　　　　에 의해 놀이가 진행되기 때문에 초기 상상놀이 역시 사회적 상징놀이라고 했다.

(4) 브루너와 셔턴-스미스의 놀이이론

① 브루너(Bruner, 1972) : 놀이에서는 　　　　이/가 목적보다 더 중요하기 때문에 아동은 놀이를 할 때 목적 달성에 대해 걱정하지 않는다.

② 셔턴-스미스(Sutton-Smith, 1967) : 아동의 가장놀이에서 발생하는 상징적 변형이 인지능력에서 아동의 상징적 변형을 촉진시켜 그 결과 　　　　　 이/가 촉진된다고 믿는다.

정답

② 환경
③ ⓐ 의미
　 ⓑ 사물
④ ⓐ 의미
　 ⓑ 탈맥락화
⑤ 추상적
⑥ ⓐ 자기조절
　 ⓑ 규칙
⑦ ⓐ 상상적
　 ⓑ 규칙

(4) ① 수단
　 ② 지적 융통성

(1) 각성
  ① 각성
    ⓐ 특정탐험
      • 높아지면
    ⓑ 다양한 탐구
      • 낮아지면
  ② 자극

(2) 상위 의사소통
  ① ⓐ 초의사소통적
    ⓑ 상위 의사소통
  ② 거친 신체놀이
  ③ 역할놀이

3 기타 놀이이론

(1) _____ 이론
  ① 벌린(Berlyne) : 유기체의 중추신경조직은 _____ 의 최적 수준을 유지하려 하는데, 자극의 수준이 지나치게 높거나 반면에 지나치게 낮으면 _____ 을/를 조절함으로써 평형상태를 만들게 된다.
    ⓐ _____ : 주변 환경에 새로움, 불일치 또는 불확실성 등의 자극이 많이 나타나 각성수준이 • _____ , 각성의 근원이 되는 환경의 특정 측면을 탐색함으로써 각성의 수준을 낮추어 평형상태를 만들려고 한다.
    ⓑ _____ : 환경의 자극이 최적 수준 이하로 • _____ 유기체는 권태롭게 느끼게 되고 이에 따라 유기체는 자극을 추구하는 행동을 하게 된다.
  ② 엘리스(Ellis) : 놀이는 각성이 낮아졌을 때 _____ 을/를 추구하여 각성을 높이려는 활동이다.

(2) _____ 이론 : 유아들이 사회적 놀이에 참여할 때 놀이의 여러 상황, 행동, 사물 등을 함께 놀이하는 상대방에게 이해시키고 설명해 줌으로써 놀이가 원활하게 진행될 수 있도록 해 주는 의사소통이다.
  ① 베이트슨(Bateson, 1971) : 놀이의 ⓐ _____ 인 측면을 의사소통 체계에 연결시켰다. 유아들은 놀이에 참여할 때 자신의 의도를 상대방에게 전달하기 위해 언어 및 비언어적인 신호를 발달시키게 된다. 즉, 놀이는 참가자들이 '이것은 놀이이다(This is play)'라는 메시지를 전달하는 ⓑ _____ 을/를 할 수 있을 때 발생하게 된다.
  ② _____ 은/는 '이것은 놀이이다'라는 신호를 효과적으로 전달해야 한다. 따라서 공격적 행동 특성과 구분되는 미소짓기, 웃기와 같은 긍정적인 정서가 반영되며 힘을 최대한 사용하지 않는 특성이 나타난다.
  ③ 아동이 _____ 을/를 함으로써 어떻게 엄마나 아빠가 되는가를 배운다기보다는 이러한 역할 같은 것들이 존재한다는 사실을 배운다는 것이 더 중요하다.
  ④ 가비(Garvey, 1993) : 유아들은 가상 세계에서의 역할과 현실에서의 자신의 실제(상상과 현실)를 구분하여 두 가지 역할을 원활하게 수행한다고 보았다.

⑤ 가비가 제안한 사회적 놀이에서 유아가 사용하는 언어 기제

분류	예
ⓐ [_____]	"인형놀이 하자."
ⓑ **가작화에 대한 직접적 지시**	
• [____]의 전환	"내가 이제 의사라고 하자."
• [____]의 전환	"너는 환자라고 하자."
• [_____] 전환	"우리가 간호사라고 하자."
• [_____]에 대한 전환	"내가 약을 만들고 있어."
• [_____]에 대한 전환	"네가 다리가 부러졌다고 하자."
• [_____]에 대한 전환	"우리가 목숨을 구했다고 하자."
• [____]의 전환	"이 찰흙이 약이라고 하자."
• [____]의 전환	"책상 밑이 우리 병원이다."
• [_____]의 전환	(빈손으로 다른 유아에게 다가오며) "이게 너한테 줄 주사야."
ⓒ [_____] **내에서의 대화**	"약을 다 먹어야지." "간호사가 너한테 주사를 놓을 거야."
ⓓ [_____]**의 부인**	"나는 주사 맞기 싫어. 나 이제 간다."
ⓔ **놀이의** [_____]	목소리의 변화(고음. 저음) 행동하거나 말할 때 웃기 예 고음을 사용해서 아기처럼 이야기하기

(3) 각본이론

① [_____] : 기억에 의해 활성화되는 지식구조이다. 반복적인 실제 ⓐ [_____] 을/를 통하여 형성된 것으로, 특정 상황이나 맥락에서 고정적으로 계속해서 일어나는 사태에 대한 지식 구조이다. 유아는 발달함에 따라 자신의 ⓐ [_____] 에 근거해서 사건을 구성할 수 있게 되며 자신의 ⓐ [_____] 을/를 해석하여 놀이의 ⓑ [_____] (으)로 표현한다.

② 울프와 그롤만(Wolf & Grollman, 1982)의 각본 수준

ⓐ [_____] 수준 : 유아가 한 가지 사건과 관련되는 한두 가지의 단순한 활동에 참여한다.

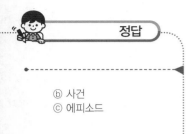
ⓑ 사건
ⓒ 에피소드

(1) ① ⓐ 탐색
   　　ⓑ 놀이
   ② ⓐ 놀이
   　　ⓑ 탐색

(2) ① 내적동기
   ② 비실제성
   ③ 내적 통제 신념

ⓑ [   ] 수준 : 한 가지 목표를 추구하기 위해 서로 관련된 두 가지 이상의 도식이 나타난다.

ⓒ [   ] 수준 : 한 가지 목적 하에 두 가지 이상의 사건으로 구성되고, 두 가지 이상의 다른 사건들로 구성될 수 있다.

4 놀이의 특성

(1) 놀이와 탐색

① 허트(Hutt, 1989) : ⓐ [   ]은/는 대상의 자극적 특성에 의해 지배되는 자극 주도적인 행동으로, '이 사물의 속성은 무엇일까?'라고 생각하는 것이며, ⓑ [   ]은/는 유기체의 흥미와 요구에 지배되는 유기체의 주도적인 행동으로, '이 사물을 가지고 무엇을 할 수 있을까?'라고 생각하는 것이다.

② 펜슨과 쉘(Fenson & Schell, 1986) : ⓐ [   ]은/는 대상에 대한 자극의 생성에 중점을 둔 반면, ⓑ [   ]은/는 자극을 주는 대상에 대한 정보의 획득에 중점을 둔다. 그리고 ⓐ [   ]은/는 즐겁고 다양하며 새로운 행동인 반면, ⓑ [   ]은/는 심각하고 조심스러운 정형화된 행동이다.

(2) 놀이와 비놀이(레비 Levy, 1978)

① [   ] : 놀이 행동은 유기체가 내적으로 활동에 몰입하는 것으로 내적인 보상을 받는 반면, 비놀이 행동은 외적 동기에 의해 이루어지며 외적인 보상이 주어져야 활동이 일어난다.

② [   ] : 현실적인 자아의 상실을 의미하며, 잠시 환상적인 자아나 상상적인 자아를 수용하는 것이다. 유아는 가작화를 통해 현실 세계로부터 자유를 얻고 또한 규칙, 역할, 기대 등이 없는 현실적인 자아의 상실을 경험한다.

③ [   ] : 인간이 자신의 행동과 행동의 결과를 스스로 통제하고 있다고 자각하는 것을 말한다. 유아는 놀이하면서 자신의 행동과 행동의 결과를 스스로 통제한다. 반면 비놀이는 인간의 행동이 외부에 의해 통제되고 있다는 외적 통제신념에 의해 이루어진다.

(3) 놀이와 일(작업)

① 놀이와 일의 연속체(프로스트와 클라인 Frost & Klein, 1979)

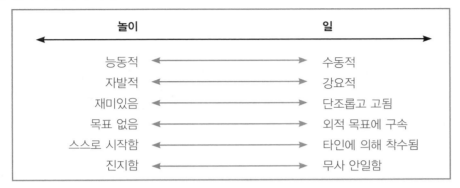

놀이		일
능동적	←——→	수동적
자발적	←——→	강요적
재미있음	←——→	단조롭고 고됨
목표 없음	←——→	외적 목표에 구속
스스로 시작함	←——→	타인에 의해 착수됨
진지함	←——→	무사 안일함

② 듀이(Dewey) : 유아의 놀이를 작업(Work)이라고 인식하고, 유아는 '놀면서 배운다'
는 개념으로 유아교육에서 놀이를 학습의 수단으로 보았다. 그는 놀이를 작업(일)
과 같은 맥락으로 보았다. 실제 유아의 활동에서 놀이와 일을 정확한 선으로 구분
하기는 어렵다고 생각했기 때문이다.

(4) 종합적인 놀이의 특성

① 놀이는 영유아에게 즐겁고 기쁜 긍정적인 정서를 경험하도록 한다. 놀이는 ＿＿＿＿
을/를 추구하기 위해 수행되는 행동이다.

② 놀이는 ⓐ ＿＿＿＿＿＿＿ 에 의해 이루어지는 ⓑ ＿＿＿＿＿＿＿ 행동이
다. 놀이는 외적 요인에 의해 동기화되는 것이 아니라 영유아 내부에서 내재적으
로 동기화되며, 활동 자체에 만족을 얻는 자발적으로 이루어지는 행동이다.

③ 놀이는 놀이자에 의해 자유스럽게 ＿＿＿＿ 된다. 유아는 적극적으로 놀이했던
동일한 활동이라도 다른 사람, 특히 성인이 부과하면 수동적인 일로 생각하는 경
향이 있다.

④ 놀이는 결과보다는 ⓐ ＿＿＿＿＿＿ 을/를 중시하는 과정지향적인 활동이다.
ⓑ ＿＿＿＿＿＿ 은 놀이의 내적 동기를 약화시킴으로써 놀이를 일로 변화
시킬 수 있다.

⑤ 놀이는 ＿＿＿＿＿＿＿ (이)다. 유아는 놀이에서 사물, 상황, 사람 등을 실제적
이고 일상적인 의미로 사용하기보다 새로운 의미를 부여하고 새롭고 다양한 용
도, 상황으로 활용한다. 즉 유아는 놀이를 통해 '지금, 여기'라는 현실적인 제약을
벗어나 비실제적, 가상적인 상황에서 새로운 가능성을 시도한다.

⑥ 놀이는 주변세계를 이해하는 수단이다. 유아는 놀이를 통해 주변의 사물 및 사람
들과 상호작용하면서 다양한 정보를 축적하고 이를 토대로 ＿＿＿＿＿＿
을/를 형성한다.

⑦ 놀이는 유아의 전인적인 발달을 돕는다.

정답

(4) ① 즐거움
② ⓐ 내적 동기
ⓑ 자발적인
③ 선택
④ ⓐ 과정
ⓑ 외적 보상
⑤ 비실제성
⑥ 새로운 지식

2 연령별 놀이의 발달

정답

(1) 운동놀이

(2) 사물놀이
　① 비변별 행동
　② 조사 행동
　③ 적합한 행동

(3) 상징놀이
　① 탈중심화
　　ⓐ 자신을 향한 가상행동
　　ⓑ 사물에게 흉내행동
　　ⓒ 사물이 역할을 담당
　② 탈맥락화
　③ 통합

(4) 사회놀이

1 영아기의 놀이

(1) 　　　　　　　　 : 처음에는 자신의 신체를 가지고 놀이를 하다가 앉고, 서고, 걸을 수 있게 되면서 놀이에 사물과 환경을 포함시키는 운동기술을 사용하기 시작한다.

(2) 　　　　　　 : 생후 2년 후부터의 　　　　　　　　 의 단계적 변화 (휴스 Hughes, 1999)

　① 　　　　　　　　　 : 영아가 모든 사물에 대해 그 사물의 특성이나 속성에 관계없이 같은 방식으로 반응하는 것이다. **예** 무엇이든지 입으로 가져간다.

　② 　　　　　　　 : 사물의 구체적 속성을 탐색하는 것이다. **예** 장난감 전화기를 여러 각도로 쳐다보고 손으로 만져본다.

　③ 　　　　　　　　 : 놀잇감을 사용 목적에 따라 적절하게 사용한다. **예** 장난감 전화기의 수화기를 들고 다이얼을 누른다.

(3) 　　　　　　　 : 　　　　　　　　 의 발달(휴스 Hughes, 1999)

　① 　　　　　　 : 영아가 가장놀이에서 자신에게 어느 정도 초점을 두는가, 자신을 중심으로 하는가를 의미한다.

　　ⓐ 　　　　　　　　　　　　　　 : 12개월경에 나타나는 초기의 가장놀이이다. (피아제 Piaget, 1962)

　　ⓑ 　　　　　　　　　　　　　　　 : 무생물을 자신의 가장놀이에 참여시킨다. 놀이의 주도자는 자신이지만 가장활동의 대상은 자신이 아니라 다른 사물이 된다.

　　ⓒ 　　　　　　　　　　　　 : 인형이나 곰 인형이 가장놀이에서 새로운 역할을 한다. 즉, 인형들은 가장활동의 대상일 뿐만 아니라 주도자가 된다.

　② 　　　　　　 : 하나의 사물을 다른 것으로 대용하는 것이다. 실질적 대용사물을 현실적이며 적절한 방식으로 사용하기 시작한다. (펜슨 Fenson, 1986)

　③ 　　　 : 영아가 성장하면서 이들의 놀이가 점점 어떤 형태로 조직화된다는 것을 의미한다. (펜슨 Fenson, 1986)

(4) 　　　　　　　　 : 영아가 보호자에 대한 반응으로 사회적 미소를 사용하는 때부터 시작된다고 볼 수 있다. 놀잇감은 또래들 간의 상호작용을 촉진하기 때문이다.

2 연령별 놀이의 특징

(1) 놀잇감에 적합한 연령을 고르시오.

① • 사회적 성숙도, 성인 역할에 대한 관심과 이들의 상상력을 반영할 수 있는 것(헌 옷, 안경, 플라스틱 면도기 세트, 병원 놀이세트, 다 사용한 화장품 도구)
• 구성놀이에 적합한 블록
• 성취감과 만족감을 줄 수 있는 놀잇감

 ⓐ 2세

② • 대근육 발달 및 협응 능력을 촉진할 수 있는 놀잇감
• 감각적 탐험활동을 위한 놀잇감(찰흙, 핑거페인팅)
• 적목, 책, 봉제인형 등

 ⓑ 3세

③ • 놀이 활동을 계획하고 이를 실행하는 데 적합한 방향이 있는 놀잇감
• 구조화된 놀잇감(색칠하기)
• 비구조화된 놀잇감(물감과 붓, 크레용, 풀, 가위 점토 등)
• 실제 카드나 주사위 게임 등은 높은 수준의 놀이 기회를 제공한다는 점에서 의의

 ⓒ 4세

④ • 대근육 사용과 성인과의 상호작용을 촉진할 수 있는 놀잇감(세발자전거, 작은 짐수레)
• 소근육 활동을 위한 놀잇감(목공놀이, 구슬 꿰기, 색칠하기, 그리기, 다양한 책)

 ⓓ 5세

(1) ①—ⓑ
ⓑ②—ⓐ
③—ⓓ
④—ⓒ

3 사회놀이의 발달

(1)   : 유아들이 놀이 시 또래와의 상호작용이 어떠한가에 초점을 둔 구분이다. 유아는 놀이를 통해 상호작용이 확장되며, 이러한 상호작용은 사회성 발달의 초석이 된다.

(2) 파튼(Parten, 1932)의 사회놀이

① _____ : _____ 은/는 2세 유아의 전형적인 사회놀이 수준으로, 주변에 또래들이 있어도 자신의 놀이 세계에서 완전히 혼자이다. 또한 _____ 와/과 함께 방관자적 놀이(on-looker play)도 많이 한다.

② _____ : 유아가 같은 장소에서 같은 시각에 다른 유아와 같은 놀이를 하고 있는 것이다. 또래가 옆에 있다는 것이 중요한 의미를 갖지만, 실제로 서로 상호작용은 하지 않는다. 즉, 사회놀이 중 가장 미숙한 단독놀이에서 좀 더 정교한 수준의 협동놀이로의 전환기 놀이이다.

③ _____ : 3세 유아, 특히 4세 유아들의 놀이를 보면 각자 독립적인 활동을 하는 병행놀이에서 점차 서로 나누어 갖기, 빌려 주기, 차례로 하기, 대화 등이 나타난다. 두 명 이상의 유아들이 이와 같이 서로 상호작용을 하면서 하는 놀이이다.

④ _____ : 4세 반이 되면 이제 유아들이 _____ 을/를 하기 시작한다. 사회 성숙도가 가장 높은 수준의 놀이이며, 두 명 이상의 유아들이 놀이 활동에 참여하고, 공동 목표를 가지며, 지휘권을 갖는 유아가 있게 된다.

(3) 이와나가(Iwanaga, 1973)의 또래관계에서의 놀이 구조 형태

① _____ : 또래와 관련이 없는 놀이를 하는 것이다.

② _____ : 또래와 물리적으로 가까이 있고 또래활동을 의식하나 독립적으로 놀이하는 것이다.

③ _____ : 약간의 상호작용이 있으나 또래 행동에는 민감하게 반응하지 않으며 놀이하는 것이다.

④ _____ : 타인을 의식하고 상호작용하며 타인의 놀이에 민감하게 반응하며 놀이하는 것이다.

(4) 하우웨/하우스(Howes, 1980)의 사회놀이

① _____ : 두 유아가 유사한 활동을 하고 있으나 서로 눈을 마주친다든지 하는 사회적 행동이 없다.

정답

(1) 사회놀이

(2) ① 단독놀이
　② 병행놀이
　③ 연합놀이
　④ 협동놀이

(3) ① 독립적 구조
　② 병행적 구조
　③ 보완적 구조
　④ 통합적 구조

(4) ① 병행놀이

② [   ] : 제1단계에서처럼 유아들이 유사하거나 같은 놀이를 하고 있으나 서로 눈을 마주친다든지 상대방을 의식한다.

③ [   ] : 각 유아는 유사한 놀이를 하면서 상대에게 사회적 시도를 한다.

④ [   ] : 두 유아가 서로에 대해 인식하면서 보완적이고 호혜적인 놀이를 하는 것이다. 보완적이고 호혜적인 활동이란, 한 유아가 어떤 활동을 하면 다른 유아가 그 활동을 역으로 하는 등 상대방의 역할을 알고 있는 것이다.

⑤ [   ] : 두 유아가 4단계에서처럼 보완적이고 호혜적인 활동을 하며, 각 유아가 3단계에서처럼 서로에게 사회적 시도를 하는 것이다.

정답

② 상호존중의 병행놀이
③ 단순한 사회 놀이
④ 상호인식하에 보완적인 호혜적 놀이
⑤ 보완적이고 호혜적인 사회놀이

④ 인지놀이의 발달

(1) [   ] : 피아제에 의하면 유아의 놀이 중 첫 형태는 단순하고 반복적인 행동으로 나타나는데, 이것을 [   ](이)라 부른다. 감각운동기에만 나타나는 놀이는 아니며 아동기 내내 새로운 기술을 배울 때마다 나타난다. 또한, 연령 증가에 따라 보다 복잡해지고 정교해지며, 하나의 기술이 아니라 여러 운동기술이 사용되기도 한다.

(2) [   ]의 발달 : 유아가 놀잇감을 가지고 무엇인가를 창조하는 활동이다. 스밀란스키(Smilansky)와 뷜러(Buhler)는 [   ]을/를 유아의 놀이발달 단계 중 하나의 단계로 주장하였으나 피아제는 [   ]을/를 놀이와 일의 중간 위치에 있는 것이라고 보고 놀이로 인정하지 않았다.

① 쌓기놀이 발달 단계(존슨 Johnson, 1974) : 블록 옮기기, ⓐ [   ] 만들기 시작하기, ⓑ [   ] 만들기, ⓒ [   ] 만들기, ⓓ [   ] 나타내기, ⓔ [   ] 에 이름 붙이기, 블록에 의해 구조물을 ⓕ [   ] 할 수 있는 단계의 순서로 발달한다.

(3) [   ] : 학자마다 다양하게 명명되는데, 이들 용어는 세밀한 의미에서는 차이가 있으나 대체적으로 무엇인가 흉내를 내거나 자신이 가진 이미지를 ① [   ] 하는 과정이라는 점에서는 공통적이다. **예** • [   ] , 상상놀이, 가상놀이, 가장놀이, 극놀이, 환상놀이

(1) 기능놀이(연습놀이)

(2) 구성놀이
① ⓐ 구조물
ⓑ 다리
ⓒ 폐쇄 공간
ⓓ 장식적 패턴
ⓔ 구조물
ⓕ 표상

(3) 상징놀이
① 표상
• 상징놀이

정답

(4) 사회극놀이
　① ⓐ 현실적
　　　• 실제
　　　• 실제
　　ⓑ 가장적
　② ⓐ 역할이행
　　ⓑ 사물의 가작화
　　ⓒ 행동과 상황의 가작화
　　ⓓ 지속성
　　ⓔ 상호작용
　　ⓕ 언어적 의사소통
　　　• 상위 의사소통
　　　• 가장 의사소통
　③ ⓐ 성인 모방
　　ⓑ 현실역할의 강화
　　ⓒ 실제경험

---

(4) _____ : 가장 발전된 형태의 상징놀이로, 유아는 다른 사람의 역할을 하게 되며, 특정 상황에서의 행동이나 말을 모방하게 된다.

　① 사회극놀이의 두 가지 요소

　　ⓐ _____ 요소 : 사회극놀이의 중추가 되는 것은 유아들이 • ____ 의 인물이나 자신이 • ____ 접한 상황을 모방한다는 것이다.

　　ⓑ _____ 요소 : 아동들이 실제 사람의 행동을 모방하려 하지만 그러한 능력이 없기 때문에 _____ 요소가 개입된다. 이러한 _____ 요소는 성인의 세계에 들어갈 수 있기 때문에 이들에게 만족감을 준다.

　② 사회극놀이 성립의 6가지 범주(스밀란스키 Smilansky, 1968)

　　ⓐ _____ : 유아가 하나의 가장적 역할을 취하여 그의 행동이나 말을 하는 것이다. 📙 "나는 아빠야. 너는 엄마고, 그리고 이 인형은 우리의 아기야."

　　ⓑ _____ : 어떠한 사물을 실제 사물의 대용물로 사용하는 것이다. 📙 블록 토막을 컵처럼 마시는 행동에 사용하거나 맨손으로 물을 마시는 시늉을 한다.

　　ⓒ _____ : 행동이나 상황을 가작화하는 데 언어로 묘사한다. 📙 (파란 카펫을 보고) "여기는 바다야. 같이 헤엄치자. 어푸어푸."

　　ⓓ _____ : 사회극이 되려면 놀이가 최소한 10분 이상 지속되어야 한다.

　　ⓔ _____ : 최소한 두 명 이상의 놀이자가 놀이주제에 대해 상호작용을 해야 한다.

　　ⓕ _____ : 놀이주제와 관련된 놀이자 간 언어적 의사소통이다.

　　　• _____ : 놀이 에피소드를 구조화하고 조직화하는 데 사용되는 것이다.

　　　• _____ : 유아가 받아들인 역할자의 행동을 하는 데 사용되는 의사소통이다.

　③ 극놀이의 기능(하틀리 Hartly, 1971)

　　ⓐ 단순한 _____ 기능 : 자신이 목격한 성인의 행동을 놀이로 나타내면서 성인의 세계에 대해 보다 잘 이해하게 된다.

　　ⓑ _____ 기능 : 일상생활에서 익숙한 역할을 하면서 또래 간의 지도자 역할 등에 친숙해진다.

　　ⓒ _____ 와/과 가족관계 반영 : 극놀이에서 유아는 자신도 모르게 가정생활이나 가족들에 대한 것을 나타낸다.

ⓓ 유아의 [   ] 표현 : 막내의 경우 어른 역할이 해 보고 싶어지는 것이 그 예이다.

ⓔ [   ]의 출구 기능 : 공격적 역할을 해 볼 수도 있고 의사나 간호사 역할을 하면서 신체에 대한 호기심을 드러낼 수도 있다.

ⓕ [   ] 기능 : 가정에서 항상 무기력하게 느끼는 유아는 부모 역할을 함으로써 힘의 행사자가 된다. 또한 역할을 반대로 함으로써 유아는 다른 사람의 견해를 더 잘 알 수 있게 되며 나아가 자아개념의 확장도 이루어진다.

(5) [   ] : 인지발달이 이루어지면서 전조작기의 상징놀이가 점차 중요성을 잃어 가는 가운데 나타나는 놀이이다. [   ]은/는 감각운동적 조합(달리기, 구슬치기, 공놀이 등)이나 지적 조합(카드놀이, 장기 등)이 있는 놀이로서 개인 간 경쟁이 있는 것이 특징이다. 피아제(Piaget, 1962)는 유아의 연령이 증가할수록 게임의 종류가 증가해서 성인기까지 계속된다고 하였다.

① 그룹게임의 발달 단계(피아제 Piaget)

ⓐ 1단계 : 유아가 [   ] 단계로 게임이라고 부를 수 없는 놀이형태이다.

ⓑ 2단계 : [   ] 놀이단계(2~5세)로, 나이가 더 많은 유아를 모방하지만 대개 혼자 놀이를 하며 다른 유아와 놀아도 이기려 하지 않는 놀이형태이다.

ⓒ 3단계 : [   ] 놀이단계(7~8세)로, 유아는 놀이에서 이기려고 하며, 이기기 위해 규칙을 지키는 데 협력한다.

ⓓ 4단계 : [   ] 놀이단계(11~12세)로, 규칙을 통합하려는 시도에 협력하며 모든 상황을 예견하여 적용하고 복잡한 규칙을 만들기도 한다.

ⓓ 욕구
ⓔ 금지된 충동
ⓕ 역할의 반전

(5) 규칙있는 게임
① ⓐ 혼자 노는
ⓑ 자기중심적인
ⓒ 초기 협력적
ⓓ 규칙을 만들어서 노는

② 그룹게임의 종류(카미-드브리스 Kammi & DeVries, 1980)

분류	종류
ⓐ ▢▢▢▢ 게임	팥 주머니 던지기, 눈싸움
ⓑ ▢▢▢▢ 게임	손수레 끌고 달리기, 스푼으로 나르기
ⓒ ▢▢▢▢ 게임	듣고 무엇인지 말하기
ⓓ ▢▢▢▢ 게임	여우야 여우야 뭐하니, 고양이와 쥐
ⓔ ▢▢▢▢ 게임	보물찾기, 숨바꼭질
ⓕ ▢▢▢▢ 게임	코코코, 가라사대
ⓖ ▢▢▢▢ 게임	모양 같은 것 짝 짓기, 순서대로 배열하기
ⓗ ▢▢▢▢ 게임	윷놀이, 고누놀이

3 유아의 발달과 놀이 및 놀이관찰

 정답은 빨간색으로 작성해서 빨간시트로 가리고 다시 한번 복습해 보세요!

1 유아의 발달과 놀이

(1) 신체발달과 놀이

① _____ 을/를 하면서 뛰기, 던지기, 매달리기 등의 기본 운동능력이 향상되고 강인한 체력이 길러진다.

② 놀잇감을 보고, 만지고, 두드리는 등의 탐색 활동을 통해 _____ 능력이 발달한다.

③ 일상생활의 사고를 ⓐ _____ 하고 위험상황에 적절히 ⓑ _____ 하는 능력을 증진시킨다.

(2) 인지발달과 놀이 : 놀이와 상징적 사고의 발달

① _____ : 그 상황에 존재하지 않는 사물이나 아이디어를 나타내기 위해 사물을 사용하거나 몸짓을 사용하는 것이다.

② _____ (시겔 Siegel, 1993) : 사물의 기본 요소를 추상화하고 그러한 요소를 정신적으로 나타낼 수 있는 능력이다.

③ 놀이에서의 _____ : 시겔은 변형된 사물이 실제로 그것을 상징하고자 하는 정도를 나타내는 것이다. 변형에서 _____ 이/가 멀면 멀수록 정신적 요구가 많은 놀이가 된다.

④ _____ : 상징놀이는 타인 조망수용 능력의 발달을 촉진시켜 협상이나 양보의 행동을 할 수 있는 놀이기회를 만든다. 의미 있는 가장놀이는 ⓐ _____ 을/를 발달시키는 데 있어서도 도구적 역할을 한다.

⑤ _____ : 규칙있는 게임은 사물 변형, 역할 변형, 견해 조망 등 정신적 능력이 요구된다. 아동은 전략을 만들고 게임 전 규칙에 대해 논의하고 협상하게 된다.

⑥ 놀이를 통한 _____ : 비고츠키(Vygotsky)는 놀이를 통한 또래들의 _____ 은/는 근접발달지대(ZPD)의 최대치를 끌어올릴 수 있다고 했다.

⑦ 놀이와 _____ : 아기 인형이 없을 때 블록을 사용하는 등 새로운 방법으로 문제를 해결하거나 독특한 방식으로 해결하는 사고의 ⓐ _____ 이/가 길러진다.

 정답

(1) ① 운동놀이
　　② 감각 및 지각
　　③ ⓐ 예방
　　　 ⓑ 대처

(2) ① 상징
　　② 표상적 능력
　　③ 상징적 거리
　　④ 타인조망
　　　 ⓐ 마음이론
　　⑤ 놀이전략
　　⑥ 비계설정
　　⑦ 문제해결력
　　　 ⓐ 융통성

(3) ① 정화
   ② 자율성
   ③ 문제 해결

(4) ① ⓐ 탐색
       ⓑ 융통적
       ⓒ 확산적
   ② ⓐ 융통성
       ⓑ 창의적

(5) ① 조망수용능력
   ② 상호주관성
       ⓐ 또래 간 유능성
       • 갈등
   ③ 자기조절

(3) 정서발달과 놀이

① 프로이트(Freud)는 놀이를 통해 유아들의 소망이 충족되고 부정적 감정을 [   ] 시킬 수 있다고 했다.

② 셔턴-스미스(Sutton-Smith)는 놀이 상황에서 자신이 통제하고 숙달하는 과정을 거치면서 통제감과 [   ]이/가 성장한다고 했다.

③ 사회극놀이를 통해 다른 역할을 담당하면서 그 역할에 대한 정서적 반응을 표현할 수 있고 이러한 경험으로 감정의 차이를 이해할 수 있게 되며 [   ] 기술을 발달시키고 자신에 대한 긍정적 감정을 갖게 한다.

(4) 창의성 발달과 놀이

① 놀이 행동에는 실험적 요소가 많이 포함되어 있어 ⓐ [   ]와/과 ⓑ [   ] 사고, ⓒ [   ] 사고를 하게 되고 결과적으로 창의성이 발달한다.

② 브루너(Bruner)는 '어떻게 한 사회가 미숙한 아동에게 점점 예측할 수 없는 미래를 다루도록 준비시킬 수 있는가?'라는 질문을 던졌고, 이에 대해 엘리스(Ellis, 1988)는 적응력, ⓐ [   ], 그리고 ⓑ [   ] 사고를 증진시켜야 된다고 생각했다.

(5) 사회성·도덕성 발달과 놀이

① 놀이와 [   ] : 극놀이에서는 유아가 다양한 역할을 하므로 사회극놀이를 통해 유아의 [   ]을/를 발달시킬 수 있다.

② [   ] : 구성원이 상호작용을 통해 과제를 수행하고자 할 때 서로 다른 수준과 범위에서 이해하고 있던 두 참여자가 서로의 관점을 이해하고 서로 조절해 나가면서 의사소통을 위한 공동의 화제를 생성하고 공유된 이해를 창출하는 것이다.

   ⓐ [   ] : 또래와 성공적으로 상호작용하기 위해 필요한 사회적 기술로 또래와 놀이를 시작, 유지, 발전시키고 또래와 의사소통을 통해
   • [   ]을/를 해결하는 기술이다.

③ [   ]의 촉진 : 비고츠키는 가상놀이가 영유아에게 상상적 상황을 이끌어 내도록 하고 그 안에서의 규칙(내재된 규칙)을 따르도록 하기 때문에 유아들에게 [   ]을/를 연습하게 돕는다고 했다.

2 놀이관찰

(1) 사회놀이 척도(파튼 Parten, 1932)

① [   ] : 생후 1년 내 영아들은 자신의 신체를 가지고 놀거나 돌아다니며, 교사를 따라다니거나 주위를 둘러보는 등의 목적 없는 행동을 한다.

② [   ] : 2세 이하의 영아는 다른 놀이를 하는 친구를 보기는 하나, 놀이 활동을 같이 하지는 않는다. 그러나 무심히 지켜보기보다는 흥미 있는 친구의 행동을 계속 관찰하기도 하고 질문도 던지기도 한다.

③ [   ] : 2~2세 반경에 나타나는 놀이로, 이 연령의 유아는 주로 주변의 다른 유아의 놀이를 쳐다보거나 혼자놀이를 한다.

④ [   ] : 2세 반이 지나면 옆의 유아와 같은 놀잇감을 가지고 놀이를 하지만 서로 상호작용은 하지 않는다.

⑤ [   ] : 3세에서 4세 사이가 되면 점차 서로 나누어 갖기, 빌려 주기, 차례로 하기 등의 상호작용이 나타난다.

⑥ [   ] : 공동 목표를 가지며, 지휘권이 있는 유아를 중심으로 놀이를 한다.

(2) 사회극놀이 척도(스밀란스키 Smilansky, 1968)

① [   ] : 유아가 엄마나 아빠의 역할을 받아들이고 그러한 역할을 언어로 나타내거나("나는 엄마야.") 적합한 행동(아기를 재우는 시늉)을 한다.

② [   ] : 사물, 행동, 상황을 나타내기 위해 상징이 사용된다.

③ [   ] : 적어도 2명의 유아가 놀이 에피소드와 관련하여 서로 상호작용을 한다.

④ [   ]

ⓐ [   ] 의사소통 : 놀이 에피소드를 구조화하고 조직화하는 데 사용된다.

ⓑ [   ] 의사소통 : 유아가 받아들인 역할자의 행동을 하는 데 사용하는 의사소통이다.

⑤ [   ] : 유아원 유아들은 5분 정도, 유치원 유아들은 10분 정도 놀이를 지속해야 사회극놀이로 간주한다.

(3) 또래놀이 척도(하우웨/하우스와 매더슨 Howes & Matheson, 1992)

① [   ] : 유아들이 서로 가까운 곳에서 같은 놀이를 하고 있으나 눈과 눈의 마주침이나 언어적 교류가 없다.

정답

(1) ① 몰입되지 않은 놀이
② 방관자적 놀이
③ 단독놀이
④ 병행놀이
⑤ 연합놀이
⑥ 협동놀이

(2) ① 역할이행
② 가상전환
③ 사회적 상호작용
④ 언어적 의사소통
ⓐ 상위
ⓑ 가장
⑤ 지속성

(3) ① 단순 병행놀이

② 상호인식 병행놀이
③ 단순 사회놀이
④ 상호 보완적 놀이
⑤ 협동적 사회 가작화 놀이
⑥ 복합적 사회 가작화 놀이

② [   ] : 눈과 눈의 마주침이 있는 병행놀이이다. 상대방의 존재나 활동은 인식하지만 서로 교류하지는 않는다.

③ [   ] : 같은 유형의 놀이를 하면서 서로 이야기를 하고 놀잇감을 주고받으며 미소를 짓는 등 사회적 상호작용을 하는 것이다.

④ [   ] : 상호 보완적인 상호작용이 있는 사회놀이나 게임을 하는 것이다.

⑤ [   ] : 역할이 뚜렷이 명명화되지는 않으나 서로 보완적인 역할을 수행하며 사회적 가작화 놀이에 참여한다.

⑥ [   ] : 사회 가작화 놀이를 하면서 상위 의사소통이 이루어지는 것이다.

(4) ① 인지적
　　ⓐ 기능놀이
　　ⓑ 구성놀이
　　ⓒ 극화놀이
　　ⓓ 규칙 있는 게임
② 사회적
　　ⓐ 혼자놀이
　　ⓑ 병행놀이
　　ⓒ 집단놀이

(4) 사회 · 인지적 놀이 척도(루빈 Rubin, 1976)

① [ ] 수준				
② [ ]	ⓐ [ ]	ⓑ [ ]	ⓒ [ ]	ⓓ [ ]
	ⓐ [ ]	혼자 – 기능 놀이	혼자 – 구성 놀이	혼자 – 극화 놀이	혼자 – 규칙 있는 게임
	ⓑ [ ]	병행 – 기능 놀이	병행 – 구성 놀이	병행 – 극화 놀이	병행 – 규칙 있는 게임
수준	ⓒ [ ]	집단 – 기능 놀이	집단 – 구성 놀이	집단 – 극화 놀이	집단 – 규칙 있는 게임

(5) ① ⓐ • 놀이 상호작용
　　　　 • 놀이 방해
　　　　 • 놀이 단절
　　 ⓑ 유지
② ⓐ 내적
　　 ⓑ • 신체적 자발성
　　　　 • 사회적 자발성
　　　　 • 인지적 자발성
　　　　 • 즐거움의 표현
　　　　 • 유머 감각

(5) 기타 놀이 척도

① Penn 상호작용 또래놀이 척도(Penn Interactive Peer Play Scale : PIPPS, 판투조 등 Fantuzzo, 1995)

ⓐ 놀이행동 목록을 • [   ], • [   ], • [   ] 와/과 같은 3가지 요인으로 나눴다.

ⓑ 기존의 놀이 척도에서 측정하는 사회적 상호작용의 수준이나 놀이의 발달적인 순서를 측정하는 것과 달리 이 도구는 유아들 사이에서 놀이를 [   ] 하기 위한 직접적인 효율성 차원을 측정한다.

② 놀이성 척도(바네트 Barnett, 1991)

ⓐ 놀이성(playfulness)을 다양한 환경에서 질적인 놀이 상호작용을 하는 [   ] 성향으로 보고 놀이성을 측정하는 척도를 개발했다.

ⓑ • [   ], • [   ], • [   ], • [   ], • [   ] 의 5개 하위 요인으로 구성된 총 23개 문항의 5점 척도이다.

놀이지도와 교사의 역할

 정답은 빨간색으로 작성해서 빨간시트로
가리고 다시 한번 복습해 보세요!

1 놀이와 유아교육과정

(1) 놀이와 유아교육과정과의 관계

① 이론적인 관점 : 놀이를 유아교육과정에 포함해야 하는가의 문제에 대한 관점이다.
ⓐ _____ 에 근거한 유아교육 과정에서는 놀이를 많이 사용하지 않는다.
발달은 외적인 동기 부여로 이루어진다고 간주하여 외적 자극에 더 많은 강조점을 둔다.
반면, 듀이의 ⓑ _____ 이론, 피아제나 비고츠키의 ⓒ _____
이론 등에 근거한 유아교육과정에서는 놀이를 많이 활용한다.

② 실제적인 관점 : 유아교육과정 속에 놀이를 어떻게 활용하는가에 관한 것이다.
존슨 등(Johnson et al., 2005)은 놀이와 유아교육과정과의 관계를 ⓐ _____,
ⓑ _____, ⓒ _____ (으)로 구분하고 있다.

ⓐ _____ : 놀이를 통한 유아들의 상호작용으로 유아들의 인지적 발달, 사회
및 정서의 발달, 신체적 발달 등과 같은 교육적 효과를 얻으려 한다.

ⓑ _____ : 놀이를 유아교육과정 활동에서 사용하지 않는 경우이다. 의복의
종류와 활용에 대해 학습할 때 놀이를 활용하지 않고 실물자료나 영상자료, 의
복 관련 책 등의 활용을 통해 활동이 이루어지는 것을 말한다.

ⓒ _____ : 놀이를 유아교육과정의 전개에 활용하기는 하지만 놀이에 전적으
로 의지하여 전개하고자 하는 것은 아니다.

③ 관계의 방향성 관점(Van Hoorn, Nourot Scales & Alward, 1993)

ⓐ _____ (play-generated curriculum)
: 유아들의 놀이에서 나타난 흥미와 주제가 교육활동의 주제로 조직되는 것을
말한다. • _____ 접근법이나 레지오 에밀리아 프로그램이 대표적
유형이다.

ⓑ _____ (curriculum-generated play)
: 유아교육과정 속에 들어 있는 다양한 개념이나 학습기술 등을 놀이를 통해
학습할 수 있도록 놀이를 제공하는 것을 말한다. • _____ 통합교
육과정은 교육과정에서 발현된 놀이를 잘 보여 주는 대표적인 프로그램이다.

 정답

(1) ① ⓐ 행동주의
　　　ⓑ 아동중심
　　　ⓒ 구성주의
　　② ⓐ 통합
　　　ⓑ 분리
　　　ⓒ 병렬
　　③ ⓐ 놀이에서 발현된
　　　　교육과정
　　　• 프로젝트
　　　ⓑ 교육에서 발현된 놀이
　　　• 활동중심

2 놀이지도의 의의

(1) ＿＿＿＿＿＿＿ : 영유아들은 스스로 곰곰이 생각하여 추진하는 일이 성인에게 ① ＿＿＿＿ 을/를 받으면 독립성과 ② ＿＿＿＿＿＿ 이/가 형성되어 자신감이 생기게 된다. 또한, 놀이에 대한 교사의 관심은 영유아에게 놀이에 대한 ③ ＿＿＿＿ 을/를 일으키고 놀이의 가치를 깨닫게 하여 놀이에 ④ ＿＿＿ 하게 하고 다양한 놀이를 유도할 수 있다.

(2) ＿＿＿＿＿＿＿ : 성인이 놀이에 참여하는 것은 영유아와 ① ＿＿＿＿ 을/를 형성할 수 있는 좋은 방법이다. ① ＿＿＿ 은/는 신뢰와 친근감으로 이루어진 인간관계이다.

(3) ＿＿＿＿＿＿＿ : 성인이 영유아의 놀이에 참여하면 놀이가 중단되는 경우도 있지만 일반적으로 놀이지도는 놀이를 중단시킬 수 있는 방해물의 완충제 역할을 할 수 있다. 영유아가 놀이를 지속적으로 하는 것은 ① ＿＿＿＿＿＿ 와/과 ② ＿＿＿＿＿＿＿ 에 좋은 역할을 하여 이후 학업성취에 결정적인 요소가 된다.

(4) ＿＿＿＿＿＿＿＿＿＿ : 관찰로 영유아의 현재 상태를 파악하고 근접발달영역(ZPD) 안에서 ① ＿＿＿＿＿＿ 을/를 통해 놀이를 더욱 세련되게 할 수 있다.

(5) ＿＿＿＿＿＿＿＿＿＿＿ 의 발달 : 성인이 참여하는 놀이훈련은 영유아의 창의성, 언어적 지능, 조망능력, 협동심 등의 능력을 촉진한다.

3 놀이지도를 위한 교사의 역할

(1) ＿＿＿＿＿＿ : 유아교사의 가장 중요한 역할이며 ① ＿＿＿＿ 을/를 통해 유아교사는 놀이에 대한 영유아의 ② ＿＿＿＿ 이/가 무엇인지 파악해야 한다.

(2) ① ＿＿＿＿＿＿＿＿ 및 ② ＿＿＿＿＿＿＿＿＿＿＿ : 놀이는 ⓐ ＿＿＿＿＿, ⓑ ＿＿＿＿＿, ⓒ ＿＿＿＿＿, ⓓ ＿＿＿＿＿＿＿ 등의 요인으로 이루어진다. (와들 Wardle, 2003) 영유아들의 놀이는 유아교사가 어떤 놀이 ⓔ ＿＿＿＿ 을/를 제공하는가에 따라 놀이가 복잡해지기도 하고 단조로워지기도 하므로 유아교사는 영유아들에 대한 관찰을 토대로 놀이를 계획하고 놀이 ⓔ ＿＿＿＿ 을/를 구성해 주어야 한다.

(3) ① ＿＿＿＿＿＿＿＿ 및 ② ＿＿＿＿＿＿＿＿＿ : 유아교사는 영유아들의 놀이에 참여하고 필요할 때 제언을 하며 직접적 혹은 간접적으로 놀이에 ⓐ ＿＿＿ 할

수 있다. 교사는 영유아들의 놀이를 응시하거나 옆에서 언어적, 비언어적인 격려를 하는 것과 같이 놀이에 직접적으로 참여하지 않는 ⓑ [   ] 놀이 참여와 ⓒ [   ](으)로서 놀이에 참여하고, 놀이의 확장을 위해 직접 지도하는 ⓓ [   ] 놀이 참여가 있다.

(4) [   ] : 유아교사는 놀이의 체계적 관찰을 통해 영유아의 놀이행동에 관한 정보를 얻고, 영유아의 놀이에 관한 흥미와 기술적 발달 등을 파악할 수 있다.

4 놀이에서 유아교사의 개입

(1) 유아교사 개입의 중요성 ⃝✗ 문제

① 놀이에서의 개입은 영유아의 학습에도 영향을 미치므로 중요한 역할을 한다. [   ]

② 영유아의 놀이에서 교사가 영유아와 상호작용 및 개입을 하는 방법은 놀이상황에 맞지 않아도 풍부할 필요가 있다. [   ]

(2) 교사 개입이 필요한 경우 ⃝✗ 문제

① 발달 및 학습과 놀이의 관계에 대한 교사의 신념 및 가치에 의해 놀이 개입이 이루어진다. [   ]

② 영유아가 무엇인가 배울 것이 있다고 여겨질 때 놀이개입이 이루어진다. [   ]

③ 놀이가 효과적으로 이루어질 때 놀이 개입이 이루어질 수 있다. [   ]

(3) 영유아의 놀이에 대한 교사 개입의 중요성 ⃝✗ 문제

① 교사와의 긍정적인 상호작용으로 인해 좀 더 안정된 애착을 형성할 수 있다. [   ]

② 교사와의 사회적 상호작용을 통해 놀이는 단순하게 되고 놀이 지속시간도 감소한다. [   ]

③ 교사는 놀이개입을 통해 또래 간의 관계를 조절하고 사회적 상호작용의 성공적인 기술들을 지도할 수 있다. [   ]

④ 영유아의 놀이범위를 제한시키고 학습 효과를 강화하며 놀이자료, 아이디어와 기술을 제공하여 놀이를 보다 단순하게 한다. [   ]

(4) 교사의 놀이개입의 종류

① 스밀란스키(Smilansky, 1968)의 사회극놀이 개입 단계

ⓐ 1단계 : 유아들에게 [   ]을/를 제공한다. 예 현장학습

ⓑ 2단계 : 다양한 경험을 놀이로 만들 수 있는 [   ]을/를 제공한다. 예 장소, 소품 등

정답

ⓑ 소극적
ⓒ 공동놀이자
ⓓ 적극적

(4) 평가자

(1) ① ⃝
   ② ✗

(2) ① ⃝
   ② ⃝
   ③ ✗

(3) ① ⃝
   ② ✗
   ③ ⃝
   ④ ✗

(4) ① ⓐ 다양한 경험
      ⓑ 환경

ⓒ • 관찰
  • 지원
ⓓ 개입
② ⓐ 외적중재
  • 밖
ⓑ 내적중재
  • 참여
ⓒ 주제-환상 훈련
  • 구조화
  • 극놀이
③ ⓐ 병행놀이
ⓑ 협동놀이
ⓒ 놀이지도
  • 외적중재
  • 밖
  • 내적중재
  • 역할
ⓓ 현실대변인
  • 밖
  • 현실

ⓒ 3단계 : 놀이를 • [   ] 하며 놀이 기술이 부족한 유아를 확인하고 • [   ] 한다. 예 가작화가 어려운 유아 지원

ⓓ 4단계 : 놀이 내부 혹은 외부에서 사회극 놀이에 [   ] 한다.

② 스밀란스키와 존슨(Smilansky & Johnson, 1968)의 사회극놀이 훈련 유형

ⓐ [   ] : 놀이 상황 • [ ] 에서 유아에게 사회극놀이 행동을 하도록 제안하는 것이다.

ⓑ [   ] : 교사가 사회극 놀이의 역할을 맡아 놀이에 • [   ] 하여 유아에게 사회극놀이 가작화 행동의 구체적 모델을 제공한다.

ⓒ [   ] : • [   ] 된 놀이훈련이다. 교사는 동화를 유아들에게 읽어 주고 유아들에게 역할을 배정해 주며 신호를 주거나 역할을 맡아서 유아들의 • [   ] 을/를 도와주는 것이다. 사회극놀이 경험이 전혀 없거나 거의 없는 유아에게 효과적이다.

③ 우드, 맥마흔, 크램스톤(Wood, McMahon & Cramstoun, 1980) 놀이개입 유형

ⓐ [   ] : 교사가 유아와 상호작용이나 직접적인 개입을 하지 않으면서 물리적으로 가까운 거리에서 놀이지도를 하는 개입방법이다.

ⓑ [   ] : 유아가 하고 있는 놀이에 교사가 함께 참여하지만 놀이의 주도권은 유아에게 맡기는 것이다.

ⓒ [   ] : 새로운 놀이의 계획자, 중재자, 대본 구성자의 역할로 놀이를 계획하고 시작하며 놀이에서 좀 더 지배적인 역할을 하게 된다.

• [   ] : 교사가 놀이 • [ ] 에서 유아에게 사회극놀이 행동을 격려하거나 의견을 말하거나 제안하는 것을 말한다. 놀이에 대한 제안은 실생활에서의 유아에 관한 것이 아니라 유아가 받아들인 역할에 관한 것이어야 한다.

• [   ] : 교사가 놀이에 참여하여 하나의 • [   ] 을/를 하면서 유아가 하지 않았던 사회극놀이 행동의 모델이 되어 주는 것이다.

ⓓ [   ] : 놀이가 학업이나 교육의 매개체로 사용될 때 일어날 수 있다. 교사는 놀이 상황 • [ ] 에서 머물면서 유아가 놀이와 • [   ] 을/를 연결시킬 수 있게 돕는다. 교사는 유아가 가상성을 잠시 중단하고 현실적인 상황이나 개념을 놀이 에피소드에 끼워 넣을 수 있도록 질문과 제안을 한다. 놀이가 깨질 가능성이 있기 때문에 유아의 가장적 역할이 확고할 때 개입한다.

④ 존슨, 크리스티, 야키(Johnson, Christie & Yawkey, 1999)의 놀이개입 유형

ⓐ ＿＿＿＿＿＿＿＿ : 영유아의 놀이에 참여하지 않는 것을 말한다. 엔즈와 크리스티(Enz & Christie, 1997)에 의하면 교사가 • ＿＿＿＿＿＿＿＿＿ 의 역할을 할 때 유아들은 • ＿＿＿＿＿＿＿＿ (이)나 거친 신체놀이를 많이 하는 경향이 있다고 한다.

ⓑ ＿＿＿＿＿ : 유아의 놀이 활동을 감상하는 • ＿＿＿＿ 의 역할이다. 교사는 영유아의 놀이에 대한 정보를 얻을 수 있다. 유아는 놀이를 지켜보고 있는 교사로부터 승인이나 격려 등을 통해 자신의 놀이가 교사로부터 • ＿＿＿ 받고 있음을 알고 자신의 놀이를 가치 있게 생각한다.

ⓒ ＿＿＿＿＿＿＿＿＿ : 놀이에 참여하지 않고 영유아의 놀이 준비를 돕는 데 적극적인 역할을 하고, 놀이 • ＿＿＿＿ 이/가 보다 효과적으로 • ＿＿＿ 되도록 돕는 역할을 하는 유형이다.

ⓓ ＿＿＿＿＿＿＿＿ : 유아교사가 영유아의 놀이에 적극적으로 참여하고 동등한 놀이 파트너로서의 역할을 수행한다. 교사는 극놀이에서 주로 가게 손님이나 환자, 비행기의 승객과 같은 • ＿＿＿＿＿＿ 의 역할을 맡고 중요한 역할은 영유아가 맡도록 한다.

ⓔ ＿＿＿＿＿＿＿＿＿＿ : 영유아의 놀이에 적극적으로 참여하고 새로운 놀이 • ＿＿＿ 을/를 제안하거나, 현재 진행되고 있는 주제를 확장시키기 위한 새로운 • ＿＿＿ (이)나 사건들을 소개할 수 있다. 그러나 지나친 개입은 유아의 창의성과 자발성을 저해할 수 있다.

ⓕ ＿＿＿＿＿ : 유아의 놀이를 통제하고 유아에게 무엇을 할지 지시를 하기도 하므로 매우 • ＿＿＿＿＿＿＿ 인 개입방법이다.

ⓖ ＿＿＿＿＿ : 유아의 가상적이고 자발적 놀이를 촉진하는 역할을 하기보다는 놀이 도중에 질문을 던짐으로써 현실적인 • ＿＿＿＿＿＿ 와/과 관련된 측면에 초점을 맞춘다.

⑤ 볼프강과 샌더스(Wolfgang & Sanders, 1982)의 교사지도 연속모형(TBC : Teacher Behavior Continuum)

ⓐ ＿＿＿＿ 예 눈맞춤, 웃음, 고개 끄덕이기

ⓑ ＿＿＿＿＿＿＿＿＿ 예 아기 인형에게 우유를 먹이고 있구나.

ⓒ ＿＿＿＿ 예 아기에게 우유를 먹였으니 그 다음에는 어떻게 해야 할까?

④ ⓐ 비참여자
　• 비참여자
　• 기능놀이
ⓑ 방관자
　• 청중
　• 인정
ⓒ 무대 관리자
　• 환경
　• 조직
ⓓ 공동놀이자
　• 최소한
ⓔ 놀이지도자
　• 주제
　• 소품
ⓕ 감독자
　• 교사 주도적
ⓖ 교수자
　• 인지학습
⑤ ⓐ 응시
ⓑ 비지시적 진술
ⓒ 질문

ⓓ 지시적 진술
ⓔ 모델링
ⓕ 물리적 개입
⑥ ⓐ 자유 발견
  • 탐색
  • 발견
 ⓑ 유도적 발견
  • 모델링
  • 제안
 ⓒ 지시적 발견

(3) ① 놀잇감
  ⓐ 놀잇감
  ⓑ 공격
  ⓒ 사회적
 ② 사전경험
 ③ 공간
 ④ 시간

ⓓ _____ 예 아기가 졸린 것 같으니 재워 주자.

ⓔ _____ 예 아기를 안을 때는 이렇게 안아 주자. (직접 시범)

ⓕ _____ 예 소품 제시, 신체적 아동 행동 교정

⑥ 피터, 나이스워드, 야키(Peter, Neisworth, Yawkey, 1985)의 놀이개입 방법

ⓐ _____ : 놀이개입을 위해 교사의 계획에 의해 구성된 놀이환경에서 유아가 자유로운 탐색과 놀이를 하는 것이다. 유아가 놀이를 통해 자유롭게 • _____ 와/과 • _____ 을/를 할 수 있도록 놀잇감을 충분히 준비해야 한다.

ⓑ _____ : 교사에 의해 준비된 환경 속에서 질 높은 유아의 놀이가 이루어질 수 있도록 • _____ 및 놀이 • _____ 등 다양한 방법으로 교사가 유도하는 것이다.

ⓒ _____ : 유아의 놀이에 언어적, 비언어적인 다양한 방법을 통해 직접적으로 개입하는 가장 적극적인 개입 방법이다.

(3) 놀이지도 시 준비사항

① _____ : 유아의 놀이는 어떤 종류의 ⓐ _____ 이/가 있는가에 따라 많은 영향을 받는다. ⓐ _____ 의 수가 증가할수록 ⓐ _____ 와/과의 접촉이 증가하며 ⓑ _____ 적 행동은 감소한다. 반면, ⓐ _____ 이/가 감소하면 아동 간의 ⓒ _____ 접촉과 공격성이 증가한다.

② _____ : 유아교사들은 영유아들의 놀이 경험을 위해 현장견학을 가는 등의 방법으로 사회극놀이가 나타나도록 조장할 수 있다.

③ _____ : 충분한 _____ 에서는 구성놀이나 역할놀이 혹은 쌓기놀이와 같이 대근육을 사용하는 놀이가 많이 나타나지만 좁은 _____ 에서는 조용한 활동들이 주로 나타난다.

④ _____ : 사회극놀이나 구성놀이를 계획하고 수행하기 위해서는 영유아들에게 충분한 _____ 이/가 필요하므로 교사의 융통성 있는 _____ 운영이 필요하다.

5 놀이환경 및 놀잇감

정답은 빨간색으로 작성해서 빨간시트로
가리고 다시 한번 복습해 보세요!

1 놀이터의 유형

(1) ⬜⬜⬜⬜⬜ 놀이터 : 그네, 미끄럼틀, 시소, 정글짐과 같은 철제 고정 시설물이 질서 정연하게 설치되어 있는 놀이터이다.

(2) ⬜⬜⬜⬜ 놀이터 : 고정 시설물 외에 타이어, 목재, 전화선 감개, PVC파이프 등과 같은 이동기구를 제공하여 유아 스스로 놀이기구를 창조해 보도록 계획된 놀이터이다.

(3) ⬜⬜⬜ 놀이터 : 완성된 놀이터가 아니라 유아들이 창조하여 완성시키는 놀이터이다. 유아가 땅을 파거나 여러 가지 건축자재로 집이나 참호 등을 만들 수 있다.

2 놀이터의 디자인

(1) 놀이터 디자인 시 고려할 점

① ⬜⬜⬜⬜ : 다양한 놀이 경험을 제공하는 놀이환경이 되어야 한다.

② ⬜⬜⬜⬜ : 놀이시설물이 서로 연관됨으로써 놀이 활동을 자연스럽게 연결시킬 수 있어야 한다.

③ ⬜⬜⬜⬜ : 놀이환경은 유아들의 놀이 및 놀이자 간 상호작용을 자극하도록 구성되어야 하며, 놀이시설물은 어린이가 집단으로 이용할 수 있도록 디자인되어야 한다.

④ ⬜⬜⬜⬜ : 놀이터의 시설물은 기계적으로나 기능적으로 ⬜⬜⬜⬜⬜ 이/가 있어야 한다.

⑤ ⬜⬜⬜⬜ : 놀이터에는 어린이의 신체 협응력, 균형감각 및 체력을 배양할 수 있는 시설물이 설치되어야 한다.

⑥ ⬜⬜⬜⬜ : 여러 연령층의 어린이가 각기 다른 기술을 연마하고 발전시켜 나갈 수 있는 놀이터가 되어야 한다.

⑦ ⬜⬜⬜⬜ : 안전한 놀이터란 ⓐ ⬜⬜⬜ 이/가 발생하지 않는 놀이터일 뿐만 아니라 어린이들이 사고에 대한 ⓑ ⬜⬜⬜⬜ 없이 다양한 놀이를 과감하게 할 수 있도록 격려하는 환경을 의미한다.

정답

(1) 전통적

(2) 창조적

(3) 모험

(1) ① 복합성
② 연관성
③ 사회성
④ 융통성
⑤ 도전성
⑥ 계발성
⑦ 안전성
ⓐ 사고
ⓑ 두려움

정답

⑧ 내구성

(2) 밀도
① ⓐ 밀집도
② ⓐ 사회적 밀집도
　ⓑ 공간적 밀집도
③ ⓐ 신체적 접촉
　ⓑ 공격적 행동
④ ⓐ 활동

(4) ① 3.2
　② 21~22
　③ 120
　④ ⓐ 160
　　ⓑ 120

(1) ① 소형
　② 대형

⑧ [   ] : 놀이터의 시설물은 오랜 시간 많은 어린이들이 사용해도 손상되지 않도록 튼튼해야 한다.

(2) 놀이 공간의 [   ]

① 놀이 공간의 밀도 : 놀이 공간에서 영유아 한 명당 차지할 수 있는 넓이를 말하는 것으로 ⓐ [   ]을/를 나타내는 지표이다.

② ⓐ [   ] 와/과 ⓑ [   ] (맥그류 McGrew, 1972)

ⓐ [ ]	공간의 크기를 일정하게 유지하면서 유아의 수를 조절하는 것을 말한다.
ⓑ [ ]	영유아의 수는 일정하게 유지하면서 공간의 크기를 조절하는 것을 말한다.

③ 일반적으로 밀집도가 높은 환경일수록 유아들 간의 ⓐ [   ] 이/가 증가되고 이로 인하여 서로 간의 놀이가 방해됨에 따라 ⓑ [   ] 이/가 증가되는 경향이 있다.

④ 밀집도가 낮은 공간 또는 개방된 실외놀이 공간에서 유아는 뛰어다니는 ⓐ [   ] 적인 놀이 선택이 더 많아진다.

(3) 놀이에 영향을 미치는 요인 : 성별, 연령, 기질 및 정서상태, 자발성 및 놀이 경험, 또래와의 관계, 부모와의 관계, 교사와의 관계, 놀이환경(놀이공간의 밀집도, 놀잇감 등)

(4) 실내 · 외 환경 척도

① 활동실 공간은 어린이 한 명당 최소 [   ] ㎡ 이상이 되어야 한다.

② 실내 온도는 [   ] ℃가 적당하다.

③ 가구 및 기구 높이는 [   ] ㎝ 이하여야 한다.

④ 「고등학교 이하 각급 학교 설립 · 운영 규정」 '체육장의 기준 면적' : 40인 이하일 경우 ⓐ [   ] ㎡ 이상이어야 하며, 41명 이상일 경우에는 {ⓑ [   ] ㎡ + 학생 정원}으로 한다.

③ 놀잇감의 분류

(1) 규모에 따른 분류

① [   ] 놀잇감 : [   ] 모조품을 말한다. 다양한 상상놀이 및 사회극놀이가 가능하며, 동물이나 군인 등의 모형을 사용하여 경험의 폭을 넓힐 수 있다.

② [   ] 놀잇감 : 실물과 비슷하게 제작된 놀잇감이다. 유아가 주변이나 주변 인물, 사건을 모방하는 놀이를 하는 데 도움이 된다.

(2) 디자인에 따른 분류

① 놀잇감의 ⬚⬚⬚⬚⬚ : 놀잇감이 실제 사물과 닮은 정도를 말한다. ⬚⬚⬚⬚⬚ 이/가 높은 놀잇감은 한정된 방식으로 사용되는 경우가 많고 용도가 다양하지 않아서 구조성이 높고 폐쇄적인 놀잇감이다. ⬚⬚⬚⬚⬚ 이/가 낮은 놀잇감은 다양한 용도로 활용할 수 있는 경우가 많아 구조성이 낮고 개방적이다.

② 놀잇감의 ⬚⬚⬚⬚⬚ : 놀잇감을 특정한 용도로 사용하는가 혹은 다양한 용도로 사용할 수 있는가의 문제이다. 놀잇감을 다양한 용도로 사용하는 경우 놀잇감의 ⬚⬚⬚⬚⬚ 은/는 낮고, 제한된 용도로만 사용하게 되면 ⬚⬚⬚⬚⬚ 은/는 높다.

③ ⬚⬚⬚⬚⬚ 놀잇감 : 고정된 방법으로 반복 사용하여 놀잇감에 숙달될 수는 있지만 다양한 흥미를 제공하지 못해 유아들이 지루해할 수 있다.

④ ⬚⬚⬚⬚⬚ 놀잇감 : 놀잇감의 용도가 무제한으로 개방되어 있어 다양하고 창의적인 놀이에 활용될 수 있다.

ⓐ ⬚⬚⬚⬚⬚ 놀잇감 : 단위블록처럼 형태는 몇 가지 유형으로 나뉘며 크기는 기준 단위를 중심으로 배수가 되게 만들어진 놀잇감이다.

ⓑ ⬚⬚⬚⬚⬚ 놀잇감 : 찰흙이나 점토처럼 형태와 크기가 결정되어 있지 않은 놀잇감을 말한다.

(3) 놀잇감 구조의 복잡성에 따른 분류

① 놀잇감의 복잡성 정도에 근거한 놀이 구성 단위(프레스콧 Prescort)

ⓐ ⬚⬚⬚⬚⬚ 단위 : 한 가지 조작적 요소만을 가진 놀잇감으로 다른 어떤 소품도 함께 주어지지 않는 경우이다.

ⓑ ⬚⬚⬚⬚⬚ 단위 : 두 가지가 관련된 놀잇감을 결합한 것으로 모래와 함께 플라스틱 삽, 깔때기, 양동이가 제공되는 경우이다.

ⓒ ⬚⬚⬚⬚⬚ 단위 : 세 가지 이상의 관련된 놀잇감을 결합한 것으로 모래와 다양한 유형의 모래놀이 소품 이외에 물을 함께 제공하는 경우이다.

놀이 단위 수	단위 유형	놀이 공간의 수
자동차	ⓐ ⬚⬚⬚ 단위	ⓓ ⬚⬚⬚
모형 트럭 + 흙	ⓑ ⬚⬚⬚ 단위	ⓔ ⬚⬚⬚
물과 도구들이 있는 모래 책상	ⓒ ⬚⬚⬚ 단위	ⓕ ⬚⬚⬚

※ 놀이 공간의 수 : 주어진 단위로 편안하게 놀이할 수 있는 아동의 수

정답

(2) ① 실제성(사실성)
② 구조성
③ 폐쇄적
④ 개방적
ⓐ 기준치수
ⓑ 자유

(3) ① ⓐ 단순
ⓑ 복합놀이
ⓒ 슈퍼복합
ⓓ 1
ⓔ 4
ⓕ 8

(1) ① 안전성
② 내구성
③ 적합성
④ 경제성

(2) ① 지적
ⓐ 사고력
ⓑ 문제해결력
② 신체
ⓐ 협응력
③ 사회 · 정서
ⓐ 창의력
ⓑ 집단 활동

4 놀잇감 선택의 일반적인 지침과 조건

(1) 기능적 조건

① [   ] : 무해성, 강도, 디자인, 위생(청소 가능성) 등을 고려해야 한다.

② [   ] : 기상 조건에 알맞고 빈번한 사용을 고려해야 하며 간편하게 보관하고 관리할 수 있는 놀잇감이어야 한다.

③ [   ] : 형태, 크기, 난이도가 유아의 발달 수준 및 유아의 흥미와 개성에 적합해야 한다.

④ [   ] : 가격이 저렴하고 다용도로 활용될 수 있어야 한다.

(2) 교육적 조건

① [   ] 발달의 촉진 : 호기심을 유발하고 탐색활동을 자극하며 다양하고 구체적인 경험을 제공하여 ⓐ [   ] 와/과 ⓑ [   ] 을/를 촉진시켜 주는 놀잇감이어야 한다.

② [   ] 발달의 증진 : 행동의 자유와 다양한 동작을 자극하고 근육 발달과 ⓐ [   ] 을/를 촉진시켜야 한다.

③ [   ] 발달의 촉진 : 자신과 타인에 대해 우호적 태도를 갖도록 하며, 상상력과 ⓐ [   ] 을/를 고취시키고 다양한 개별 활동과 ⓑ [   ] 경험을 제공하여 놀이의 즐거움을 알게 하는 놀잇감이어야 한다.

PART 6

6

유아평가

유아교육 평가

 정답

(1) ① ⓐ 이해
　　　ⓑ 달성 정도
　　　ⓒ 전인적
　　② ⓐ 발달수준
　　　ⓑ 특성

(2) ① 관찰법
　　② 조사 연구법
　　③ 표준화 검사법
　　④ 포트폴리오

(1) 적합도

(2) 신뢰도
　　① 재검사
　　② 동형검사
　　③ 반분

1 유아교육 평가의 개념

(1) 유아교육 평가의 목표

① 개별 유아에 대한 ⓐ＿＿＿＿＿＿을/를 높이고 교육과정이나 교육 프로그램의 ⓑ＿＿＿＿＿＿을/를 밝혀 유아의 ⓒ＿＿＿＿＿인 발달에 도움을 줄 수 있도록 하기 위해 실시한다.

② 평가를 통해 파악한 유아의 ⓐ＿＿＿＿＿와/과 ⓑ＿＿＿, 변화 정도를 부모에게 알려서 유아에 대한 부모의 이해를 증진시키며, 유아의 ⓐ＿＿＿＿＿와/과 ⓑ＿＿＿에 적합한 교육·보육 내용을 계획할 수 있다.

(2) 유아교육 평가의 종류

① ＿＿＿＿＿＿ : 관찰한 것을 기록하는 것으로 유아 단계에 적합한 평가 방법이다.

② ＿＿＿＿＿＿＿＿ : 상황이나 현상을 파악하기 위해 실시하는 것이다.

③ ＿＿＿＿＿＿＿＿＿ : 검사의 제작 절차나 내용, 실시 조건, 채점 및 해석 과정을 표준화·규격화한 것이다.

④ ＿＿＿＿＿＿＿＿을/를 이용한 평가 : 작업의 결과나 작품 혹은 어떤 수행의 결과를 모아 놓은 자료를 기초로 평가하는 것이다.

2 평가도구의 양호도

(1) ＿＿＿＿＿＿ : 지식, 기능, 태도 등의 평가 시 평가의 본질적 목적이나 취지에 적합한 정도를 말한다.

(2) ＿＿＿＿＿＿ : 관찰의 일관성을 나타내는 수치이다. 즉, 유사한 조건하에서 동일한 대상을 반복하여 관찰(측정)할 때 비슷한 결과가 나타나는 정도를 평가하는 개념이다.

① ＿＿＿＿＿ 신뢰도 : 한 대상을 동일한 평가 방법으로 서로 다른 두 시기에 실시하여 두 검사 간의 상관계수를 구해 결과의 일관성을 분석하는 것이다.

② ＿＿＿＿＿＿ 신뢰도 : 수준이나 내용이 유사한 두 가지의 다른 평가 방법으로 평가하여 두 검사 간의 상관계수를 구해 결과의 일관성을 분석하는 것이다.

③ ＿＿＿＿ 신뢰도 : 한 개의 평가를 한 피험자 집단에 실시하되, 그것을 적절한 방법에 의해 두 부분으로 나누어 ＿＿＿＿된 검사점수들 간의 상관계수를 구해 일관성을 분석하는 것이다.

④ ⓐ_____ 신뢰도와 ⓑ_____ 신뢰도

ⓐ_____ 신뢰도 : 한 명의 관찰자가 같은 장면을 두 번 이상 관찰·기록했을 때 같은 결과가 나오는 관찰 기록의 일관성을 말한다.

ⓑ_____ 신뢰도 : 하나의 관찰 장면에 대해서 두 명 이상의 관찰자가 독립적으로 관찰했을 때의 관찰자 간 일치 정도, 즉 관찰 기록의 일관성을 말한다.

(3) _____ : 관찰하고자 하는 것을 실제 관찰하고 있느냐의 문제로, 실제 행동을 잘 반영하고 대표할 수 있는 행동을 관찰하는가에 달려 있다. 측정하고자 하는 행동을 가장 잘 관찰할 수 있는 장면, 상황, 시간을 선택하여 관찰하고자 의도했던 대표적인 표본이 잘 관찰될 수 있도록 계획하고 기록해야 한다.

① _____ 타당도 : 관련 분야나 평가 전문가가 전문가의 관점에서 검토하거나 비슷한 수준의 다른 학생에게 평가도구를 보여 주고 타당성 여부를 판단하는 것을 말한다.

② _____ 타당도 : 평가하고자 하는 ⓐ_____ 이/가 평가도구에 제대로 반영되었는지 검토하는 것으로, 평가도구가 평가하고자 의도한 목표나 ⓐ_____ 을/를 모두 포괄할 수 있는 ⓑ_____ 을/를 가지고 있는지, ⓒ_____ 들이 적절하게 구성되어 있는지 등을 검토하는 것이다. 관찰하고자 하는 행동 특성이 반영되어 있는 행동을 모두 검사에 포함시킬 수는 없으므로 ⓓ_____ 적인 행동 패턴을 표집하여 그것을 관찰항목으로 선정한다.

③ _____ 타당도 : 평가도구가 어떤 특성을 평가할 때, 그것이 정말 특성을 평가하고 있는지 이론적 가설을 세워 경험적·통계적으로 검증하는 과정을 의미한다.

④ _____ 타당도 : 기존의 평가도구와 새로운 평가도구와의 상호 관련성을 검토함으로써, 새롭게 제작한 평가도구의 타당성을 검토하는 것이다.

⑤ _____ 타당도 : 특정 평가도구를 사용한 평가결과가 피험자의 미래에 발생할 행동이나 발달, 혹은 성취를 얼마나 잘 _____ 하느냐에 관한 것이다.

⑥ _____ 타당도 : 타당성을 검토하기 위해 사용되는 _____ 은/는 미래에 있으며 예언타당도와 공인타당도를 합하여 '_____ 타당도'라고 부르기도 한다.

(4) _____ : 평가를 위해 소요되는 인적·물적 자원의 양과 질이 주변 여건에 비추어 실용적인지를 나타내는 정도를 의미한다.

정답

④ ⓐ 관찰자 내
ⓑ 관찰자 간

(3) 타당도
① 안면
② 내용
ⓐ 내용
ⓑ 대표성
ⓒ 평가 요소
ⓓ 대표
③ 구인
④ 공인
⑤ 예언
⑥ 준거

(4) 실용도

2 아동 관찰과 행동연구

1 관찰의 이해

(1) 관찰의 의의

(1) ① 비언어적
② ⓐ 관찰법
ⓑ 심층적
③ ⓐ 행동
ⓑ 관찰법

① 아동은 언어적 제약이 크므로 눈빛, 목소리, 행동 등 [　　　　　] 의사소통을 관찰할 필요가 있다.

② 유아는 관찰자의 존재에 대해 그렇게 민감한 반응을 보이지는 않으므로 ⓐ [　　　] 은/는 유아를 평가하는 방법으로 효과적이며, 관찰대상과 친밀성을 유지할 경우 ⓑ [　　　] 인 자료수집이 가능하다.

③ 질문지법이나 면접법 등과 같은 방법을 시행하기 전에 예비조사를 할 때, 또는 개인적인 ⓐ [　　　] 을/를 연구하고자 하거나 특정한 ⓐ [　　　] 에 대해 오랜 기간에 걸쳐 깊이 알고자 할 때 ⓑ [　　　] 은/는 유용한 방법이다.

2 관찰법의 종류와 절차

(1) 자연적

(1) [　　　] 관찰법(비통제적 관찰) : 관찰 조건이나 장면의 인위적인 조작이 없는 상황에서 관찰하는 것을 말한다. [　　　] 관찰법은 '관찰대상 집단 선정→관찰범위 결정→관찰대상 집단 참여(관찰자의 존재 최소화)→관찰과 기록→자료 분석과 보고'의 절차로 진행된다.

(2) 구조적

(2) [　　　] 관찰법(통제적 관찰) : 정확하게 정의된 특정 행동에 대해 인위적인 상황을 만들어 관찰할 때 사용되는 것이다. 실험처치가 주어지는 장면을 방해하지 말아야 하므로 일방경이나 카메라를 사용하여 관찰한다.

(3) 참여

(3) [　　　] 관찰 : 관찰대상이나 그들의 행동에 대해 아무런 통제를 가하지 않고, 관찰대상과 현장에서 함께 생활하면서 자연스러운 행동을 관찰하는 방법이다. 피관찰자의 부자연스러운 행동을 최소화시킬 수는 있으나 관찰자가 객관성을 잃기 쉽다는 단점이 있다.

(4) 비참여

(4) [　　　] 관찰 : 관찰자가 관찰대상 장면에 임하지만 관찰대상 활동에는 참여하지 않고 관찰하는 것이다. 높은 객관성을 확보할 수 있고 조직적이고 체계적인 관찰이 가능하나 관찰대상에 대한 이해 없이 진행되므로 관찰이 피상적으로 될 수 있고, 행동이나 말이 잘 보이지 않거나 들리지 않을 수 있다.

(5) 관찰법의 장점 및 단점 (O× 문제)

① 비언어적 행동에 대한 자료수집의 방법으로는 조사연구나 실험연구보다 더 유용하다.

② 관찰대상의 능력이나 교육 정도에 제한을 많이 받는다.

③ 관찰대상과 친밀성을 유지할 경우 심층적인 자료수집이 어렵다.

④ 관찰자의 주관이나 편견 및 선입견이 개입될 수 있고 이를 통제하기 어려워 객관적으로 관찰하기가 쉽지 않다.

⑤ 통제된 관찰이 아니면 관찰대상의 행동이 나타날 때까지 기다려야 한다.

⑥ 관찰법은 일반적으로 양화의 어려움, 주관적 성격, 심층분석을 특징으로 하고 있기에 대표집을 추출하기 어렵다.

⑦ 대다수 관찰은 자연적 환경에서 이루어지기 때문에 관찰대상 집단에 대한 사전승인 없이 관찰을 할 수 있다.

⑧ 다른 방법에 비해 시간과 경비가 절약된다.

3 행동연구의 이해

(1)   연구 : 인간의   (이)나 관련 현상을 관찰한 뒤 분석하고 평가하여 보다 나은 대안을 찾아가는 활동을 말한다.

(2) 행동연구의 유형

①   연구 : 연역적 탐구방법으로, 객관적인 척도에 의한 측정을 통하여   인 자료를 수집하고, 이를 토대로 통계적인 방법으로 결과를 처리하는 접근 방법이다.

②   연구 : 귀납적 탐구방법으로, 특정 행동이나 사건의 통계적인 숫자를 통해 자료를 분석하기보다는 그러한 활동이나 관계 상황이 일어나는 이유 및 자료의 질에 대해 깊이 분석해 보는 연구방법이다. 보다 전체적인 설명에 주안점을 두고 특정 활동이나 상황의 상세한 면을 설명하는 것을 목적으로 한다.

③   연구 : 하나의 연구에서 ⓐ   연구방법과 ⓑ   연구방법을 같이 사용하는 것을 말한다. ⓑ   연구는 객관적 정보를 제공하여 타당성 있는 결과를 제시할 수 있고, ⓐ   연구는 각 정보 및 결과에 보다 깊이 있는 해석과 통찰을 더함으로써 신뢰도 높은 정보를 만들어 낼 수 있다.

정답

(5) ① ○
② ×
③ ×
④ ○
⑤ ○
⑥ ○
⑦ ×
⑧ ×

(1) 행동

(2) ① 양적
② 질적
③ 복합
ⓐ 질적
ⓑ 양적

3 관찰 기록의 유형

정답

(1) 일화기록법

(2) ① 관찰대상
② 관찰상황
③ ⓐ 행동
ⓑ 언어적
④ 관찰대상

(3) ① ⓐ 즉시
ⓑ 순서
② ⓐ 행동
ⓑ 사건
ⓒ 주관적
③ 직접화법
④ ⓐ 일화
ⓑ 해석
⑤ 여러 번

(4) ① 제한

1 일화기록법

(1) _____ : 한 가지 행동이나 상황에 초점을 맞추어 관찰하고 행동이나 사건을 마치 사진을 보는 것처럼 사실적이고 구체적으로 기록하는 관찰방법이다.

(2) 기록할 내용

① _____ 에 대한 배경 정보 : _____ 유아의 이름, 연령, 성별, 관찰 일시와 장소 등을 자세히 기록한다.

② _____ 에 대한 배경 정보 : 어떤 상황에서, 어떤 유아와, 어떤 일로 인해 사건이나 행동이 나타나는지를 상세히 기록한다.

③ ⓐ _____ 와/과 ⓑ _____ 반응 : 관찰대상과 주변인들에 대한 ⓐ _____ 와/과 ⓑ _____ 반응(직접화법으로 서술)을 구별하여 자세히 기록한다.

④ _____ 의 이차적 행동이나 부가적 행동, 즉 자세, 몸짓, 얼굴 표정, 목소리 등도 기록하여 당시의 분위기나 관련 상황을 이해하는 데 도움이 되도록 한다.

(3) 일화기록법 사용 시 유의사항

① 가능한 한 사건이 발생한 ⓐ _____ 기록해야 하고, 사건이 일어난 ⓑ _____ 대로 기록한다.

② 가능하면 나타나는 ⓐ _____ (이)나 ⓑ _____ 에 대해서만 기록하되, ⓒ _____ 인 용어를 사용하지 않도록 한다.

③ 언어적 상호작용은 _____ 을/를 사용하여 가능하면 그대로 기록해야 하기 때문에 녹음기를 이용하는 것도 좋다.

④ 실제 관찰한 행동이나 사건을 기록한 ⓐ _____ 와/과 일화에 대한 ⓑ _____ 은/는 따로 구분하여 기록한다.

⑤ 한두 번의 기록으로 정확한 정보를 얻기 어려우므로 관련 사건이나 행동에 대한 일화를 _____ 관찰하여 기록하는 것이 필요하다.

(4) 일화기록의 장점

① 시간과 장소에 _____ 을/를 받지 않고 기록할 수 있다. 효과적인 관찰자가 되기 위해서는 이동이 편리한 연구 노트나 녹음기를 항상 몸에 지니고 있는 것이 바람직하다.

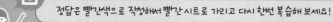
② 부모나 교사가 알아야 할 유아의 [   ]을/를 전달할 수 있으며, 유아의 특별한 행동이나 특성을 설명해 주는 단서로 이용할 수 있다.

③ 행동이 일어나는 ⓐ [   ](이)나 ⓑ [   ]을/를 고려하여 유아의 행동을 이해할 수 있다.

④ 언제, 어디서든지 손쉽게 활용할 수 있으며, 관찰자를 위한 많은 [   ]이/가 필요하지 않다.

(5) 일화기록의 단점

① ⓐ [   ]인 판단이나 감정을 완전히 배제하기 어렵기 때문에 ⓑ [   ] 유지를 담보하기 힘들다.

② ⓐ [   ]을/를 중심으로 유아의 행동 중 일부만 기록하기 때문에 전체적인 ⓑ [   ]을/를 이해하기 어렵고, 해석 시 ⓒ [   ]을/를 범할 가능성이 있다.

③ ⓐ [   ]하거나 양적인 분석이 어렵고, 시간이 지난 후 기록하는 경우 기억의 ⓑ [   ] 등의 문제가 생길 수 있다.

④ [   ]이/가 많이 소요된다.

② 연속기록법

(1) [   ] : 연속적 사건을 포함한 유아의 행동을 자세히 기록하는 것이다. 관찰시간 동안 일어난 모든 것 혹은 모든 대화를 포함하여 기록하며, 몇 분에서 몇 주 혹은 몇 달에 걸쳐 기록할 수 있다.

(2) 문해력 평가

① 연속기록법은 [   ] 교수법에서 활용할 수 있다. 교사는 유아가 읽고 있는 책을 복사하여 유아의 실수를 기록할 수 있다.

② 발음, 모르는 단어, 바꿔서 읽기, 대체해서 읽기, 스스로 고쳐 읽기, 생략하기 등의 실수를 [   ]해서 표시할 수 있다.

③ 연속기록법에 의한 자료는 유아의 [   ] 지도를 돕는 데 사용된다.

(1) 표본식 기록법
　① ⓐ 제한된
　　ⓑ 지속적
　　ⓒ 전체
　② 많이

(2) ① 10분
　② 일상적
　③ 직접화법
　④ 시간

(1) 시간표집법
　① 조작적 정의
　② 자주

③ 표본식 기록법

(1) ⬛⬛⬛⬛⬛⬛ : 미리 정해 둔 특정 행동과 발화 및 일련의 사건을 환경적 배경과 함께 상세하게 서술하는 것이다. 관찰자가 관찰장면에서 일어나는 유아의 행동과 상황을 집중적으로 기술하므로 행동의 일화를 가장 자세하고 완전하게 표현하는 관찰방법이다.

　① 관찰자는 특정 순간만을 선택하는 것이 아니라 ⓐ ⬛⬛⬛⬛ 시간 안에 연속적으로 나타나는 모든 행동을 ⓑ '⬛⬛⬛⬛⬛'(으)로 관찰하여 그 상황에서 일어나는 ⓒ '⬛⬛⬛'을/를 기록해야 한다.

　② 관찰대상의 특정 행동에 대한 평가나 해석을 하려는 것이 아니며, 있는 그대로의 자료를 가능한 한 ⬛⬛⬛ 수집하고자 하는 것이다.

(2) 표본식 기록법의 작성 요령

　① 1회 관찰은 ⬛⬛⬛⬛ 내외로 계획하며, 길어도 30분을 초과하지 않도록 한다.

　② 유아의 언어와 행동은 가공하지 않고, 있는 그대로 ⬛⬛⬛⬛ 인 용어를 사용하여 서술하며 주변 인물의 발화내용도 모두 기록한다.

　③ 사건은 일어난 순서대로 서술하고, 발화는 인용부호를 사용하여 ⬛⬛⬛⬛⬛(으)로 기술한다.

　④ 지속시간이나 관찰장면이 바뀔 때마다 ⬛⬛⬛ 표시를 해 둔다.

④ 시간표집법

(1) ⬛⬛⬛⬛⬛⬛ : 특정 행동을 특정 시간 동안에 관찰하는 방법이다. 즉, 일화기록처럼 시간의 흐름에 따라 사건이나 행동의 진행 양상을 기술하는 것이 아니라, 몇 가지 특정 행동들에 초점을 두고 그 행동들이 정해진 시간 내에 나타나는 것을 관찰하여 기록하는 관찰기록법이다.

　① 관찰시간과 관찰하고자 하는 행동들이 사전에 정해져 있으며, 사전에 관찰하고자 하는 행동에 대한 ⬛⬛⬛⬛⬛을/를 내리고 그 정의에 적합한 관련 하위 행동목록들을 리스트로 만들어 놓아야 한다. ⬛⬛⬛⬛⬛⬛(이)란 행동 발생에 대한 관찰자 간의 불일치를 최소화시키기 위하여 표적 행동의 구체적인 범위와 한계를 관찰 가능하고 측정 가능한 용어로 기술하는 것이다.

　② 행동을 설명하려는 목적에서 볼 때 행동이 일정 시간 안에 ⬛⬛⬛ 나타나는 것이어야 가능하다.

③ 관찰하고자 하는 행동들을 미리 ⓐ [   ] 하여 일정한 시간 안에 그 행동들이 나타나면 미리 정해 놓은 부호나 기호 등을 이용하거나 혹은 행동목록표에 체크하여 행동의 ⓑ [   ] 을/를 알아보고 이를 통해 행동의 경향성을 파악한다.

(2) 기록 방법

① 관찰하고자 하는 행동을 사전에 정하고 [   ] 을/를 내린다.

② 관찰 ⓐ [   ] 와/과 관찰의 ⓑ [   ] 간격을 결정한다.

③ 시간표집법의 고려점

ⓐ 시간표집법은 [   ] 나타나는 행동에 대해서만 적합하다.

ⓑ 시간표집법은 [   ] 에 대해 관찰할 수 있을 때만 사용할 수 있다.

ⓒ 관찰행동에 대해 [   ] 을/를 내려 다른 사람들이 이해할 수 있도록 해야 한다.

ⓓ 관찰의 [   ] 을/를 밝혀 관찰대상의 수, 관찰의 초점, 필요한 관찰 횟수와 시간 등을 사전에 정한다.

(3) 시간표집법의 장점 및 단점 [○× 문제]

① 특정한 행동과 문제에 초점을 맞춰서 관찰할 수 있는 관찰 방법이다. [   ]

② 행동이나 사건이 나타나는 빈도를 결정하거나 이에 대한 정보를 수집하는 데 많은 도움이 된다. [   ]

③ 행동의 발생 빈도를 통해 얻은 정보를 바탕으로 평정척도 같은 다른 척도를 개발할 수 있다. [   ]

④ 단시간 내에 많은 양의 정보를 얻을 수 없어 서술적 방법에 비해 시간과 노력이 많이 든다. [   ]

⑤ 제한된 상황 내에서만 관찰이 이루어지므로 가끔 나타나는 문제나 행동을 관찰하기 용이하다. [   ]

⑥ 관찰행동이 어떤 상황에서 그리고 어떤 맥락에서 나타났는지에 대한 정보를 얻을 수 있다. [   ]

⑦ 특정 행동에 초점을 두고 관찰하기 때문에 행동들 간의 상호관계를 밝히기 쉽다. [   ]

정답

③ ⓐ 목록화
   ⓑ 발생빈도

(2) ① 조작적 정의
    ② ⓐ 장면
       ⓑ 시간
    ③ ⓐ 자주
       ⓑ 행동
       ⓒ 조작적 정의
       ⓓ 목적

(3) ① ○
    ② ○
    ③ ○
    ④ ×
    ⑤ ×
    ⑥ ×
    ⑦ ×

⑧ ○
⑨ ×

(1) 사건표집법

(2) ABC서술식
① ⓐ 배경
ⓑ 원인
ⓒ 자주
ⓓ 자연스러운
② ⓐ 시간
ⓑ 주관적
ⓒ 수량화

(3) 빈도
① ⓐ 편리
ⓑ 수량화

⑧ 코딩 체계를 충분히 숙지하지 못하면 관찰환경이나 상황에 대한 정보를 얻지 못한다.

⑨ 미리 정해 놓은 행동의 범주만을 사용하므로 심층적인 관찰을 할 수 있다.

5 사건표집법

(1)   : 시간표집법과 달리 관찰의 단위가 시간이 아니라 사건 혹은 행동이다. 시간에 크게 구애됨 없이 특정한 사건을 관찰대상으로 표집하여 자연적인 상황에서 그 사건이 발생하였을 때 관찰하는 방법이며, 자료수집 소요 시간을 미리 알기 어렵다.

(2)   사건표집법 : 선행 사건(Antecedent Event : A), 행동(Behavior : B), 후속 사건(Consequence Event : C)을 기록하는 것으로, 그 사건의 맥락, 전후 관계 등을 자세히 관찰할 수 있다.

① 장점

ⓐ 사건이 포함된 전후 관계가 그대로 기록되고 그 행동의   을/를 알 수 있게 해 준다.

ⓑ 단순히 행동의 출현 여부만 알려주는 것이 아니라 어떤 상황에서 그런 행동이 출현하는가라는   을/를 알 수 있다.

ⓒ 짧은 시간 내에   일어나지 않는 행동도 연구할 수 있다.

ⓓ 대부분 여러 종류의 행동이나 사건이 일어나게 된 경위와 결과를   상황에서 관찰할 수 있다.

② 단점

ⓐ   와/과 노력이 많이 든다.

ⓑ 뚜렷한 관찰의 초점을 가지고 유아의 행동을 보게 되므로 교사의   인 관점이 내포될 수 있다.

ⓒ   이/가 불가능하다.

(3)   사건표집법 : 도표를 가지고 미리 정해진 범주의 행동이 일어날 때마다 기록하는 방법이다.

① 장점

ⓐ   하고 단순하다.

ⓑ 자료를 쉽게   하고 분석할 수 있다.

ⓒ 상당히 융통성이 있기 때문에 광범위하게 여러 가지 주제를 가지고 관찰할 수 있다.

② 단점

　　ⓐ 어떤 행동이나 사건이 얼마나 자주 일어나는가에만 관심이 있기 때문에 출현 행동의 [   ]을/를 알아내는 데는 적합하지 못하다.

　　ⓑ 행동이나 사건의 양적인 자료는 제공해 줄 수는 있으나 유아 개인의 [   ]인 정보는 제공해 주기 어렵다.

(4) 기록 방법

　① 관찰자는 관찰 [   ]이/가 나타나기를 기다렸다가 관찰하고, 관찰을 마치고 기록한다. 기록할 때 싸움의 참여자, 문제 상황, 전개 양상, 싸움의 종결 등에 대해 기록한다.

　② 사건표집법의 고려점

　　ⓐ 관찰하고자 하는 행동에 대해 사전에 명확한 [   ]을/를 내려 둔다.

　　ⓑ 행동을 관찰할 [   ]와/과 시간에 대해 충분히 알고 있어야 한다.

　　ⓒ 기록용지는 가능한 한 [   ] 작성할 수 있도록 만든다.

(5) 사건표집법의 장점(다음 문장에 해당하는 사건표집법을 고르시오.)

　① 관찰 행동과 상황에 대한 자연적인 정보를 제공한다. (ABC서술식 / 빈도 / 둘 다)

　② 시간표집법에 비해 융통성이 많다는 장점이 있으며, 시간표집법과 달리 사건의 전후 맥락에 대한 정보를 제공하는 이점이 있다. (ABC서술식 / 빈도 / 둘 다)

　③ 빈번하게 나타나지 않는 행동(예 비도덕적 행동)이라도 관찰할 수 있다. (ABC서술식 / 빈도 / 둘 다)

　④ 행동의 특성을 자세히 밝힐 수 있다. (ABC서술식 / 빈도 / 둘 다)

(6) 사건표집법의 단점

　① 사건을 일으킨 이전의 상태나 상황에서 사건기록의 일화를 분리하는 것이 어렵다. (ABC서술식 / 빈도 / 둘 다)

　② 시간표집법처럼 자료를 쉽게 수량화할 수 없다. 그러므로 자료를 통계적으로 분석하는 데 어려움이 있다. (ABC서술식 / 빈도 / 둘 다)

정답

② ⓐ 원인
　ⓑ 질적

(4) ① 행동
　② ⓐ 조작적 정의
　　ⓑ 장소
　　ⓒ 쉽게

(5) ① ABC서술식
　② ABC서술식
　③ 둘 다
　④ ABC서술식

(6) ① ABC서술식
　② ABC서술식

(7) ① 시간표집법
　　② 사건표집법

(8) ① 자유선택활동
　　정리시간의 정리 행동
　　② 선행사건(사건 전)

(7) ① [   ] 와/과 ② [   ] 의 비교

① [ ]	② [ ]
특정한 시간 단위에 초점	특정한 사건에 초점
행동이나 사건의 존재 유무에 관심	사건의 특성 이해에 관심
행동의 빈도나 지속 시간에 관심	행동의 순서나 전후 관계에 관심
세기표나 체크로 기록	세기표, 체크 혹은 서술방식 사용

(8) 2018 기출 일부

(나)

관찰 유아 : 이시영		생년월일 : 2013년 10월 15일	
관찰자 　: 김○○		관찰날짜 : 2017년 10월 30일	
관찰장면 : …(생략)…		관찰행동 : ㉠ (　　　　　)	
관찰 시간	㉡ (　　　　)	행동	…(생략)…
11 : 00	최 교사가 장난감을 정리하라고 한다.	시영이는 장난감을 가지고 논다.	최 교사가 시영이에게 지금은 정리할 시간이라고 알려준다.
11 : 04	최 교사가 시영이가 가지고 노는 장난감을 정리한다.	시영이는 두 다리를 뻗고 소리 지르며 운다.	최 교사가 시영이에게 자리에 앉을 것을 요구한다.
……(하략)……			

2) (나)에서 ① 관찰자가 보고자 하는 유아의 행동 ㉠과, ② ㉡에 들어갈 말을 쓰시오. [2점]

　　• ① _____

　　• ② _____

6　체크리스트

(1) 체크리스트
　　① 유무
　　② 현재
　　③ 발달의 변화

(1) [   ] : 일화기록법이나 사건표집법처럼 행동이나 특성을 서술하는 것이 아니라 사전에 행동목록으로 정한 행동들의 ① [   ] 혹은 발생 ① [   ] 을/를 확인하는 것이다. 시간표집법처럼 행동의 빈도에 관심을 두기보다는 관찰하고자 하는 행동의 ② [   ] 상태를 파악하고자 하거나, 시간의 흐름에 따른 ③ [   ] 을/를 알아보고자 할 때 많이 사용한다.

(2) 기록 방법

① 체크리스트를 사용하는 데는 관찰이나 기록하는 것보다는   이/가 더 중요하다.

② 무엇을 관찰할 것인지를 정해야 한다. 관찰하고자 하는 행동이나 특성의 상태 및 변화 정도가 무엇인지를   에 규정해야 한다.

③ 체크리스트를 사용하기 위해서는 관찰할 수 있는   들을 리스트로 작성해 두어야 한다.

(3) 체크리스트의 장점 및 단점   ○× 문제

① 체크리스트는 단순하여 관찰자에게 관찰대상 유아의 행동 유무를 빠르고 효율적으로 기록할 수 있게 한다. ▢

② 체크리스트는 유아의 행동을 누가적으로 작성하여 사용함으로써 행동발달 단계 및 유아 개인의 단계적인 발달상을 기록하고 관찰하기 어렵다. ▢

③ 체크리스트는 특별히 훈련하지 않고도 누구라도 쉽게 이용할 수 있다. ▢

④ 체크리스트는 유아의 행동 출현 유무는 알 수 있지만 출현 행동 횟수나 질적 수준에 대한 정보는 알 수 없다. ▢

⑤ 체크리스트는 사용하기는 쉽지만 이를 유용성 있게 체계적으로 작성하는 데는 시간과 노력이 많이 들고, 관찰자의 경험에 따라 그 유용성이 결정된다. ▢

7 평정척도법

(1)   : 숫자가 부여된 유목이나 연속선상에 있는 대상 행동을 평정하여 표시하는 관찰기록 방법이다. 행동의 등급을 결정하면서 관찰자의 주관적 판단이나 과거 경험의 정도 등이 개입할 수 있기 때문에 관찰자의 훈련과 엄정한 태도가 요구된다.

(2) 평정 시 범할 수 있는 오류(길포드 Guildford, 1954)

①   : 일반적으로 아는 사람에 대해서는 실제보다 높게 점수를 주는 경향이 있으며, 반대로 타인을 더욱 관대하게 평정하는 경우(엄격함의 오류)도 있다.

②   : 극단적으로 판단하기보다 중간수준 혹은 보통수준의 정도로 판단하는 경향을 말한다.

③   : 평정에 다른 정보가 영향을 미치는 경우이다. 관찰대상에 대한 사전 정보나 호감 등이 평정을 과대평정 혹은 과소평정하게 하는 경우가 있다.

(2) ① 사전준비
　　② 사전
　　③ 구체적인 행동

(3) ① ○
　　② ×
　　③ ○
　　④ ○
　　⑤ ○

(1) 평정척도법

(2) ① 관용의 오류
　　② 중심화 경향의 오류
　　③ 후광효과

④ 논리의 오류
⑤ 대비의 오류
⑥ 근접성의 오류

④ [   ] : 논리적으로 서로 관련이 있어 보이는 항목을 서로 비슷하게 평정하는 경향을 말한다.

⑤ [   ] : 평가자가 자신에게 부족한 특성을 평가할 때는 대상자에게 실제보다 높은 평점을 주고, 자신이 잘 하는 특성을 평가할 때는 실제보다 낮은 평점을 주게 되는 오류이다.

⑥ [   ] : 평정척도상의 문항들이 시간적으로나 공간적으로 가까이 배치되어 있을 때 이 항목들에 대해 비슷하게 평정하는 경향을 의미한다.

(3) ① 분명한
② 중복
③ 가치판단적
④ 특성
⑤ 한 문항
⑥ 모르는
⑦ 선택

(3) 평정척도 평가 시 유의할 점(길포드와 브란트 Guildford & Brant, 1972)

① 평정 시 생각을 요하게 하는 문항은 좋지 않으므로 짧고 간결하고 [   ] 용어를 사용하는 것이 좋다.

② 여러 척도에서 그 의미가 서로 [   ] 되는 단어는 사용하지 않도록 한다.

③ 좋은 혹은 나쁜 행동을 의미하는 단어 등 [   ] 용어는 사용하지 않는 것이 좋다.

④ 한 가지 [   ]에 대해 평정한 후에 다음 [   ]을/를 평정한다.

⑤ 여러 개의 특성을 [   ]에 넣지 않는다.

⑥ 가능하다면 평정할 대상을 [   ] 상태에서 평정하는 것이 좋다.

⑦ 관찰과 평정 상황을 주의 깊게 [   ] 한다.

(4) ① ○
② ×
③ ○
④ ×
⑤ ○
⑥ ○
⑦ ×
⑧ ○

(4) 평정척도의 장점 및 단점 [○× 문제]

① 제작과 사용이 편리하다. [   ]

② 한 번에 많은 영역을 평가할 수 없다. [   ]

③ 현실과 그 사람의 지각의 차이를 알아볼 수 있다. [   ]

④ 반복해서 사용해도 시간의 흐름에 따른 발달상의 변화는 알 수 없다. [   ]

⑤ 관찰자는 자신의 기억에 의존하거나 혹은 판단에 근거하기 때문에 평정자 오류나 편파가 생길 수 있다. [   ]

⑥ 의미가 모호한 용어를 사용하면 반응의 혼란과 어려움이 나타난다. [   ]

⑦ 평정척도의 결과를 통해 행동의 원인이나 전후 사정을 알 수 있다. [   ]

⑧ 대체로 다른 연구자가 개발한 평정척도를 그대로 사용하는 경우가 많기 때문에 자신이 원하는 문항이 없는 경우에는 합당한 문항을 개발해야 한다. [   ]

4 행동연구의 유형

1 조사연구법

(1) ▢▢▢▢▢

① 장점

ⓐ 면접은 질문이 자연스럽고 인위적이지 않으며 ▢▢▢▢▢ 이/가 있다.

ⓑ 면접 대상자의 분명치 않은 회답이나 ▢▢▢▢ 반응을 심도 있게 알아볼 수 있다.

ⓒ 질문지법보다 회수율이 ▢▢▢, 무응답의 가능성이 낮다.

ⓓ 면접 도중에 면접 대상자의 ▢▢▢ 와/과 여타 반응들도 관찰할 수 있다.

ⓔ ▢▢▢ 을/를 모르는 사람에게도 적용할 수 있다.

② 단점

ⓐ 면접자가 응답자의 표정, 몸짓 등에 영향을 받아 ▢▢▢ 된 해석을 할 가능성이 있다.

ⓑ 자유로운 응답이 많아질수록 결과를 ▢▢▢▢ 하여 처리하기가 어렵다.

ⓒ 실제로 면접이 가지고 있는 융통성으로 인해 ▢▢▢▢ 해석이 가능하기도 하다.

ⓓ 면접과정에서 응답자가 언급을 ▢▢▢ 할 가능성이 있다.

ⓔ ▢▢▢ 와/과 비용이 많이 든다.

(2) ▢▢▢▢▢

① 장점

ⓐ 비용이 적게 들고 ▢▢▢▢▢ 이다.

ⓑ 문항에 따른 응답 형태를 제시함으로써 응답자가 ▢▢▢ 정확하게 답할 수 있다.

ⓒ 빠른 시간에 핵심적인 정보를 비교적 ▢▢▢▢ 이고 정확하게 획득할 수 있다.

ⓓ 응답자의 ▢▢▢▢ 을/를 보장할 수 있고, 큰 집단을 대상으로 동시에 실시할 수 있다.

정답

(1) 면접법
① ⓐ 융통성
ⓑ 언어적
ⓒ 높고
ⓓ 행동
ⓔ 글자
② ⓐ 왜곡
ⓑ 수량화
ⓒ 다양한
ⓓ 회피
ⓔ 시간

(2) 질문지법
① ⓐ 경제적
ⓑ 쉽고
ⓒ 객관적
ⓓ 익명성

② ⓐ 융통성
　ⓑ 낮다
　ⓒ 대표
　ⓓ 교육수준
③ ⓐ 한 가지
　ⓑ 긍정적
　ⓒ 정보

(1) 표준화 검사법

(2) ① ⓐ 불안
　　ⓑ 경쟁
　② 낙인
　③ 자아개념
　④ 자기충족적

② 단점

　　　ⓐ 자료수집 과정에서 질문 문항 이외의 정보를 얻을 수 없기 때문에 ⬚⬚⬚ 이/가 부족하다.

　　　ⓑ 응답 회수율이 ⬚⬚⬚.

　　　ⓒ 모집단을 ⬚⬚⬚ 할 수 있는 집단을 추출하는 것이 용이하지 않다.

　　　ⓓ 질문 내용과 절차를 이해하기 위해 일정 이상의 ⬚⬚⬚ 이/가 요구된다. 따라서 유아에게는 적당하지 않다.

③ 질문지 구성 시 유의점

　　　ⓐ 한 문항에 ⬚⬚⬚ 질문만 한다.

　　　ⓑ 가능하면 ⬚⬚⬚ 인 용어로 진술하고, 응답자가 쉽게 이해할 수 있는 어휘를 사용한다.

　　　ⓒ 응답자가 제공할 수 있는 ⬚⬚⬚ 만 요구한다.

2 표준화검사법

(1) ⬚⬚⬚ : 교사의 전문적 판단을 돕기 위해 제작된 것이다. 검사의 제작 절차나 내용, 실시 조건, 채점 및 해석 과정을 표준화 혹은 규격화한 것으로, 일종의 도구(tool)이기 때문에 제대로 활용한다면 개별 교사가 학생들의 소질과 특성을 파악하는 데 필요한 자료나 정보를 얻을 수 있다. 표준화 학력검사, 표준화 지능검사, 표준화 성격검사, 표준화 흥미검사, 표준화 창의성검사 등이 있다.

(2) 표준화검사 활용상의 유의점

① 학생들의 상대적인 서열을 중시하는 표준화검사는 개별 학생의 검사 ⓐ ⬚⬚⬚ 을/를 증진시키고 학생들 간의 지나친 ⓑ ⬚⬚⬚ 을/를 유발할 가능성이 있다.

② 표준화검사로 인해 학생들을 잘못 규정하거나 ⬚⬚⬚ 효과가 나타날 수 있다.

③ 표준화검사는 학생들의 ⬚⬚⬚ (self-concepts)을/를 손상시킬 가능성이 있다.

④ 표준화검사는 ⬚⬚⬚ 예언(self-fulfilling prophecies)을 유발할 가능성이 있다.

3 사례연구

(1) _____ : 특정 개인이나 집단 혹은 기관을 대상으로 문제나 특성을 심층적으로 조사·분석하는 것으로, 연구 대상이 하나의 사례 혹은 소수의 사례이다.

(2) 장점

① 여러 측면에서 다방면으로 그리고 종합적으로 연구하므로 _____에 더욱 의미 있는 자료를 제공한다.

② 문제에 대한 기본적인 _____의 기초를 제공한다.

③ 특정 대상에 대한 _____에 도움을 준다.

④ 사례연구 과정에서 연구자와 그 대상 간에 _____ 인간관계가 형성될 수 있으므로 문제해결에 도움을 줄 수 있다.

(3) 단점

① 특수 사례에 관한 결과이므로 _____하는 데 한계가 있다.

② 많은 사례를 동시에 연구하기는 곤란하다. ⓐ _____와/과 노력이 많이 소요되며, 실제로 비능률적이고 ⓑ _____이다.

③ 연구 대상의 외면적 ⓐ _____에 치중함으로써 정서나 심리적 특성 등 내면 및 ⓑ _____ 문제를 간과할 가능성이 있다. 따라서 질적 연구에서는 이것을 보완하면서 사례연구를 실시한다.

5 포트폴리오 평가

정답

(1) 포트폴리오

(2) ① 개별화
    ② ⓐ 결과물
       ⓑ 목표
       ⓒ 과정
    ③ 장점
    ④ 학습자
    ⑤ 의사소통
    ⑥ 협력
    ⑦ ⓐ 연중지속적
       ⓑ 체계적

(3) ① ⓐ 이해
       ⓑ 촉진
    ② 기록
    ③ 안내
    ④ 교수학습방법
    ⑤ 교육과정
    ⑥ 자긍심
    ⑦ 의사소통

(4) ① ⓐ 발달 과정
       ⓑ 긍정적인

1 포트폴리오 평가의 이해

(1)   : 활동에 대한 노력이나 성과, 변화나 진보 등을 보여 주기 위해 모아 놓은 서류철 혹은 서류가방을 의미한다.

(2) 포트폴리오 평가의 특징

  ①   수업목표에 적용하기가 용이하다.

  ② 학습자들이 만든 ⓐ   (으)로 평가한다. ⓑ   와/과 관련 되며, 그것을 만드는 ⓒ   역시 중요시된다.

  ③ 학습자의   을/를 명확하게 드러내 주기 때문에 학습자가 무엇을 잘하는 지의   을/를 격려하는 데 초점을 둔다.

  ④ 평가과정에   을/를 참여시킨다.

  ⑤ 학습자의 성취도에 대한 타인과의   이/가 용이하다.

  ⑥ 유아는 부모, 가족 구성원 및 교사와   하여 포트폴리오 항목들을 선정하 고, 자료를 수집하며 반영하는 데 참여가 가능하다.

  ⑦ 포트폴리오 평가 자료는 ⓐ   (이)고 ⓑ   (으)로 수집된다.

(3) 포트폴리오 평가의 목적

  ① 유아의 발달을 ⓐ   하고 ⓑ   하기 위해서이다.

  ② 유아의 다양한 능력과 수행의 증거들을   하기 위해서이다.

  ③ 유아에게 다음 단계의 학습활동을   하기 위해서이다.

  ④   을/를 수정 · 보완하기 위해서이다.

  ⑤   을/를 수정 및 개정하기 위해서이다.

  ⑥ 성취를 경험하게 하여 유아의   을/를 향상시키기 위해서이다.

  ⑦ 부모와 효과적으로   을/를 하기 위해서이다.

(4) 포트폴리오 평가의 장 · 단점

  ① 장점

    ⓐ 일상의 환경 속에서 평가가 이루어지며,   에 대한 정보를 얻을 수 있다.

    ⓑ 개별 학습자의 장점에 초점을 두어   자아개념 형성에 도움 을 준다.

ⓒ ▢▢▢▢을/를 장려하며 평가과정에 가족도 참여할 수 있다.

② 단점

ⓐ 단지 감상적인 기억들을 담은 상자가 될 수도 있다.

ⓑ 비용과 시간이 많이 들고 대규모 실시가 어려우며 기록물 보관 ▢▢▢▢이/가 필요하다.

ⓒ 내용의 타당성을 확보하기 어렵고 교사의 ▢▢▢▢이/가 작용할 수 있다.

(5) 포트폴리오 평가의 구성 요소

① ▢▢▢▢▢▢ : 유아의 글이나 그림 같은 평면적인 작품뿐만 아니라 활동 과정을 촬영한 비디오 자료나 사진자료, 혹은 유아들의 대화나 노래, 음악 연주 등을 녹음한 자료, 유아의 이야기를 교사가 받아 적은 것, 유아가 읽은 책의 목록 등 다양한 자료가 포함된다.

② ▢▢▢▢ : 일정 기간 동안 유아의 변화 양상을 살펴보기 위하여 포트폴리오에 넣을 작업표본에는 ▢▢▢을/를 반드시 기록해야 한다.

③ 유아의 ▢▢▢▢▢ : 유아가 활동하면서 느낀 점, 새로 알게 된 것 등을 작품에 기록해 둔다.

④ 주변인들의 ▢▢▢ : 유아의 활동에 대한 부모나 교사, 또래가 한 ▢▢▢▢을/를 유아의 작품에 간단히 기록해 둘 수 있다.

⑤ ▢▢▢▢▢▢ : 유아를 관찰한 기록, 즉 일화기록, 체크리스트, 시간표집, 평정척도 등의 결과물도 포트폴리오에 포함시켜 학습활동 포트폴리오가 아닌 ⓐ ▢▢▢ 포트폴리오에 넣어두도록 한다.

⑥ ▢▢▢▢▢ : 내용물에 대한 예상 목록이다.

(6) 포트폴리오 평가의 절차

① 1단계 ▢▢▢ : 포트폴리오 평가 규정 정하기, 포트폴리오 평가 항목 및 수집시기 정하기, 평가 참여자에 대한 연수 및 안내

② 2단계 ▢▢▢ : 보관함 준비하기, 내용 목차(내용물에 대한 예상 목록) 작성하기, 학기 초 기준 작품 수집하기, 다양한 작업 표본 수집하기 등

③ 3단계 ▢▢▢▢▢▢▢▢ : 포트폴리오 요약서 준비하기, 포트폴리오 협의회 실시하기, 포트폴리오 평가 전시회 개최하기, 인수 포트폴리오 준비하기

정답

ⓒ 협동
② ⓑ 공간
ⓒ 편견

(5) ① 작업 표본
② 날짜
③ 자기반영
④ 조언
⑤ 관찰기록
ⓐ 개인
⑥ 내용목차

(6) ① 계획
② 실행
③ 평가 및 활용

2 사회성 측정법

(1) ▭▭▭▭▭▭▭ (sociometry method)

① 1934년 모레노(J. L. Moreno)가 개발한 방법으로, 집단 내에서 개인 간 수용이나 배척관계, 대인관계 유형, 집단의 상호작용 구조와 형태 및 상태, 사회적 관계, 영향력의 방향, 의사소통의 방향, 집단 내 개인의 위치 등을 발견, 설명, 평가할 수 있다.

② ▭▭▭▭▭ (소시오그램 sociogram) : 사회성 측정 결과를 분석하는 방법 중 하나로, 대인관계를 그림으로 나타낸 것이다.

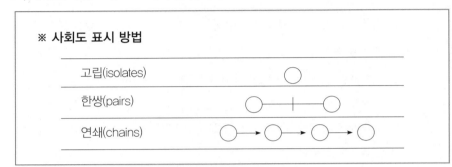

※ 사회도 표시 방법

고립(isolates)	
한쌍(pairs)	
연쇄(chains)	

③ ▭▭▭▭▭▭▭▭▭▭ (소시오메트릭스 sociometric matrix) : 사회성 측정 결과를 분석하는 방법 중 하나로, 행을 i, 열을 j로 나타내고 각 개수마다 n×n의 행렬을 작성하는 것으로 행은 선택하는 쪽, 열은 선택받는 쪽을 나타낸다.

※ 사회성 측정 행렬표의 예

○○반 유아들에게 '생일잔치에 초대하고 싶은 친구 2명'을 선택하도록 한 결과이다.

피선택 유아 ＼ 선택 유아	A	B	C	D	E	F	계
A	－	1	1	0	0	0	2
B	0	－	0	0	0	0	0
C	1	0	－	1	1	1	4
D	1	0	0	－	0	1	2
E	0	0	1	1	－	0	2
F	0	1	0	0	1	－	2
계	2	2	2	2	2	2	

3 코이(Coie)의 분류

(1) _____ : 사회적 영향력 및 선호도가 높고, 또래로부터 긍정 지명을 많이 받고 부정 지명을 적게 받는 유아이다. 협동적이며 반응적으로 또래와 의사소통을 하고 리더십이 있고 도움을 주는 역할을 한다.

(2) _____ : 사회적 영향력 점수는 높으나 사회적 선호 점수는 낮고 긍정 지명보다 부정 지명을 많이 받는 유아이다. 이들은 또래들이 싫어하고 친구가 거의 없으므로 다양한 사회적 기술과 조망수용 능력을 발달시킬 수 있는 기회가 부족하다.

(3) _____ : 긍정, 부정 지명을 모두 적게 받은 유아로 사회적 영향력이 낮고 사회적 선호점수가 중간 정도이다. 또래와 상호작용이 적고 수줍음이 많고 비활동적이며 위축되어 있는 모습이 나타난다. 전혀 선택을 못 받고 스스로도 선택을 하지 않은 유아는 '고립아'라고도 한다.

(4) _____ : 긍정, 부정 지명을 모두 많이 받거나 낮게 받은 유아로 사회적 영향력은 높으나 사회적 선호 차원은 중간 정도이다. 산만하고 파괴적인 행동을 하기도 하고 긍정적인 친사회적 행동을 하므로 또래들은 특이한 친구로 인식하거나 리더십이 있는 것으로 평가하기도 한다.

(5) _____ : 또래로부터 지지받는 수가 중간 정도로 사회적 참여나 상호작용의 정도가 평균인 유아이다.

(1) 인기아

(2) 거부아

(3) 무시아

(4) 양면아

(5) 보통아

6 관찰을 이용한 학부모와의 소통

정답

(1) ① 동반자적
   ② ⓐ 공유
     ⓑ 일관성
   ③ 부모면담
   ④ 협력
   ⑤ 구체적인

(2) ① 정기적
   ② 비정기적

(1) 개인
   ① 변화
   ② 전화
   ③ 준비

1 학부모 면담의 이해

(1) 면담의 개념 및 목적

① 학부모와 교사는 [   ] 관계로서 유아의 전인발달을 위해 협력해야 한다.

② 학부모 면담은 교사와 학부모가 만나 유아에 대한 정보를 ⓐ [   ] 하는 것으로, 유치원과 가정이 ⓑ [   ] 있게 교육하는 계기를 마련한다.

③ 유치원에서는 정기적으로 [   ] 을/를 실시하고 공식 또는 비공식적으로 실시하기도 한다.

④ 다양한 형태의 부모면담은 학부모와 유치원의 [   ] 관계 구축을 목적으로 한다.

⑤ 교사는 영유아의 가정환경과 일상생활에 대한 [   ] 정보를 얻을 수 있고, 학부모는 유치원에서의 유아의 생활과 특이사항에 대해 알 수 있으며 가정에서의 지도 방향을 설정할 수도 있다.

(2) 학부모 면담의 유형

① [   ] 면담 : 일반적으로 학기 중 1회~2회의 면담을 계획한다.

② [   ] 면담 : 수시로 이루어지는 것으로, 전화, 쪽지, 등·하원시간, 기관 홈페이지나 교사 개인 홈페이지 및 메일, 학급 카페, 메신저, 화상 채팅을 활용한 면담 등이 있다.

2 학부모 면담 계획과 실행

(1) [   ] 면담

① 유아에 대한 관찰결과를 토대로 유아의 발달적 [   ] 및 유아를 위한 지도방법을 중심으로 면담하는 것이 좋다.

② [   ] 을/를 통하여 상담할 때에는 목소리 톤이나 단어 사용에 특히 신경을 써야 하고 부모의 갑작스런 질문에 대한 대답에 주의를 기울여야 한다.

③ 정기적인 면담 외에 부모가 면담 요청을 했을 때에는 상담하고 싶은 내용이나 궁금한 내용을 미리 듣고 면담을 [   ] 하는 것이 면담시간과 내용을 효율적으로 활용할 수 있는 방법이다.

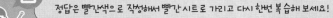

정답은 빨간색으로 작성해서 빨간시트로 가리고 다시 한번 복습해 보세요!

④ 부모 면담 양식지 외에 면담에 임하기 전에 간단한 　　　　　을/를 작성하도록 한다.

⑤ 개인 면담 시간은 20분을 넘지 않게 하고, 자녀의 문제점에 대한 질문에는 먼저 부모의 생각을 들어보고 필요한 사항을 　　　　　인 느낌으로 제시한다.

⑥ 면담한 내용은 ⓐ 　　　　　해야 하며 면담 내용에 대해서는 ⓑ 　　　　　을/를 엄수한다.

⑦ 단점을 이야기할 때에는 단점 내용은 조심스럽게 　　　　　임을 밝힌다.

(2) 　　　　　면담

① 자녀양육과 관련된 문제에 대한 부모들의 　　　　　　　　　을/를 서로 나눔으로써 도움을 줄 수 있다.

② 부모는 자기 자녀에게만 있는 문제라고 느꼈던 점에 대해 다른 부모들도 고민하고 있음을 알게 되어 그것이 유아의 　　　　　　　임을 이해하게 된다.

③ 유치원의 교육관과 교육내용을 이해하게 되므로 교육기관에 대한 　　　　　을/를 형성할 수 있다.

정답

④ 설문지
⑤ 긍정적
⑥ ⓐ 기록
　ⓑ 비밀
⑦ 사견

(2) 집단
① 경험과 정보
② 발달 과정
③ 신뢰감

MEMO

PART 7

7

교사론

영유아 교사의 역할

정답

(1) 성숙주의
   ① 관찰자
   ② 평가자
   ③ 양육자
   ④ 관리자
   ⑤ 정보 제공자
   ⑥ 혼합된 역할

(2) 행동주의-문화훈련
   ① 목표
   ② 목표
   ③ 강화
   ④ 계획
   ⑤ 강화

(3) 인지발달
   ① 촉진자
   ② ⓐ 발견
      ⓑ 안내

(4) 사회적 구성주의

(5) 몬테소리
   ① 준비된 환경
   ② 몬테소리

1 발달 이론에 따른 교사의 역할

(1) _____의 관점 : 아동의 능력이 개화될 것을 기대하므로 교수(teaching)에 대한 개념이 다른 교육과정보다 단순하다.

   ① _____ : 준비도(readiness)를 파악하기 위해 유아를 가까이에서 관찰하거나 검사한다.

   ② _____ : 다양한 교수를 행하기 위한 아동의 준비도의 정도에 따라 아동을 분류한다.

   ③ _____ : 개화 촉진을 위해 아동과 친밀한 관계를 유지한다.

   ④ _____ : 선정된 자료와 바람직한 배치를 통해 좋은 환경을 준비한다.

   ⑤ _____ : 미리 수업을 계획하거나 즉석에서의 수업을 지도한다.

   ⑥ _____ : 놀이 활동을 감독한다.

(2) _____ 유형의 프로그램 : 교수활동은 행동적

   ① _____ 을/를 설정하고 ② _____ 에 대한 출발점 행동을 측정하는 활동에서부터 선정된 ③ _____ 방법을 사용하는 활동을 포함한 다양한 교수 ④ _____ 방법까지 명백하게 규정하게 된다. 또한, 칭찬을 통해 아동의 바람직한 행동을 ⑤ _____ 한다.

(3) _____ 프로그램

   ① 교사는 활동의 _____ 역할을 가장 많이 한다.

   ② 아동이 스스로 ⓐ _____ 하도록 ⓑ _____ 하고, 문제를 해결하려는 아동의 노력을 관찰한다.

   ③ 아동의 잘못을 교사가 수정해 주지 않는 대신에 유아들이 그 문제를 계속 시험해 보도록 돕는다.

(4) _____ 프로그램 : 동반자 · 양육자 · 안내자 · 성장하는 전문가로서의 일반적인 교사 역할 외에도 교육과 보육정책 결정, 활동에 참여하고 교육과정 계획과 교사 발전을 위해 매일 교실에서 실시되는 활동에 대한 체계적인 연구를 한다.

(5) _____ 프로그램 : ① _____ 은/는 바람직한 행동과 수용 가능한 규칙을 가르치는 교실을 위해 잘 준비된 ② _____ 교구들을 정리해 놓는 것을 의미한다.

(6) [2017 기출 A.4 일부]

다음은 몬테소리에 관련된 내용이다. ⓐ~ⓔ 중 틀린 내용 1가지를 찾아 기호를 쓰고, 이를 바르게 고쳐 쓰시오. [1점]

> ⓐ 교구를 통한 감각 훈련과 언어지도 및 기본생활습관 훈련을 철저하게 실시하였다.
>
> ⓑ 교사는 유아가 교구와 상호작용하는 동안 호기심을 유발하도록 질문한다.
>
> ⓒ 유아는 스스로 성장할 수 있는 내적 생명력을 지니고 있다.
>
> ⓓ 유아 스스로 특정 과제를 숙달하고자 강하게 집중하는 현상이 나타난다.
>
> ⓔ 교구는 사용법이 정해져 있어 정해진 방법으로만 활용해야 한다.

• _____

❷ 영유아 교사의 교육 신념

(1) ⬚⬚⬚⬚⬚⬚⬚ 교사 신념

① 유아를 가르칠 때 어려운 말을 피하고 유아가 ⬚⬚⬚⬚⬚⬚ 을/를 사용한다.

② 유아가 탐구할 때 도움을 주기는 하지만 유아의 ⬚⬚⬚⬚ 이상의 것을 하도록 강요하지 않는다.

③ 유아의 정서적인 문제해결 방법으로 ⬚⬚⬚⬚⬚ 을/를 적극적으로 권장한다.

④ 그날의 주요활동이 주로 ⬚⬚⬚⬚⬚⬚⬚⬚ 을/를 통해서 이루어지도록 한다.

⑤ 유아 상호 간의 ⬚⬚⬚⬚ 와/과 집단 활동을 주로 많이 계획한다.

⑥ 유아가 일과 계획 시 활동을 ⬚⬚⬚ 하도록 한다.

⑦ 유아의 능력을 ⬚⬚⬚ 평가하고, 유아 수준에 적절한 활동을 주도하도록 한다.

⑧ 유아의 ⓐ ⬚⬚⬚ 에 따라 자료를 제공해 주지만 자료는 우선적으로 유아의 ⓑ ⬚⬚⬚⬚⬚⬚ 에 적합해야 한다고 본다.

정답

(6) ⓑ 유아가 교구와 상호작용을 하는 동안 교사는 유아가 몰입하도록 불필요한 간섭을 삼가고 관찰자의 역할을 해야 한다.

(1) 성숙주의
① 알아들을 수 있는 말
② 능력
③ 극놀이
④ 자유선택활동
⑤ 협동
⑥ 주도
⑦ 높이
⑧ ⓐ 흥미
    ⓑ 발달수준

(2) [   ] 교사 신념

　① 유아의 행동이나 대답이 [   ] 이/가 알아들을 수 있는 것이 되도록 돕는다.

　② 유아의 활동에 있어서 [   ] (이)나 과제 완성에 관심을 갖는다.

　③ 지식이나 정보를 주로 [   ] (으)로 설명함으로써 유아를 가르친다.

　④ 유아가 의심하거나 불확실해하거나 [   ] 한 느낌을 가지는 상황을 만들지 않는다.

　⑤ 특별히 제작된 자료 게임, [   ] 지도를 통해 언어와 개념을 가르친다.

　⑥ 칭찬, 관심, 상 등으로 [   ] 하여 유아의 긍정적인 행동을 강화한다.

　⑦ 교구와 교재를 [   ] 방법대로 유아가 사용하도록 한다.

　⑧ 유아에게 [   ] 수준의 말을 사용하고 유아가 쓰는 말을 [   ] 수준의 말로 끌어올린다.

　⑨ 유아 스스로 실수를 [   ] 할 수 있도록 만들어진 활동이나 매체를 활용하여 행동을 바꾸어 가도록 한다.

(3) [   ] 교사 신념

　① 언어교육이 특별한 단원이나 시간에 이루어지기보다는 [   ] 속에서 일어나도록 한다.

　② 유아가 무엇을 해냈는가의 결과보다는 어떻게 작업하고 놀이하는지의 [   ] 에 더 관심을 둔다.

　③ 유아가 활동 그 자체에 [   ] 을/를 가짐으로써 보상을 받으므로 칭찬을 따로 하지 않아도 된다고 생각한다.

　④ 유아가 쓰는 말을 주로 사용하여 유아의 [   ] 수준에 맞춘다.

　⑤ 유아가 어떤 활동의 과제를 [   ] 인 채로 남겨 두어도 이를 허용한다.

　⑥ 유아 스스로 실험하고 탐색하고 [   ] 해결하는 상황을 제공한다.

③ 일반적인 교사의 역할

(1) _____ : 유아교육 이론과 실제를 토대로 유아의 능력에 적합하면서 지역 사회 및 기관의 가치나 신념 등을 반영하여 '왜, 무엇을, 어떻게, 어느 수준과 범위로 가르치고 평가하느냐'를 계획하는 것을 의미한다.

(2) _____ : 자신이 수립한 연간 · 월간 · 주간 교육 계획에 의거하여 체계적이고 구체적인 일과를 계획하고 융통성 있게 일과를 수행하는 것을 의미한다.

(3) _____ : 유아와 상호작용하면서 정서적으로 지지하고 지원해 주는 보호자의 역할을 하는 것을 의미한다.

  ① _____ 환경 조성 : 교사는 가정과 같이 편안하고 안락하며, 예측 가능한 환경을 제공한다. 예측 가능한 환경이란, 하루일과, 교사, 또래집단, _____ 환경에 일관성이 있어야 한다는 것을 의미한다.

  ② _____ 환경 조성 : 유아를 존중하고 반응적인 태도를 보이며, 유아들의 불안이나 실패에 대한 두려움을 수용하고 칭찬과 격려를 해 주어 성취감을 느낄 수 있도록 해야 한다.

(4) _____ : 유아가 지켜야 할 예절이나 질서 또는 규칙에 대해 올바른 습관을 형성하도록 지원하는 것을 의미한다.

(5) _____ : 유치원 현장에서 부딪히는 실제적인 문제 상황을 해결하기 위해 노력하거나 새로운 이론 및 활동을 현장에 적용하는 것을 의미한다.

(6) _____ : 시설 · 설비, 교재 · 교구 구입 및 관리, 원장 · 동료 · 학부모 · 장학사와의 관계형성, 원아모집 및 학급편성, 유아의 영양 · 건강 · 안전 지도 등과 관련된 역할을 수행하는 것을 의미한다.

(7) _____ : 유치원 현장에서 일어나는 모든 일에 대해 전문적으로 판단하고 결정을 내리는 것을 의미한다. 교사들이 현장에서 직면하는 문제 중에는 고정된 정답이 없는 경우가 많기 때문에 그때그때의 상황에 적합한 최선의 방안을 찾아내고 결정을 내리는 _____(으)로서의 역할이 더욱 강조되고 있다.

(8) _____ : 교사는 유치원 조직의 일원으로서 동료 구성원들과 협력적인 관계를 형성하여 경험을 공유하며, 공동의 책임감과 목적을 갖고 유치원 교육의 질을 높이는 데 참여하는 것을 의미한다.

정답

(1) 교육과정 설계자

(2) 일과 계획 및 운영자

(3) 상담자 및 조언자
  ① 물리적
  ② 심리적

(4) 생활지도자

(5) 현장연구자

(6) 행정업무 및 관리자

(7) 의사결정자

(8) 동료와의 협력자

(9) ① ⓐ 모친
 ⓑ 치료
 ⓒ 교수
② ⓐ 양육
 ⓑ 교수
 ⓒ 관련적
③ ⓐ 지식전달자
 ⓑ 계획자 · 조직자 · 평가자
 ⓒ 훈육자
 ⓓ 의사결정자
④ ⓐ 교육과정 설계자
 ⓑ 일과계획 및 수행자
 ⓒ 상담자 및 조언자
 ⓓ 연구자
 ⓔ 행정업무 및 관리자

(9) 여러 가지 교사의 역할

학자		역할유형	참고
① 캐츠 (Katz, 1970)		• ⓐ [　　] 모형 • ⓑ [　　] 모형 • ⓒ [　　] 모형	
② 스포텍 (Spodek, 1985)		• ⓐ [　　] 역할 • ⓑ [　　] 역할 • ⓒ [　　] 역할	유아와의 관계에서 부모, 지역사회와의 관계로 확장
③ 슈케단츠 (Schickedanz, 1990)		• ⓐ [　　] • ⓑ [　　] • ⓒ [　　] • ⓓ [　　]	ⓓ [　　] 역할 포함
④ 사라초 (Saracho)	(1984)	• 진단자 • 교육과정 설계자 • 교수 조직자 • 학습 지도자 • 상담자 및 조언자 • 의사 결정자	학습 지도자, 상담자 및 조언자 역할
	(1997)	• ⓐ [　　] • ⓑ [　　] • ⓒ [　　] • ⓓ [　　] • ⓔ [　　]	연구자의 역할 포함

4 학급에서의 교사의 역할

(1) [   ](으)로서의 역할 : 반응적인 교사는 아동의 의견을 경청하고 적절한 대답을 해 주며 아동의 요구에 민감하게 반응할 뿐만 아니라 아동의 지적 · 의사소통적 능력을 고려한다. 또한, 교사는 동료, 자원봉사자, 학부모와의 민감한 상호작용을 통해 아동의 일상생활이나 특별한 요구 등에 대해 의견을 교환할 수 있어야 한다.

(2) [   ](으)로서의 역할 : 아동의 신체 발달과 심리적 발달에 필요하다. 신체 접촉은 신체적 성장과 정서적 건강, 교사와의 애착에서 중요한 역할을 하며 정서적 · 인지적 발달에 공헌한다. 또한, 아동이 정서적이고 애정적인 관계를 맺을 수 있는 능력과 자아존중감을 가질 수 있도록 도와준다.

(3) [   ]을/를 관리하는 역할 : 교사는 아동이 [   ]을/를 관리하고 대처하는 기술을 기를 수 있도록 놀이와 학습환경을 창출한다.

(4) [   ](으)로서의 역할 : 교사는 개방적이고 비판단적이며 수용하는 태도로 교구와 활동이 풍부하고 융통성 있고 온화한 학습 분위기를 통해 아동의 창의성 발달을 촉진시킬 수 있다.

(5) [   ](으)로서의 역할 : 노래 부르기, 손가락 인형극, 이야기 들려주기 등 아동의 흥미를 유도할 수 있는 활동을 미리 계획해야 한다. 또한, 올바른 행동에 대해서는 칭찬으로 강화해야 한다.

(6) [   ](으)로서의 역할 : 정보를 수집하고, 대안을 생각해 보며, 결과를 평가하고, 이것을 진행 중인 프로그램에 피드백하는 과정으로 사용한다.

(7) [   ](으)로서의 역할 : 교사는 때로 행동적 · 신체적 · 발달적 문제가 있는 아동에 대한 지지 혹은 대변 역할을 하게 된다. 교사 또는 다른 성인은 때로 교수-학습 과정에서 상호작용이 성공적이 되도록 하는 ① [   ](이)라고 불리는 상호작용 구조를 제공해야 한다.

정답

(1) 상호작용자

(2) 양육자

(3) 스트레스

(4) 촉진자

(5) 계획자 · 강화자

(6) 문제해결자

(7) 지지자
　　① 단계적 지지

5 유아 교사의 역할 갈등

(1)   : 역할 지각과 역할 기대, 그리고 역할 행동이 불일치할 때 발생하는 것이다.

   ①   : 특정한 지위를 가진 사람에게 사회적으로 다른 사람들이 인정하고 기대하는 것이다.

   ②   : 자신이 수행해야 하는 행동 양식을 스스로 인식하는 것이다.

   ③   : 실제로 역할을 수행하는 것을 말한다.

(2) 역할 갈등의 원인과 상황

갈등 발생 원인	내용	상황	교사가 느끼는 정서
① 역할 기대 ≠	교사에게 기대하는 역할을 교사가 인식하지 못함.	영아반 보육교사가 양육의 역할을 인식하지 못함.	혼돈
② 역할 기대 ≠	교사에게 기대하는 역할을 수행하지 못하거나 지위에 맞지 않는 역할을 기대할 경우	한 학급 병설유치원에서 초임 교사가 원감 역할까지 해야 함.	부담
③ 역할 기대 〉	교사가 인식하는 것보다 훨씬 더 많은 역할을 기대하여 희생을 요구하는 경우	일화기록을 주 2회 제공하고자 하였으나 매일 제공을 요구받았을 경우	불만
④ 역할 지각 〉	교사가 자신이 해야 하는 역할을 인식하였으나 행동이 그에 미치지 못하는 경우	유아를 공평하게 대해야 한다고 인식하지만 실제로는 편애하는 경우	자괴감 실망

2 영유아 교사의 전문성

1 영유아 교사의 발달 단계에 따른 관심사

(1) 풀러(F. Fuller)와 브라운(O. Brown)의 교사 관심사 이론

①   단계 : 경험이 없는 예비교사들이 교사보다는 학생에게 관심을 보인다. 교사에 대해 환상을 갖는다.

②   단계 : 학생에 대한 이상적인 관심사가 교사 자신의 생존에 대한 관심사로 옮겨 간다. 학급통제, 교육 내용에 대한 숙달, 장학사의 평가 등에 관심을 갖는다.

③   단계 : 많은 학생, 수업 과다, 과중한 업무, 시간의 부족, 교수 자료의 부족, 교사 자신의 교수행위 등에 관심을 가진다.

④   단계 : 학생들의 학습, 그들의 사회 · 정서적 요구, 학생에 대한 개인적 관계 등에 관심을 갖는다.

(2) 캐츠(katz)가 제시한 교사 발달 단계

①   : 자신이 교사로서 살아남을 수 있을까에 관심이 집중된다. 초임 교사들은 유치원 업무에 불안을 느끼고 무능감이나 좌절감을 느끼기 쉽다. 이 시기에는 지원, 이해, 격려, 확신, 위로, 지도 등이 필요하다.

②   : 교사로서 생존할 수 있다는 확신을 가지게 되면서 생존 단계에서 얻은 것을 강화하고 다음 단계에서 익혀야 할 과업과 기술을 새로이 인식하게 된다. 이 시기에는 문제 영유아와 문제 상황에 관심을 갖기 시작한다. 또한 심리학자, 사회보건 관계자, 또 다른 분야의 전문가들이 교사의 기술과 지식을 강화시켜 줄 수 있다.

③   : 반복적인 일에 싫증을 느끼기 시작하며 새로운 발전을 경험하지 못하게 된다. 이 단계의 교사는 자신의 갱신을 심각하게 고려해야 한다. 형식적 · 비형식적인 서로 다른 프로그램을 운영하고 있는 동료들을 만나는 것이 특별히 도움이 되고 또한, 새로운 기술과 방법을 배우고 의견을 교환하는 등 새로운 자극을 받는 것도 도움이 된다.

④   : 자신을 교사로서 인정하게 되며, 교사로서의 신념과 가치, 교육의 역할과 같은 보다 깊고 추상적인 질문을 할 수 있는 시각을 갖게 된다. 이 시기의 교사는 세미나의 참가 기회나 학위취득 기회를 필요로 하게 된다.

정답

(1) ① 교직 이전 관심사
    ② 생존에 대한 초기 관심사
    ③ 교수상황에 대한 관심사
    ④ 학생에 대한 관심사

(2) ① 생존기
    ② 강화기
    ③ 갱신기
    ④ 성숙기

(3) ① 교직 이전
② 교직 입문
③ 능력 구축
④ 열중과 성장
⑤ 좌절
⑥ 안정과 침체
⑦ 교직 쇠퇴
⑧ 교직 퇴직

(4) ① ⓐ 개인적
ⓑ 조직환경
② ⓐ 지식과 기술
ⓑ 자기이해

(3) 버크(Burke, 1984)와 그 동료들의 교사 발달 순환 모델

① _____ 단계 : 교사에게 필요한 전문적 지식과 기술을 습득하기 위해 교육을 받는 시기이다. 예비 교사뿐 아니라 각종 자격증을 준비하는 경력 교사들도 해당된다.

② _____ 단계 : 교직 입문 후 몇 년 동안 현장에서의 일상적인 활동에 익숙해져 가며 교사로서 생존하려고 하는 기간이다. 경력 교사들이 새로운 역할 수행을 위해 노력하는 시기이기도 하다.

③ _____ 단계 : 자신에게 역할 수행을 위해 요구되는 능력과 기술을 향상시키기 위해 적극적이고 능동적으로 노력하는 단계이다. 새로운 교수자료, 방법, 기술 등을 습득하기 위해 워크숍, 세미나, 학회 등에 자발적으로 참여하거나 상급학교 진학도 추진한다.

④ _____ 단계 : 교직 수행에 필요한 전문적 지식과 기술을 가지고 있으며, 계속해서 전문성을 향상시키기 위해 노력한다. 자신의 일을 사랑하고 직업에 만족한다.

⑤ _____ 단계 : 교직에 대해 좌절감과 회의를 느끼는 단계이다. 자신의 일에 만족하지 못하므로 이직률이 높아지기도 한다.

⑥ _____ 단계 : 더 이상의 성장과 발전을 추구하고 노력하기보다는 현실에 안주하고 현 상태를 유지하려고 하는 단계이다. 안정적이지만 침체되어 있어 주어진 일만 하고 변화를 원하지 않는다.

⑦ _____ : 교사들이 교직을 떠나려고 준비하는 단계이다. 퇴직을 하려는 원인에 따라 퇴직을 긍정적으로 또는 부정적으로 받아들일 수 있다.

⑧ _____ : 교직을 그만두거나 출산, 육아 등의 이유로 일시적인 휴직을 하는 시기이다.

(4) 하그리브스와 풀란(Hargreaves & Fullan, 1992)의 교사 발달에 대한 관점

① 교사 발달은 교사의 ⓐ _____ 인 특성이나 ⓑ _____ 의 다양한 요인 등에 의해 서로 다르게 나타날 수 있다.

② 교사 발달

ⓐ _____ 발달로서 교사 발달 : 교사의 효과적인 교수를 위하여 교사에게 교수 관련 지식과 기술을 학습하고 향상시킬 수 있는 기회를 주어야 한다는 관점이다. 이 관점은 교사를 수동적 주체로 간주하여 훈련시키려고 했기 때문에 효과를 거두기 어려웠다.

ⓑ _____ (으)로서의 교사 발달 : 교사의 연령, 성, 생활방식, 발달단

계, 특정한 관심과 욕구, 교직경력, 생애사 등의 개인적 측면은 교사 자신과 그의 교수 방식 등 교사의 전문성 발달에 중요한 영향을 미친다는 관점이다. 교사 발달을 지나치게 교사 개인적 요소에 두어 변화의 책임을 모두 교사에게 부과시킨다는 지적을 받는다.

ⓒ _____ (으)로서의 교사 발달 : 교사의 근무환경, 교수 상황 등의 생태학적 상황이 교사 발달에 효과적인 영향을 줄 수 있다는 관점이다. 이 관점은 원장과 교육행정가의 지원 등 협력적인 학교문화, 의사결정에의 참여 등을 교수문화의 변화와 개선을 위한 중요한 요인으로 강조했다.

(5) 교직사회화 단계 모형 종합

모형특성		연구자	단계
단순·직선적 단계 모형	교직 이전 시기 포함 모형	Fuller(1969)	교직 이전 단계 → 초기 교직 단계 → 후기 경력 단계
		Fuller & Brown (1975)	교수에 대한 관심 이전 단계 → 교직 초기 생존 관심 단계 → 교수 상황 관심 단계 → 학생에 대한 관심 단계
		Unruh & Turner (1970)	교직 이전 시기(대학) → 초기 교직 시기 → 안정 구축기 → 성숙 시기
	교직 첫 해 시작·단기 모형	Katz(1972)	생존기(1년) → 강화기(견고화 단계)(1년 말~3년) → 갱신기(쇄신 단계)(3년 or 4년) → 성숙기(4년 or 5년)
		① Gregorc(1973)	형성 단계 → ⓐ _____ 단계 → ⓑ _____ 단계 → ⓒ _____ 단계
		② Burden(1983)	ⓐ _____ 단계 → ⓑ _____ 단계 → ⓒ _____ 단계
	연령 접근 장기 모형	Newman(1978)	0~10년 단계 → 11~20년 단계 → 21~30년 단계
		Peterson(1984)	20~40세 단계 → 40~50세 단계 → 55세~정년퇴직 단계
		Webb & sikes (1989)	입직과 사회화 단계(21~28세) → 30대 전환기(28~33세) → 정착 단계(33~44세) → 50대 전환기(44~55세)
		신인숙(1991)	교직적응 → 능력계발 → 갈등 및 좌절 → 승진지향 → 보람·긍지
복합 순환적 단계 모형	순환적 모형	Burke(1984)	교직 이전 단계 → 교직 입문 단계 → 능력 구축 단계 → 열중·성장 단계 → 직업적 좌절 단계 → 안정·침체 단계 → 쇠퇴 단계 → 퇴직 단계
	복합적 모형	③ Huberman (1989)	ⓐ _____ 단계 → 안정화 단계 → ⓑ _____ 단계 → 재평가·자기의심 단계 → 평정·상대적 거리감 단계 → 보수주의 단계 → 이탈 단계

정답

ⓒ 생태학적 변화

(5) ① ⓐ 성장
　　　ⓑ 성숙
　　　ⓒ 원숙·전문
　② ⓐ 생존
　　　ⓑ 적응
　　　ⓒ 성숙
　③ ⓐ 생존·발견
　　　ⓑ 실험주의·행동주의

2 영유아 교사에게 필요한 지식

(1) 교사에게 필요한 지식의 형태(슐만 Shulman)

    ①   : 시간과 공간을 초월하여 모든 상황에 적용될 수 있는 규칙이나 원리이다.

    ②   : 명제 지식이 실제 상황에 적용되기 위해 필요한 과정을 의미한다.

    ③   : 하나의 원리를 실제 상황에 적용시킨 경험과 관련된 지식이다.

(2)   (엘바즈 F. Elbaz) : 제3자에게 배울 수 있는 것이 아니라 교사가 현장에서 문제를 해결하거나 결정을 내려야 하는 경우 그 상황에 맞도록 교사 스스로가 창조한 전문가적인 지혜를 의미한다.

(3)   (폴라니 Polanyni)

    ①   지식 : 언어로 명확하게 전달할 수 있는 지식이다.

    ②   지식 : 언어로 정교하게 설명하기 어려운 지식으로, 실천 행위 중에 드러나며 명시적 지식보다 훨씬 더 행위를 정교하게 하고 질적으로 우수한 성질이 되도록 만들어 주는 내면적 지식이다.

(4)   지식

    ①   : '말하다'라는 의미로, 스토리텔링과 유사한 의미를 가진다. 실화나 허구의 사건들을 묘사하는 것 그 자체뿐만 아니라 이야기를 조직하고 전개하기 위해 이용되는 각종 전략이나 형식 등을 포괄하는 개념으로 사용된다.

    ②   : 코넬리와 클란디닌(Connelly & Clandinin)이 제시한 것으로, 질적 연구방법의 하나이다. 교사들의 오랜 경험에서 누적된 개인적 기억이 '이야기'를 통해 드러나도록 탐구하는 방식인데, 내러티브는 구술되는 서사로서 교사들의 실천적, 암묵적 지식을 가장 부드러운 방식으로 표현하도록 돕는다.

    ③   : 브루너(Bruner, 1996)가 제시한 것으로, 교육과정에 기초하여 수업설계를 해 나갈 때 교사가 어려운 지식을 즐거운 문학적 이야기로 풀어 나가는 교수 방법을 말한다. 현재 스토리텔링 교수법과 함께 중 · 고등학교와 초등학교 수학 등에 통합되어 활용되고 있으며, 유아교육에서도 심미적 교수법의 핵심요소로 활용되고 있다.

(5) 실습생이 경험하는 실습의 단계(카루소 Caruso)

① ＿＿＿＿＿＿＿＿＿＿ : 실습을 앞두고 실습 과정에 대한 불확실성으로 인해 기대와 두려움을 동시에 느끼는 단계이다.

② ＿＿＿＿＿＿＿＿＿＿＿＿＿＿＿＿＿ : 실습생들은 학생에서 교사로 전환하는 데서 오는 변화의 어려움에 대처하고 교실에서 자신의 입지를 구축하는 데 관심을 가진다.

③ ＿＿＿＿＿＿＿＿＿＿＿＿＿＿＿＿＿ : 교사의 역할을 처음으로 수행해 보면서 교사로서의 유능감, 혹은 자신의 능력에 대한 의심을 갖게 된다.

④ ＿＿＿＿＿＿＿＿＿＿＿＿＿ : 하루에서 일주일 정도 전적으로 한 학급의 책임자로서의 역할을 수행하는 것은 교사로서의 정체성과 교직에의 적성을 판가름하는 중요한 갈림길이 된다.

⑤ ＿＿＿＿＿＿＿＿＿＿＿＿＿＿＿＿＿ : 이전 단계를 성공적으로 마치게 되면 지도교사들은 실습생을 더 이상 학생이 아닌 새로운 동료 교사로 인정하게 된다.

3 영유아 교사의 효능감

(1) ＿＿＿＿＿＿＿＿＿＿＿ : 본인의 능력에 대한 믿음으로 인간의 행동과 성취수준에 영향을 미치는 것으로 알려져 있다.

① 반두라는 자아효능감을 ⓐ ＿＿＿＿＿＿＿ 와/과 ⓑ ＿＿＿＿＿＿＿ 의 두 가지 요소로 나누었다.

ⓐ ＿＿＿＿＿＿＿ : 주어진 상황과 맥락에서 자신이 특정한 수준의 수행들을 해 낼 수 있을 것이라는 스스로의 능력에 대한 개인적인 신념이다.

ⓑ ＿＿＿＿＿＿＿ : 특정한 상황과 맥락에서 구체적 행동의 결과들에 대해 내리는 개인적 예상 또는 판단이다.

(2) 교수효능감(깁슨과 뎀보 Gibson & Dembo)

① ＿＿＿＿＿＿ 교수효능감 : 자신의 교사로서의 능력에 대한 자신감이며, 반두라의 효능기대 개념에 기초한다.

② ＿＿＿＿＿＿ 교수효능감 : 아동들의 행동이 교육으로 인하여 얼마나 변화될 수 있는가에 대한 믿음으로 반두라의 결과기대 개념에 기초한다.

정답

(3) ① 자기인식
　② 자아노출
　③ ⓐ 열린 자아
　　ⓑ 눈먼 자아
　　ⓒ 감추어진 자아
　　ⓓ 알 수 없는 자아
　④ 자아존중
　⑤ 자기통제

(1) 직전 교육

(2) 현직 교육

(3) 영유아 교사의 자아개념

①　　　　　　　 : 자아개념은 자기를 정확하게 인식하는 것에서부터 시작한다.

②　　　　　　　 : 개인의 정체성은 자신이 스스로를 바라보는 모습과 타인에게 비추어진 모습에 따라 결정된다.

③ 요하리의 창 : 개인이 알고 있는 것과 타인이 알고 있는 부분이 같을 수도 있고 다를 수도 있다. 이를 가장 잘 나타내 주는 것이 '요하리의 창'이다.

　ⓐ　　　　　　　 : 나와 타인이 모두 알고 있는 부분이다. 첫 만남에서도 쉽게 알 수 있는 외모, 말투, 주소, 취미, 직업, 형제관계 등이 포함된다.

　ⓑ　　　　　　　 : 자신에 대해 자기는 잘 모르고 있으나 다른 사람들은 잘 알고 있는 부분이다. 타인으로부터의 지속적인 피드백과 의사소통을 통해 발견할 수 있다.

　ⓒ　　　　　　　 : 타인은 모르고 자신만 알고 있는 영역이다. 자신의 단점, 가족 배경 등이 이에 속할 수 있는데, 상대방과의 친밀도에 따라 노출하는 범위가 달라진다.

　ⓓ　　　　　　　 : 자신도 모르고 타인도 모르는 영역이다. 내면 세계에 존재하는 성향, 무의식, 잠재력 등이 이에 속한다.

④　　　　　　　 : 자아존중감이 높으면 자신이 성취하고자 하는 목표에 대한 인식이 뚜렷해지고 자신을 존중하는 만큼 타인을 배려하기 때문에 학습자를 잘 이해하고 동료들과의 바람직한 대인관계도 형성한다.

⑤　　　　　　　 : 개인의　　　　　　　 능력은 사건의 원인을 개인 외적인 부분과 개인 내적인 부분 가운데 어디에 두는지를 살펴봄으로써 그 정도를 측정한다. 일반적으로 사건의 원인을 환경적인 것에서 찾는 사람들은 문제가 발생했을 때 상대방을 탓하는 경우가 많다.

④ 유아 교사의 현직 교육

(1)　　　　　　　 : 교사가 되기 전 자격 취득 과정에서 기초적인 내용을 교육받는 것으로 교사 양성 교육과정이 이에 해당한다.

(2)　　　　　　　 : 유치원 교사 및 원장(원감)들이 자격 취득 이후 교직생활을 하는 전 기간 중에 해당 직무에 대한 적응능력을 길러 주기 위한 목적으로 실시되는 교육·훈련 활동이다.

(3) 현직교육의 법적 근거

① 유아교육법 [시행 2020.11.27.]

제6조(ⓐ⬚⬚⬚⬚⬚⬚⬚⬚⬚⬚⬚⬚⬚⬚⬚) ① 국가 및 지방자치단체는 유아교육에 관한 연구와 정보제공, 프로그램 및 교재 개발, 유치원교원 연수 및 평가, 유아 체험교육 등을 담당하는 ⓐ⬚⬚⬚⬚⬚⬚⬚⬚⬚⬚을/를 설치하거나 해당 업무를 교육 관련 연구 기관 등에 위탁할 수 있다. 〈개정 2010. 3.24., 2012.3.21.〉

② 제1항에 따른 유아교육진흥원의 설치 · 운영 및 위탁 등에 필요한 사항은 대통령령으로 정한다. 〈개정 2010.3.24.〉

제18조(지도 · 감독) ① 국립유치원은 ⓑ⬚⬚⬚⬚⬚⬚⬚⬚⬚⬚의 지도 · 감독을 받으며, 공립 · 사립유치원은 ⓒ⬚⬚⬚⬚⬚⬚⬚의 지도 · 감독을 받는다. 〈개정 2008.2.29., 2010.3.24., 2013.3.23.〉

② ⓓ⬚⬚⬚⬚⬚은/는 유아교육을 충실히 하기 위하여 유치원 교육과정 운영에 대한 장학지도를 할 수 있다. 〈개정 2008.2.29., 2010.3.24., 2012.1.26.〉

② 교원 등의 연수에 관한 규정 [시행 2018.4.3.]

제2조(연수기관의 종류 및 설치 등) ① 제1조에 따른 연수기관(이하 "연수원"이라 한다)의 종류는 교육연수원, 교육행정연수원, 종합교육연수원 및 원격교육연수원으로 한다.

1. 교육연수원 : 대학, 산업대학 또는 교육대학

2. 교육행정연수원 : 대학, 산업대학 또는 교육대학

3. 종합교육연수원 : 대학, 산업대학, 교육대학, 원격대학 중 방송통신대학, 교육청 교육부장관이 지정하는 기관 또는 법인

4. 원격교육연수원 : 대학, 산업대학, 교육대학, 원격대학, 교육청, 교육부장관이 지정하는 기관 또는 법인

제3조(연수 대상) ① 연수원의 연수 대상은 다음 각 호의 구분에 따른다.

1. 교육연수원 : 「유아교육법」 제7조에 따른 유치원 및 「초 · 중등교육법」 제2조에 따른 학교에 근무하는 교원

2. 교육행정연수원 : 제1호에 따른 유치원 및 학교에 근무하는 원장 · 원감 · 교장 · 교감 및 「교원자격검정령」 제23조에 따라 교장 · 원장의 자격인정을 받은 사람

3. 종합교육연수원 및 원격교육연수원 : 제1호 및 제2호의 사람 (생략)

④ 연수원에서 연수할 사람을 선발하는 데 필요한 사항은 교육부장관이 정한다.

정답

(3) ① ⓐ 유아 교육진흥원
　　ⓑ 교육부장관
　　ⓒ 교육감
　　ⓓ 교육감

② ⓐ 직무연수
ⓑ 자격연수
ⓒ 교원능력 개발평가
ⓓ 15
ⓔ 90
ⓕ 25
ⓖ 180

제6조(연수의 종류와 과정) ① 연수는 다음 각 호의 ⓐ [   ] 와/과 ⓑ [   ] (으)로 구분한다.

1. 다음 각 목의 직무연수

가. 제18조에 따른 ⓒ [   ] 결과 직무수행능력 향상이 필요하다고 인정되는 교원을 대상으로 실시하는 직무연수

나. 「교육공무원법」 제45조제3항에 따라 복직하려는 교원을 대상으로 실시하는 직무연수

다. 그 밖에 교육의 이론 · 방법 연구 및 직무수행에 필요한 능력 배양을 위한 직무연수

2. 자격연수 : 「유아교육법」 제22조 제1항부터 제3항까지, 같은 법 별표 1 및 별표 2에 따른 교원의 자격을 취득하기 위한 자격연수

② 직무연수의 연수과정과 내용은 연수원장(위탁연수를 실시하는 경우에는 위탁받은 기관의 장을 말한다. 이하 같다.)이 정한다.

③ 자격연수의 연수과정은 정교사(1급)과정, 정교사(2급)과정, 준교사과정(특수학교 실기교사를 대상으로 하는 과정을 말한다.) 전문상담교사(1급)과정, 사서교사(1급)과정, 보건교사(1급)과정, 영양교사(1급)과정, 수석교사과정, 원감과정, 원장과정, 교감과정 및 교장과정으로 구분하고, 연수할 사람의 선발에 관한 사항 및 연수의 내용은 교육부령으로 정한다.

제7조(연수기간) 자격연수의 연수기간 및 이수시간은 별표 1의 기준에 따라 정하고 직무연수의 기간은 해당 연수원장이 정한다. [전문개정 2013.7.15.]   자격연수의 연수기간 및 이수시간(제7조 관련)〈개정 2013.7.15.〉

구분	정교사(1급), 정교사(2급), 보건교사(1급), 영양교사(1급), 수석교사, 교감 및 원감	교장 및 원장
기간	ⓓ [ ] 일 이상	ⓕ [ ] 일 이상
이수시간	ⓔ [ ] 시간 이상	ⓖ [ ] 시간 이상

※ 자격연수의 연수과정표(교원 등의 연수에 관한 규정 시행규칙 [별표 2])

구분	영역(이수시간 배경비율%)
정교사(1급/2급), 수석교사과정, 원장 · 원감과정	가. 기본역량 : 교원으로서 요구되는 교육관 · 교직관 등 기본적인 소양 및 자질(30~50%) 나. 전문역량 : 정교사(1급/2급/수석교사/원장, 원감)(으)로서 전문적인 직무수행에 필요한 지식이나 기술(「교원자격검정령」 제4조에 따라 자격증에 표시할 담당과목의 전공지식을 포함한다)(50~70%)

제13조(ⓗ   의 선발) ① 교육부장관 또는 교육감은
ⓗ   (제2항에 따른 특별연수의 대상자는 제외한다)
을/를 선발할 때에는 근무실적이 우수하고 필요한 학력 및 경력을 갖춘 사람
중에서 선발하여야 한다. 이 경우 국외연수자는 필요한 외국어 능력을 갖추
어야 한다.<개정 2013.3.23.>

② 교육부장관 또는 교육감은 교원 스스로 수립한 학습 · 연구 계획에 따
라 전문성을 계발(啓發)하기 위한 특별연수로서 교육부장관이 정하는 특
별연수의 대상자를 선발할 때에는 제1항의 요건을 갖추고 제18조에 따
른 교원능력개발평가 결과가 우수한 사람 중에서 선발하여야 한다. 〈개정
2013.3.23.〉

제18조(ⓘ   ) ① 교육부장관 및 교육감은 법 제37조부터 제42
조까지의 규정에 따른 연수자를 선발하기 위하여 매년 「유아교육법」 제2조제
2호에 따른 유치원 및 「초 · 중등교육법」 제2조에 따른 학교에 근무하는 교원
의 능력을 진단하기 위한 평가(이하 "ⓘ   "(이)라 한다)를
하여야 한다. 〈개정 2017.2.22.〉

② ⓘ   은/는 교원 상호 간의 평가 및 학생 · 학부모의 만
족도 조사 등의 방법으로 한다.

ⓗ 특별연수자
ⓘ 교원능력개발평가

(3) 연수제도의 유형(「교원 등의 연수에 관한 규정」[시행 2018.4.3.])

①   : 상급자격(원장 및 원감, 정교사 1급, 수석교사)을 취득하기 위한
연수이다. 연수할 사람의 선발에 관한 사항 및 연수의 내용은 교육부령으로 정한
다.

②   : 직무수행과 직장 적응에 필요한 연수이다. 연수내용과 기간
등은 연수원장이 결정한다. 또한, 교원능력개발평가 결과 직무수행 능력 향상이
필요하다고 인정되는 교원을 대상으로 실시하는 연수이고 그 밖에 교육의 이론 ·
방법 연구 및 직무수행에 필요한 능력 배양을 위한 연수이다.

③   : 교원 스스로 수립한 학습 · 연구계획에 따라 전문성을 계발
하기 위한 연수로서 근무실적이 우수하고 필요한 경력을 갖춘 교원 중 교원능력
개발평가 결과가 우수한 사람을 대상으로 교육부장관, 혹은 교육감이 선발한다.

(3) ① 자격연수
② 직무연수
③ 특별연수

3 영유아 교사를 위한 장학

정답

(1) 장학
(2) ① ⓐ 교육부장관
　　　ⓑ 교육감
　② ⓐ 장학지도

1 장학의 의미와 장학지도에 관한 법적 규정

(1) ＿＿＿＿＿ : 교육대상의 학습을 촉진시키고 교육조직의 목적을 달성하기 위하여, 교사의 행위에 직접적으로 영향을 주는 교육기관조직이 공식적으로 지정한 행위이다.

(2) 장학지도에 관한 법적 규정

① 유아교육법 [시행 2020.11.17.]

> **제18조(지도 · 감독)** ① 국립유치원은 ⓐ ＿＿＿＿＿＿＿＿＿＿ 의 지도 · 감독을 받으며, 공립 · 사립유치원은 ⓑ ＿＿＿＿＿ 의 지도 · 감독을 받는다. 〈개정 2008.2.29., 2010.3.24., 2013.3.23.〉
>
> ② ⓑ ＿＿＿＿＿＿＿＿ 은/는 유아교육을 충실히 하기 위하여 유치원 교육과정 운영에 대한 장학지도를 할 수 있다. 〈개정 2008.2.29., 2010.3.24., 2012.1.26.〉

② 유아교육법 시행령 [시행 2020.11.27.]

> **제19 조(ⓐ ＿＿＿＿＿＿＿＿)** 교육감은 법 제18조제2항에 따른 ⓐ ＿＿＿＿＿＿＿＿ 을/를 할 때에는 매 학년도 ⓐ ＿＿＿＿＿＿＿ 의 대상 · 절차 · 항목 · 방법 및 결과처리 등에 관한 세부 계획을 수립하여 ⓐ ＿＿＿＿＿＿＿＿ 대상 유치원에 미리 통보하여야 한다. 〈개정 2012.4.20.〉 [전문개정 2010.5.31.]

2 실시 주체에 따른 장학의 유형

(1) 행정 장학
　① 일반 장학

(1) ＿＿＿＿＿＿＿ : 교육현장에서 교육활동이 잘 이루어질 수 있도록 장학담당자들이 교육기관단위 또는 교사들에게 전문적 지도와 조언을 하는 장학이다. 장학지도는 주로 지역교육청 유아교육담당 장학사가 담당한다.

① ＿＿＿＿＿＿ : 지방교육청의 교육활동 전반에 걸친 전문적 · 지속적인 지원으로 유치원의 자율장학 능력을 배양하고, 교육시책을 효율적으로 구현하고 있는지를 확인하며, 교원의 책무성 제고 등을 목적으로 연 1~2회 실시하는 장학지도를 말한다.

정답

② 특별 장학
③ 요청 장학

(2) 컨설팅 장학
① ⓐ 학교
  ⓑ 컨설팅
  ⓒ 수업
② 교육력
③ ⓐ 수업
  ⓑ 교육과정
  ⓒ 생활지도
  ⓓ 학교경영

② _____ : 자율장학 수행력이 미흡한 유치원 또는 특별한 사안이 발생한 기관의 원내 장학력 제고를 위한 집중적 지원으로 유치원 교육의 균형 발전을 도모하는 것을 목적으로 실시된다.

③ _____ : 유치원장의 요청에 의한 장학을 통하여 교수-학습 개선과 교육활동을 도모하고 자율적·능동적인 장학지도 풍토 조성을 목적으로 실시된다.

(2) _____ : 2010년 지역 교육청의 조직 및 기능이 개편됨에 따라 컨설팅의 원리와 방법이 교육 영역에 적용되었다.

① 컨설팅 유형

  ⓐ ____ 컨설팅 : 학부모 영역이나 교육청, 나아가서 교육부 영역의 문제에 대해 전문성을 갖춘 교육체제 내외 전문가들이 문제와 과제의 해결을 도와주는 것이다.

  ⓑ _____ 장학 : 학교 컨설팅의 방법과 절차가 장학에 적용된 것이다. 교원의 자발적인 의뢰를 바탕으로 교과지도, 생활지도, 학급운영 등에 관한 교사의 전문성을 계발하기 위해 교내외의 전문성을 갖춘 사람들이 문제와 과제의 해결을 도와주는 활동이다.

  ⓒ _____ 컨설팅 : 교원의 전문성 중 _____ 와/과 관련된 문제, 즉 교과지도를 해결하기 위해 도움을 주는 활동이다.

② 유치원 컨설팅 장학의 목표 : 유치원 경영, 학급 경영, 교수·학습 지도방법 등 유치원에서 요구하는 영역에 대한 지원으로 단위 유치원 _____ 제고를 목표로 한다.

③ 컨설팅 장학의 유형

  ⓐ _____ 컨설팅 : 교수-학습 과정안 작성 및 효과적인 교수학습법 등에 관한 내용

  ⓑ _____ 컨설팅 : 학교 교육과정 계획 및 운영, 학교 평가 등에 관한 내용

  ⓒ _____ 컨설팅 : 기본생활습관, 인성교육, 진로교육 등에 관한 내용

  ⓓ _____ 컨설팅 : 인사, 복무관리, 시설관리, 환경개선, 학교보건, 학부모 교육 등의 _____ 에 관련된 내용

④ ⓐ 이해
  ⓑ 계획
  ⓒ 수업운영
  ⓓ 평가
⑤ ⓐ 자발성
  ⓑ 전문성
  ⓒ 학습성
  ⓓ 독립성
  ⓔ 자문성
  ⓕ 한시성
⑥ 수업
  ⓐ • 준비
    • 진단
    • 해결
    • 실행
    • 종료

(3) 지구별 영유아 교육기관 간
    협동장학(지구별 협동장학)

④ 누리과정 컨설팅 장학의 영역 : 누리과정 ⓐ [   ], 누리과정 ⓑ [   ], 누리과정 ⓒ [   ], 누리과정 ⓓ [   ]

⑤ 컨설팅 장학의 원리

ⓐ [   ] 의 원리 : 의뢰한 교사가 컨설팅에 관한 의사결정의 주체가 되어야 한다는 원리로서 컨설팅 장학에서 가장 핵심적인 원리이다.

ⓑ [   ] 의 원리 : 컨설팅 활동은 해당 분야의 [   ]을/를 가진 컨설턴트에 의해 이루어져야 한다는 원리이다.

ⓒ [   ] 의 원리 : 컨설팅 장학은 컨설턴트나 의뢰인 모두에게 학습의 과정이 되어야 하며, 서로 성장할 수 있는 기회가 되어야 한다는 원리이다.

ⓓ [   ] 의 원리 : 컨설턴트와 의뢰인의 협의는 상호 신뢰와 존중을 기반으로 서로 독립적이고 수평적인 관계에서 의견 교류가 이루어져야 한다는 원리이다.

ⓔ [   ] 의 원리: 과제를 해결하기 위한 과정에서 학교 컨설턴트는 자문적 역할만을 하며 결정권과 책임은 의뢰인에게 있다.

ⓕ [   ] 의 원리 : 컨설팅은 의뢰한 과제가 해결되면 종료가 되는 것이 원칙이며, 경우에 따라 협의를 통해 기간을 조정할 수 있다.

⑥ [   ] 컨설팅 : 교사가 자신의 수업에 문제를 느끼고 믿고 신뢰할 만한 컨설턴트의 도움을 받아서 자발적 의지로 자신의 수업에서의 문제를 발견하고 해결하여 수업을 개선해 가는 과정이다.

ⓐ 수업 컨설팅 과정

• [   ] : 컨설팅 의뢰 및 접수, 컨설턴트와 컨설팅 주제 협의 및 선정

• [   ] : 유치원 상황 및 환경 분석, 문제 요소 분석, 컨설팅 세부주제 확인 및 확정, 유치원의 개선 요구 분석

• [   ] 및 실천 방안 제안 : 개선 방안(해결 및 실천, 전략) 모색, 구성원에 대한 제안

• [   ] : 해결 및 실천 방안에 따른 실제 실행 지원, 각종 정보 및 자료 제공 지원

• [   ] : 컨설팅 결과 정리 및 개선 방안 제안, 교육청 요청 사항 등 추후 필요 조치 제시, 결과 보고서 작성 및 제출, 컨설팅 만족도 조사

(3) [   ] : 인접한 영유아 교육기관 또는 교사들 간의 협력관계를 통한 자율 장학의 성격을 띠는 상호협력 장학이다.

(4) [   ] : 단위 영유아 교육기관에서 교육활동의 개선을 위해 원장, 원감, 주임교사를 중심으로 전체 교직원들이 공동으로 노력하는 자율적인 과정이다.

정답

(4) 원내 자율장학

❸ 장학 방법과 내용에 따른 장학 유형

(1) [   ] : 교사의 수업능력을 기르고 개선하기 위하여 체계적으로 원장이나 원감에 의해 이루어지는 개별적인 과정이다. 주로 초임교사나 수업기술을 향상시키고자 하는 교사를 대상으로 이루어지며 교사의 전문적 발달에 초점을 맞추어 수업기술을 향상시키기 위해 개별적으로 이루어지는 장학이다.

① [   ] : 장학 담당자와 교사가 대면관계에서 이루어진다는 의미이며, 교사의 교수행동에 대한 실질적 장학으로 장학 담당자가 수업과정에 세심하게 개입하는 것이다.

(1) 수업장학
① 임상장학

(2) 동료 장학(상호협력적 장학) : 자유로운 의사교환과 피드백, 협동심과 동료의식, 이용의 편리성, 학습공동체 마련 등의 특징이 있다.

① [   ] : 반성적 사고는 과거나 현재에 일어나고 있는 실천적 행위에 대한 사려 깊고 분석적인 사고에서부터 미래 행위에 대한 방향을 결정하는 과정이다. 자신이 무엇을 알고 있는지, 무엇을 느끼는지, 무엇을 하고 있는지, 자신이 왜 해야 하는지를 고려함으로써 반성적 사고를 기르는 데 도움이 된다.

② [   ] : 교사가 역할을 수행하고 교사가 되는 데 영향을 준 개인의 발달과 개인의 이전 경험을 조명할 수 있게 해 주는 역할을 한다. 교사 이야기의 구성요소는 배경, 등장인물, 주제, 전환점, 줄거리 등이다.

③ [   ] : 유능한 교사에게 요구되는 것으로, 세밀하게 유아를 관찰하고 이에 대해 피드백하고 분석하는 일련의 반성적 과정은 교사의 전문성 발달을 위해 중요하다.

④ [   ] : 자신이나 동료 교사의 수업 또는 관련 사례를 분석해 보는 방법이다.

⑤ [   ] : 무엇보다 동료 교사들 간의 읽기 능력의 차이를 인정해야 하며, 특히 책을 읽는 능력이 부족한 교사의 경우에는 어렵지 않은 적절한 자료를 선정하여 편안함을 느끼게 하는 것이 중요하다.

(2) ① 반성적 저널쓰기
② 교사의 이야기 쓰기
③ 유아관찰
④ 수업사례 분석
⑤ 전문서적 읽기와 토론

⑥ 　　　　　　　 : 경력 교사가 멘토가 되어 동료 교사의 전문성 발달을 돕기 위해 전문적·정서적 지원을 해 주는 것이다. 멘터의 피드백은 즉각적이고 구체적이어야 하며, 멘티는 멘터로부터의 피드백을 경청하며 바로 방어하는 태도를 취하지 않고 지적된 내용을 반영하는 반응적 태도를 취하여야 한다.

ⓐ 멘토링의 효과

	멘토	멘티
측면	교수 실제에 대한 방법 및 기술을 재확인하거나 새롭게 개발하는 등 스스로를 개발할 수 있는 기회를 가진다.	반성적 사고를 통해 교과내용 지식, 교수법, 교수행동 등 교수 전문가로서의 정체감을 형성하게 된다.
측면	멘티를 지원해 주는 과정에서 멘티로부터 신뢰를 얻으며 보람을 느끼게 된다. 아울러 긍정적인 자존감이 강화되며 다른 사람의 성장을 돕는다는 긍지를 갖게 된다.	교실에서의 불안과 딜레마, 갈등, 어려움 등 도덕적이고 정서적인 지지 등 지원을 받는다.
•	멘토는 궁극적으로 자아반성을 통해 자신을 새롭게 인식하며 긍정적 삶을 추구하는 자세와 가치관을 확립하여 리더로서의 역할을 수행하도록 고취시킨다.	반성적 사고를 하게 되며 자신의 교육학적 사고를 공유하고 나눌 수 있는 멘토와 협력적인 공동체를 구성하게 된다.

⑦ 동료 장학의 실행 방법

ⓐ 　　　　　　　　　　　　 : 사전 협의회 등 교수 실제에서 수업계획안, 구체적인 문제 상황, 행사 계획 등 다양한 문제를 중심으로 동료 교사 간 수평적 관계에서 서로 조언을 구하며 해결 방안을 모색하는 것이다.

ⓑ 　　　　　　　　 : 보다 나은 교수기술에 대한 조언, 정보 제공, 실제 시범 보이기 등의 다양한 방법으로 지원해 주는 것이다.

• 　　　　　　　　　　　 : 지적할 것을 기록하지만 교수 행동에 간섭하지 않는다.

• 　　　　　　　　　 : 원하는 도움을 주지만 교수 행동에는 간섭하지 않는다.

• 　　　　　　　　　　 : 관찰자가 교사의 학습 또는 특정 기술이 향상되도록 피드백을 제공하는 것이다.

(3) 　　　　　　　　 : 교사 자신의 전문적 발달을 위해 능동적이고 자발적으로 연구하고 노력하는 것이다.

(4) _____ : 교사들의 필요와 요구에 의해 원내나 원외에서 인적·물적 자원을 활용하여 유치원 자체가 실시하는 연수활동으로 토론회, 강습회, 현장견학이나 탐방연수와 같은 다양한 형태로 진행될 수 있다.

(5) _____ : 원장이나 원감이 학급을 순시하거나 수업을 참관하는 과정에서 비공식적으로 교사들의 교수활동과 학급경영활동 등을 관찰하고, 이에 대해 지도하고 조언하는 일상의 활동들로 다른 형태의 장학활동을 보완하는 성격이 강하다.

(6) _____ : 그동안 교육청에서 유치원으로 일방적으로 제공되던 장학내용을 양방향으로 또는 유치원 간의 상호 장학자료로 활용할 수 있도록 제공하고, 장학내용을 교육청 홈페이지에 공개함으로써 장학정보를 공유하는 장학 형태이다. 교사나 원장 등의 상담자가 공개 또는 비공개로 상담을 요청하며 유아교육전문가로 구성된 장학지원단에서 상담내용을 일정 기간 안에 처리하는 시스템으로 운영된다.

(7) _____ : 캐츠(Katz)는 교사의 경력 주기에 따라 장학의 방법을 달리할 것을 제안하였다.

① 생존기의 교사 : _____ (첫 3년, 그 후 3년마다 갱신)

② 강화기의 교사 : _____

③ _____ 의 교사 : 전문 학회 참가, 교사센터 이용, 비디오에 의한 자기분석 등으로 수업 개선을 자극

④ _____ 의 교사 : 대학원 수강, 자기 장학의 방법을 사용하는 선택적 장학

(8) _____ : 글리크맨(Glickman)이 개발한 것으로 교사의 '발달 정도에 따라' 알맞은 장학방법을 결정한다는 것인데, 근본정신은 선택적 장학과 같다.

① ⓐ_____ · ⓑ_____ · ⓒ_____ 장학방법을 교사의 발달 정도에 맞게 적용하여 교사를 최상의 발달 상태로 끌어올리고자 한다.

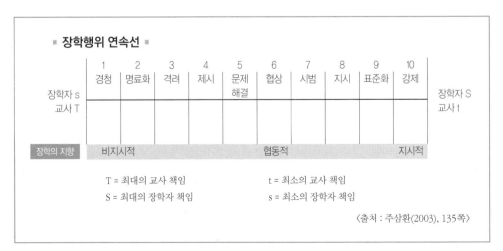

(4) 자체 연수

(5) 약식 장학

(6) 사이버 장학

(7) 선택적 장학
 ① 임상 장학
 ② 동료 장학
 ③ 갱신기
 ④ 성숙기

(8) 발달적 장학
 ① ⓐ 지시적
  ⓑ 협동적
  ⓒ 비지시적

② ⓐ 진단적
ⓑ 기술적
ⓒ 전략적

(1) ① 전문성

② 장학의 단계

ⓐ [   ] 단계 : 장학요원은 교사의 수업을 관찰하거나 질문함으로써 교사의 추상수준을 파악한다.

ⓑ [   ] 단계 : 교사의 추상수준에 맞게 지시적 장학유형, 협동적 장학유형, 비지시적 장학유형을 선택하여 적용한다.

ⓒ [   ] 단계 : 교사의 추상수준을 높이는 데 초점을 둔다.

④ 교원능력개발평가

(1) 개요 및 주요 내용

구분	주요 내용			
목적	교원 ① [ ] 신장을 통한 유치원교육 신뢰 제고			
평가 대상	– 매 학년도 기준 2개월 이상 재직하는 교원으로 계약제 교원을 포함. (단, 교육행정기관 및 연수기관 소속 및 파견 교사의 평가대상 여부는 시·도 교육감이 정하고, 전일제로 근무하지 않는 계약제교원의 평가대상 여부는 해당 학교장이 정함)			
평가 참여자	– 동료 교원 : 「유아교육법」 제20조에 따른 교원은 평가대상자별로 원장·원감 중 1인 이상, 수석교사(수석교사 미배치교는 부장교사) 1인 이상, 동료교사 등 포함 총 3인 이상의 교원이 참여하되, 소규모 유치원은 2인 이상의 교원이 참여하거나, 초·중등학교와 통합하여 구성할 수 있다. – 학부모 : 학부모는 원장, 담임교사 외 1인 이상 총 3인 이상의 교원에 대한 만족도조사에 참여하도록 한다. 다만, 2개월 미만 재학 학생의 학부모는 참여에서 제외한다.			
평가 종류/ 평가 참여자	평가 종류	평가 참여자 (3학급 이상)	평가 참여자 (2학급)	평가 참여자 (1학급)
	동료교원 평가	(겸임)원장·원감 중 1인 이상, 수석교사 (또는 부장교사) 1인, 동료교사 포함 3인 이상	(겸임)원장·원감·동료교사 포함 2인 이상의 교원	(겸임)원장·원감·동료교사 포함 2인 이상의 교원
	[유치원 자율] 평가대상자별 구체적인 평가참여자 구성 ※ 소규모 유치원은 초·중등학교와 통합하여 구성 가능 (교육부 훈령 제6조 제1항 제1호)			
	학부모 만족도 조사	지도하는 유아의 학부모가 개별교원 대상으로 실시 (단, 2개월 미만 재원 유아의 학부모는 참여자에서 제외) [유치원 자율] 학부모 참여 방식(종이설문지 병행 여부) 학부모 권장 참여율 제시 및 확보		

정답

② 매 학년도
③ 교수 · 연구 활동지원
④ 학습지도
⑤ 생활지도
⑥ 학습지도
⑦ 생활지도
⑧ 동료교원
⑨ 학부모

평가 시기	② _____ 마다 실시하되 11월 말까지 종료 [유치원 자율] 평가 실시 시기			
평가 시행 주체(주관)	부총리 겸 교육부장관(이하 교육감 및 시 · 도 교육감)			
	관할 원장 · 원감, 수석교사, 교육행정기관 또는 연수기관 파견 교사에 대한 평가시행은 시 · 도교육감(위임한 경우 교육지원청 교육장)이 실시			
	소속 유치원 교사에 대한 평가 시행은 단위 유치원장이 실시			

평가 영역 · 요소 · 지표	개요	교원의 교육활동 전반(학습지도, 생활지도, 교수 · 연구 활동지원, 유치원 경영) [유치원 자율] 수석교사 교사평가문항 결정, 개별교원 특색교육활동 문항 추가 가능		
	구분	영역	요소	지표
	수석 교사	③ _____	수업지원 연수 · 연구 지원	수업 컨설팅 등 6개 지표
		④ _____	교사의 요소와 지표 동일	
		⑤ _____		
	교사 (특수 교사, 방과후 과정 교사 포함)	⑥ _____	수업준비, 수업실행, 평가 및 활용	교수 · 학습 전략 수립 등 8개 지표
		⑦ _____	상담 및 정보제공 문제행동 예방 및 지도 생활습관 및 인성지도	개별유아 특성 파악 등 5개 지표
	보건 교사	생활지도	유아건강증진 사업	유치원 보건기본계획 등 3개 지표
			보건의료서비스	응급환자 관리 등 3개 지표
	원장 · 원감	유치원 경영	유치원 교육계획, 원내 장학, 교원인사, 시설 관리 및 예산운용(원장)	유치원 경영 목표 관리 등 원장-8개 지표 원감-6개 지표

평가 방법	평가 참여자		평가 문항(체크리스트)
	⑧ _____	교(원)장, 교(원)감	6개 이상 평가 지표 중에서 12개 문항 이상 구성
		수석교사, 교사	8개 이상 평가 지표 중에서 12개 문항 이상 구성
	⑨ _____		5개 문항 이상 구성
	[유치원 자율] 구체적 문항 수 및 내용 선정		

평가 방법	• 5단 척도 체크리스트 문항(척도와 평어 병기)과 자유서술식 응답 병행
	※ 교원의 교육활동 소개 자료는 동료교원, 학부모에게 필수 제시
	※ 학부모 공개수업 및 상담활동 등을 통한 다양한 정보 제공
	※ 공개수업 참관록의 문항과 동료교원평가 학습지도영역의 문항을 일
	   치하여 활용
	• 학부모만족도조사 온라인 평가방식 원칙(종이설문 방식 병행 가능), 참여
	  절차, 방법 등에 대한 홍보 강화

결과 활용
및
처리
	• 결과 활용
	※ 시·도교육감과 유치원장은 평가 실시 후 평가결과를 평가대상 교
	   원에게 제공
	※ 평가대상 교원은 전문성 개발을 위한 능력개발계획서를 작성, 유치
	   원장에게 제출
	※ 시·도교육감과 유치원장은 평가결과를 분석하여 활용계획 수립,
	   평가대상 교원을 대상으로 맞춤형 연수 등 지원 및 차기학년도 교
	   원 연수계획 등에 반영
	• 자료보관
	※ 개인별 원자료는 소속 유치원에 전자파일로 5년간 보관
	• 결과 보고
	※ 평가관리자는 운영보고서(결과활용 지원계획 포함) 작성, 시·도 교육
	   감 및 유치원장에게 제출
	※ 시·도교육감은 시행결과 종합보고서를 다음 해 1월 말까지 장관에
	   게 보고
	• 정보공시
	※ 유치원장은 동료교원평가지, 학부모만족도조사지, 교사에 대한 교
	   원능력개발평가 등의 결과(유치원 평균값)를 다음 해 4월 말까지 유
	   치원정보공시 사이트에 공개

(2) 교원능력개발평가의 내용

① 원장·원감(원장 : 1영역, 4요소, 8개 지표, 원감 : 1영역, 3요소, 6개 지표)

평가영역	평가요소	평가(조사) 지표 내용	
		원장	원감
		4요소, 8개 지표	3요소, 6개 지표
유치원 경영	유치원 교육 계획	○유치원 경영 목표 관리 ○교육과정 편성·운영 ○창의·인성 원아관리	○유치원 경영 목표 관리 지원 ○교육과정 편성·운영 지원 ○학사업무 관리
	원내 장학	○교실수업 개선 ○자율 장학 운영	○교실수업 개선 지원 ○자율 장학 운영 지원
	교원 인사	○교원 인사 관리	○인사업무 수행
	시설 및 예산	○시설 관리 ○예산 편성·집행	

② 수석교사(3영역, 8요소, 19개 지표)

평가영역	평가요소	평가(조사) 지표 내용
교수 · 연구 활동지원 (2요소, 6개 지표)	ⓐ	○상시 수업 공개 ○교수 · 학습 전략 지원 ○수업컨설팅(코칭, 멘토링)
	ⓑ	○원내연수 지원 ○학습조직화 지원 ○학습자료의 활용 지원
학습 지도 (3요소, 8개 지표)	수업준비	○교과내용 분석 ○수업계획 수립
	수업실행	○학습환경 조성 ○교사 발문 ○교사–유아 상호작용 ○학습자료 및 매체 활용
	평가 및 활용	○평가내용 및 방법 ○평가결과의 활용
생활 지도 (3요소, 5개 지표)	상담 및 정보제공	○개별유아 특성 파악
	문제행동 예방 및 지도	○유치원 생활적응 지도 ○건강 · 안전지도
	생활습관 및 인성지도	○기본생활습관 지도 ○인성지도

③ 일반교사(교육과정교사 · 방과후과정교사 · 특수교사 포함, 2영역, 6요소, 13개 지표)

평가영역	평가요소	평가(조사) 지표 내용
학습 지도 (3요소, 8개 지표)	ⓐ	○교과내용 분석 ○수업계획 수립
	ⓑ	○학습환경 조성 ○교사 발문 ○교사–유아 상호작용 ○학습자료 및 매체 활용
	ⓒ	○평가내용 및 방법 ○평가결과의 활용
생활 지도 (3요소, 5개 지표)	ⓓ	○개별유아 특성 파악
	ⓔ	○유치원 생활적응 지도 ○건강 · 안전 지도
	ⓕ	○기본생활습관 지도 ○인성 지도

정답

(2) ② ⓐ 수업지원
　　　ⓑ 연수 · 연구지원
　　③ ⓐ 수업준비
　　　ⓑ 수업실행
　　　ⓒ 평가 및 활용
　　　ⓓ 상담 및 정보제공
　　　ⓔ 문제행동 예방 및 지도
　　　ⓕ 생활습관 및 인성지도

정답

(3) ① 특별연수
    ② 직무연수
    ③ 능력향상연수

(3) 교원능력개발평가 결과활용 맞춤형연수 유형(제15조 3항 관련)

대상	연수명	연수시간
우수교원	학습연구년 ①	1년
일반교원	평가지표별 ②	15시간 이상
지원필요교원	단기 ③	60시간 이상
	장기기본 ③	150시간 이상
	장기심화 ③	6개월 이상

4 영유아 교사의 반성적 사고

 정답은 빨간색으로 작성해서 빨간 시트로 가리고 다시 한번 복습해 보세요!

1 반성적 사고의 개념

(1) ⬚⬚⬚⬚⬚⬚⬚⬚ : 자신의 신념이나 실천 행위에 대해 그것의 원인이나 궁극적인 결과를 끈기 있고 주의 깊게 고려하는 것을 의미한다. (듀이 Dewey)

(2) 듀이의 반성적 사고 과정

단계	듀이의 반성적 사고	해설
1	① ⬚⬚⬚⬚	문제의 확인
2	② ⬚⬚⬚⬚	자료수집과 해석
3	③ ⬚⬚⬚⬚	해결방안의 정립
4	④ ⬚⬚⬚⬚	실천방안의 계획
5	⑤ ⬚⬚⬚⬚	실행의 확인
6	⑥ ⬚⬚⬚⬚	미래의 전망

(3) 로스(Ross)의 반성적 사고 과정

① 교육적 문제나 딜레마를 ⬚⬚⬚⬚한다.

② 다른 상황의 공통점과 차이점을 인지하는 것으로 문제에 ⬚⬚⬚⬚한다.

③ 분석된 상황에 비추어 문제를 다시 ⬚⬚⬚⬚한다.

④ 여러 가지 문제의 해결책을 시도해 보며 그에 따른 결과를 ⬚⬚⬚⬚해 본다.

(4) 써백(Surbeck)의 반성적 사고 과정

① 상황에 대한 ⬚⬚⬚⬚⬚⬚ : 교실에서 일어나는 모든 상황에 대해 보이는 최초의 ⬚⬚⬚⬚⬚⬚을/를 의미한다.

② 자신의 반응에 대한 분석 및 ⬚⬚⬚⬚⬚⬚ : 자신이 보였던 반응을 설명하고 ⬚⬚⬚⬚⬚⬚하며 예를 제시함으로써 확장시키는 것이다.

③ 분석된 결과에 따른 ⬚⬚⬚⬚⬚⬚ : 첫 번째 반응을 확장하고 정당화한 것에 기초하여 개인적, 전문적, 사회적, 윤리적 문제에 대한 ⬚⬚⬚⬚⬚⬚을/를 한다.

정답

(1) 반성적 사고

(2) ① 암시
② 지성화
③ 가설
④ 추리
⑤ 검증
⑥ 전망

(3) ① 인지
② 반응
③ 정의
④ 검토

(4) ① 반응
② 정당화
③ 의사결정

④ ⓐ 반응
　ⓑ 정당화
　ⓒ 의사결정

④ 써백의 반성적 사고 과정의 개념

반성적 사고 과정		개념
ⓐ	긍정적 느낌	자신이나 다른 사람에 대한 만족이나 기쁨을 표현한다.
	부정적 느낌	자신이나 타인에 대한 불만족이나 불평을 한다.
	보고서	개인적인 관심이나 느낌을 포함하지 않고 사실만 언급한다.
	개인적 관심	자신이 교실에서 벌어진 상황에 대하여 개인적 관심을 표현한다.
	이슈	교육적 이슈, 문제, 지식을 나타낸다.
ⓑ	구체적 정당화	반응을 보였던 그 상황에 초점을 맞추어 확장시킨다.
	비교 정당화	반응을 보였던 상황을 과거의 경험이나 다른 학습 혹은 다른 상황과 비교하면서 최초의 반응을 확장시키는 과정이다.
	일반화된 정당화	최초의 반응을 일반적 원리, 이론 또는 광범위한 철학적 배경을 이용하여 정당화한다.
ⓒ	개인적 초점	개인적 차원에서 의사결정을 한다.
	전문가적 초점	교육적 문제, 이슈, 이론, 교수 방법, 미래의 목표, 교사로서의 태도, 아이들의 능력과 특성에 기초하여 의사결정을 한다.
	사회적 · 윤리적 초점	사회적 이슈, 윤리적 문제 또는 도덕적 차원에서 의사를 결정한다.

(5) ① 실천 행위 중의
　② 실천 행위에 대한
　③ 실천 행위를 위한

(5) 킬리온과 토트넴(Killion & Todnem)의 반성적 사고

① ＿＿＿＿＿＿＿＿＿＿ 반성적 사고 : 교사가 가르치는 과정에서 일어나는 것으로 교사가 수업을 하다가 유아의 반응을 보고 판단하여 교수내용이나 방법을 변경할 때 바로 ＿＿＿＿＿＿＿＿＿＿ 반성적 사고가 일어났다고 할 수 있다.

② ＿＿＿＿＿＿＿＿＿＿ 반성적 사고 : 이미 일어난 상황에 대하여 나중에 반성적 사고를 하게 되는 경우이다.

③ ＿＿＿＿＿＿＿＿＿＿ 반성적 사고 : 다른 두 가지 반성적 사고의 결과가 바람직하게 나타나도록 하는 좀 더 적극적인 개념이다.

(6) 밴 매넌(Ven Manen) 반성적 사고 수준

① 　　　　　　 수준 : 주어진 목적을 달성하기 위해 교육적 지식을 　　　　　　 (으)로 적용하는 것에 관심이 있다.

② 　　　　　　　　 수준 : 모든 교육적인 행위가 특정한 가치관과 연결되어 있다고 보며, 여러 가지 교육목표들 가운데 어떤 것이 더 교육적으로 추구할 만한 가치가 있는지에 대한 고려도 함께 한다.

③ 　　　　　　　　　　　　 수준 : 어떤 교육적인 경험이나 활동이 공평하고, 평등하며, 행복한 삶으로 이끌어 줄 것인가에 초점이 맞추어진다. 교사들은 유아들의 장기적인 발달뿐만 아니라 교육정책에도 공헌을 하게 된다.

② 유아교육에서 반성적 사고의 필요성

(1) 교사의 사고 과정 및 신념 체계와 　　　　　　　　 의 관계

(2) 교수 활동의 불확실성과 　　　　　　　　　 의 강화

(3) 실천적 지식과 자율적인 　　　　　　　　　　 (으)로서의 교사

(4) 교사 교육 프로그램의 　　　　　　 교육과정

(5) 반성적 사고를 위한 태도(듀이 Dewey)

① 　　　　　　　　 : 상황과 문제를 여러 각도에서 살펴보고 가능한 모든 대안에 대하여 충분한 검토를 하며 자신이 가장 확실하게 믿었던 신념들조차도 틀린 것일 수 있다는 가능성을 인정하는 것이다.

② 　　　　　　　 : 가르친다는 행위 그 자체보다 그것과 연결된 가치 혹은 교육의 목표와 관련되어 왜 하는지에 대해 질문을 하고, 결과에 대해 충분한 검토를 하는 것을 의미한다.

③ 　　　　　　　　　　　　　　 : 열린 마음과 책임감이 반성적 사고를 하는 교사의 삶에 있어서 중심이 되어야 한다고 믿고 개방성과 민감성을 가지고 유아들을 대하며 자신이 하는 일을 끊임없이 되돌아보고 의미를 찾는다.

---

(6) ① 기술적
　　② 전문가적
　　③ 도덕적 · 윤리적

(1) 실천 행위

(2) 현장 교육

(3) 의사결정자

(4) 체제 순응적

(5) ① 열린 마음
　　② 책임감
　　③ 성심성의를 다하는 태도

5 영유아 교육기관의 조직문화

1 조직문화

(1)   : 조직체가 지닌 속성, 성격, 특성 등과 관련된 조직구성원의 인식 또는 사회 문화적 분위기를 의미한다.

(2) 건강한 조직문화 형성

① 조직 내의 인간관계와 의사소통을 촉진하는   분위기가 조성되어야 한다.

② 정확한 정보와 구성원의 참여에 의한 정책결정과   이/가 이루 어져야 한다.

③ 구성원 간의 신뢰와 지지를 바탕으로   해야 한다.

④ 조직이나 구성원 개인의 자기갱신과 성장을 위한   와/과 노력도 계속되 어야 한다.

2 리더십

(1) 리더십의 유형

①   : 기대하는 바를 구체화하고, 책 임을 명확히하며, 기대했던 일을 수행한 것에 대해 인정하고 보상을 제공함으 로써 리더와 조직 구성원 체계의 기초를 마련하는 것이다. 하위행동 요소에는 ⓐ   와/과 ⓑ   이/가 있다. 그러나 성과 평가제도와 보상제도의 공정성에 대한 의문, 관리적 훈련의 부족 등으로 잘 이용 되지 못한다는 문제점이 있다.

②   : 리더에 대하여 신뢰감, 존경심, 충성심 을 갖게한다. 부하가 가지는 욕구보다 더 높은 수준의 고차원적인 욕구 충족, 자 기계발과 학습조직을 활성화시킨다. 유형으로는 ⓐ   , ⓑ   , ⓒ   이/가 있다.

③   : 조직에서 인간관계가 중시되면서 조직구성원 간 의 상호작용 개선을 도모하고, 인간관계의 향상을 강조하면서 등장하게 된 새로 운 리더십이다. 배려, 사랑, 봉사, 가족과 같은 분위기가 강조되는 유아교육기관에 서는 구성원들의 자발적인 헌신과 참여, 주인의식과 책임감 고취를 특징으로 하 는 이러한 리더십이 필요하다.

정답은 빨간색으로 작성해서 빨간시트로 가리고 다시 한번 복습해 보세요!

④ 서번트 리더십의 구성요소

정답

구성요소	설명
ⓐ	• 사람을 신뢰함. • 자신보다 구성원의 욕구에 먼저 반응 • 수용과 비심판적 경청
ⓑ	• 학습과 성장의 기회 제공 • 적절한 행동모델이 됨. • 격려와 인정으로 다른 사람을 세워 줌.
ⓒ	• 끈끈한 인간관계를 형성함. • 다른 사람들과 협력하여 일함.
ⓓ	• 다른 사람에게 개방과 책임감을 가짐. • 다른 사람에게 기꺼이 배우려 함. • 정직과 신뢰를 유지함.
ⓔ	• 비전 제시(미래에 대한 계획) • 솔선수범 • 목표가 분명함.
ⓕ	• 공유된 비전을 촉진함. • 권한공유와 통제해제 • 직위를 공유하고 구성원을 증진시킴.

④ ⓐ 인간존중
ⓑ 성장지원
ⓒ 공동체 형성
ⓓ 도덕성
ⓔ 리더십 발휘
ⓕ 리더십 공유
⑤ 분산적 리더십

⑤ _____ : 조직구성원의 능동적 참여와 공조행위를 통한 다
수의 지도자들의 집단지도성을 강조하는 이론이다.

③ 의사소통

(1) 5가지의 의사소통 수준(프리츠 Fritz)

수준	정의	특징 및 예
1수준	①	• "안녕? 잘 지내?"처럼 단순한 반응만 한다. • 가장 신뢰가 낮은 관계에서 이루어지는 의사소통으로 무의미하거나 진심이 없고 방어적인 특징을 보인다. • 실제 공유하는 내용이 없으므로 협력이 이루어지지 않는다.
2수준	②	• 사람이나 상황에 대한 정보를 전달하는 수준으로 제한된다. • 판단을 제공하지 않는 단순한 사실만 말한다. • 대화자들이 아닌 다른 사람의 행동이나 사실을 보고한다.

(1) ① 피상적인 의사소통
② 사실 보고

③ 개인적인 생각과 판단
④ 개인적인 느낌과 감정
⑤ 완전한 의사소통

3수준	③	• 개인적인 정보에 대해 상호작용한다. • 다른 사람과 공유하기 위한 생각과 판단을 제공한다. • 감정이 표현되지 않도록 적당히 거리를 두어 정중하게 의사소통한다. • 상대방의 생각을 진정으로 이해하지 못한다.
4수준	④	• 자신의 생각과 판단, 신념과 함께 감정을 나눈다. • 솔직한 감정적 표현과 정서가 담긴 의사소통을 한다.
5수준	⑤	• 완전히 개방적인 의사소통을 한다. • 가장 높은 수준의 신뢰를 바탕으로 협력적인 의사소통을 한다. • 구성원들이 보다 나은 해결책을 제공하며 서로에게 고마움을 표현한다.

(2) 유아교육기관에서의 효율적인 의사소통의 기초 방법

(2) ① 관심 기울이기
② 의사 확인하기
③ 지각 확인하기
④ 자신의 느낌 보고 하기
⑤ 피드백 주고 받기

① _____ : 상대방이 자기에게 관심을 가져 줄 때 말을 계속할 기분을 느끼고 의미심장한 내용도 토로할 수 있게 된다.

② _____ : 상대방의 생각, 정보 또는 의견의 의도를 확인하고 자신의 말이나 개념으로 바꾸어서 구체적이고 명료하게 진술한다.

③ _____ : 상대방의 감정이나 경험을 정확히 지각했는지를 확인해 보는 기법이다. 효과적인 지각 확인은 주관적인 가치판단이나 해석 없이 지각된 그대로의 행동만을 확인해야 한다.

④ _____ : 자신의 감정을 건전하게 처리하여 전달하는 기법이다.

⑤ _____ : 상대방에게 그의 행동의 결과가 어떠했다는 사실을 알려주는 정보제공의 기법이다.

(3) 의사소통의 걸림돌

(3) ① 명령하기
② 충고하기
③ 회유하기
④ 심문하기(따지기)
⑤ 관심 돌리기
⑥ 심리 분석하기
⑦ 빈정대기

의사소통의 걸림돌	사례
①	네가 해야 할 일은 …이다. 불평은 그만해라.
②	넌 그렇게 하는 것이 좋다.
③	실제로는 그렇게 나쁜 것이 아니야. 모든 게 다 잘 될 거야.
④	네가 어떻게 했길래 그렇게 되었니.
⑤	그 일은 걱정하지 마라. 잊어버리고 …나 하려무나.
⑥	네가 왜 그렇게 말했는지 아니? 너는 지금 불안정해.
⑦	흥. 잘하는 짓이다.

⑧	해결책은 아주 간단한 거야… 이렇게 하면 되잖아.
⑨	…하는 것이 옳았다. 그건 나쁜 짓이야.
⑩	이것은 모두 다 너 때문이야.

(4) 영유아 교육기관에서 학부모와의 의사소통

① [   ] 의사소통 : 가정 통신문, 활동계획안, 편지 등이다.

② [   ] 의사소통 : 부모면담, 등·하원 시의 대화, 일일연락장과 같은 면대면, 전화, 서면, 이메일 등이다.

③ [   ] 의사소통 : 영유아나 가족 구성원의 문제로 인해 부모와 교사, 상담기관이나 의료기관, 사회복지사가 함께 정보나 의견을 교환하는 형태를 말한다.

4 갈등관리

(1) 갈등관리 유형(라임 Rahim)

갈등관리유형	특징	비교
①	자신과 상대방의 관심과 이해를 정확히 알고자 하기 때문에 문제의 본질을 집중적이고 정확하게 파악하고 문제 해결을 위한 통합적 대안을 도출해 내는 유형이다.	문제의 취지가 불명확하거나 복잡한 경우에 매우 적절하다.
②	원만한 인간관계를 유지하기 위해서 자신의 관심사보다는 상대방의 관심사를 충족시켜 주기 위해 상대방의 주장에 따름으로써 갈등을 해결하는 유형이다.	배려를 해 준 후에 무엇인가를 보답 받을 수 있을 때 매우 적절하나, 복잡하거나 악화된 문제에서는 부적합하다.
③	경쟁적 관계에서 자신의 관심사를 충족시키기 위해 상대방을 압도해 버림으로써 갈등을 해결하는 유형이다.	자신에 대한 관심이 높고 타인에 대해서 무관심한 사람으로 상대방의 입장에 대한 고려가 부족하다. 받아들이기 싫은 해결책이 제시될 때 주로 사용된다.
④	갈등문제로부터 물러나거나 이를 피함으로써 자신뿐만 아니라 상대방의 관심사마저 무시하는 유형이다.	문제가 사소한 것이거나 피하는 것이 오히려 이익이 될 경우에 적합한 대안이다.

정답

⑧ 해결사 노릇하기
⑨ 도덕적 판단하기
⑩ 탓하기
  (책임전가, 타인귀인)

(4) ① 일방적
  ② 쌍방적
  ③ 삼차원적

(1) ① 통합형(협동형)
  ② 배려형(순응형)
  ③ 지배형(경쟁형)
  ④ 회피형

⑤ 타협형

(1) 직무스트레스

(2) ① ⓐ 문제 중심적 대처
　　　ⓑ 사회적 지지 대처
　　　ⓒ 정서 완화적 대처
　　　ⓓ 소망적 사고 대처
　　② ⓐ 정서적 지지
　　　　(인간관계)
　　　ⓑ 도구적 지지
　　　　(물질적 지지)
　　　ⓒ 정보적 지지
　　　　(정보제공)
　　　ⓓ 평가적 지지
　　　　(승인)

⑤ 	다수의 이익을 우선하기 위해 양측이 상호교환과 희생을 통해 부분적 만족을 취함으로써 갈등을 관리하는 유형으로 자신과 타인의 공통된 관심분야를 서로 주고받기 위한 대안이다.	타협이란 쌍방이 다른 목표를 갖고 있거나 비슷한 힘을 갖고 있을 때 가능하나 잦은 타협은 오히려 우유부단한 결과를 낳기도 한다.

5 직무스트레스와 완충요인

(1) _____ : 직무수행 과정에서 경험하고 느끼게 되는 긴장, 좌절, 불안, 분노, 의기소침과 같은 불쾌한 정서를 말한다. 스트레스는 정서나 심리적 측면에만 영향을 주는 것이 아니라 신체 증상으로도 나타나며, 결과적으로 직무수행에도 영향을 미친다.

(2) 직무스트레스 완충 요인

① 직무스트레스 대처 전략

스트레스 대처 방식		정의
적극적 대처	ⓐ	스트레스가 유발된다고 생각되는 문제에 직면하여 이를 제거하거나 변화시키려고 적극적인 문제 해결에 초점을 두는 대처 방식
	ⓑ	스트레스 사건이나 상황을 해결하기 위하여 누군가에게 도움을 청하는 대처 방식
소극적 대처	ⓒ	스트레스에서 비롯되는 감정 상태를 통제하고 노력하는 대처 방식
	ⓓ	스트레스나 그것을 유발하는 상황·사건에 거리를 두고 바람직한 상황을 생각하거나 상상함으로써 대처하는 소극적인 대처 방식

② 사회적 지지의 유형

사회적 지지 유형	정의
ⓐ	존경, 애정, 신뢰, 관심 등 행동에 관련된 요인
ⓑ	시간, 돈, 물건, 노동 등과 관련된 요인
ⓒ	개인의 문제에 이용할 수 있는 정보 등과 관련된 요인
ⓓ	인정, 칭찬, 존중 등의 지지와 관련된 요인

(3) 영유아 교사의 직무스트레스 발생 요인

직무스트레스 발생 요인	내용
① 요인	교육활동에 관련된 업무수행, 일반 잡무수행, 학급통솔 문제, 과다한 근무시간과 이로 인한 피로, 활동 준비시간의 부족, 돌봐야 할 많은 영유아의 수, 영유아 요구의 긴급성, 학부모와의 긴장, 많은 행사 준비 등
② 요인	원장과의 관계, 동료 교사와의 관계, 학부모와의 관계, 학부모와의 긴장, 의사결정 과정, 업무분장, 역할갈등, 행정적 지원 등
③ 요인	교사의 신체 크기에 맞지 않는 설비, 교수와 교재 준비 공간 부족, 교수자료의 부족과 이용 가능성, 휴식공간의 부족 등
④ 요인	보수와 근무 여건, 경력체계, 휴가, 연수기회 부족, 사회적 인식 등

(3) ① 업무 관련
② 조직 문화적
③ 물리적 환경
④ 사회적 보상

6 직무수행결과

(1)   : 개인이 특정 조직과 동일시하고 심리적 애착을 느끼면서 조직과의 상호작용을 지속하려는 의지가 있는 상태이다.

  ①   : 조직에 남는 것이 도덕적으로 옳은 것이라고 생각하는 것이다.

  ②   : 조직에 대한 동일시, 관여, 애착 등으로 조직에 남아 있으려는 욕구가 중심이 되는 것이다.

  ③   : 이미 자신의 재화를 투자했기 때문에 계속 투입하게 되는 것을 강조하는 몰입이다.

(2)   : 하그리브스(Hargreaves)는 유아교사가 형성하는 정서적인 친밀감을 '   '(이)라고 불렀다. 교사가 상호작용하는 상대방에 대해 긍정적인 정서를 가지게 되면 이는 정서적인 거리가 가까운 것이고, 부정적인 정서를 가지게 되면 이는 정서적인 거리가 멀게 되는 것이다.

  ① 유아교사의 정서적 거리감 유형(박은혜, 고재천)

    ⓐ   거리감 : 문화 계층 간의 차이, 사회-문화적 배경에 대한 거리를 말한다.

    ⓑ   거리감 : 교사들은 자신의 교육적 목적과 부모, 원장, 동료 교사의 교육적 목적이 다른 경우 좌절감, 당황감, 죄책감, 불안 등을 느끼게 된다.

(1) 조직몰입
① 규범몰입
② 감정몰입
③ 근속몰입

(2) 정서적 거리감
① ⓐ 사회-문화적
ⓑ 도덕적

정답

ⓒ 전문적
ⓓ 정치적
ⓔ 물리적

(3) ① 정서노동
    ⓐ 표면행동
    ⓑ 내면행동
  ② 소진

(4) 이직

(5) 전직

ⓒ [　　　　] 거리감 : 사회에서 유아교사의 직업을 인정해 주는 정도와 관련이 있는 것이다.

ⓓ [　　　　] 거리감 : 유아교사들은 유아교육 정책의 결정과 집행과정에 분노, 두려움, 혼란, 부담감 등을 느낀다.

ⓔ [　　　　] 거리감 : 유아교사가 인간관계를 맺는 사람들과 얼마나 자주 만나고 가깝게 지내는가와 관련된 것이다.

(3) 심리적 소진

① [　　　　　　] : 고객과 직접 접촉하는 직종에서 노동자의 감정 상태나 감정적인 표현을 조절하는 능력이 활용되는 노동이다.

ⓐ [　　　　　] : 부정적 경험정서를 긍정적 표현정서로 수정하는 과정이다.

ⓑ [　　　　　] : 표현하고자 하는 정서를 실제로 경험하기 위하여 적극적으로 자신의 경험정서를 바꾸고자 노력하는 것이다.

② [　　　] : 직무수행 과정에서 경험하게 되는 심한 좌절감, 무력감, 상실감 등을 가리킨다.

(4) [　　　] : 동일직종 내에서 이동하는 경우이다.

(5) [　　　] : 다른 직종으로 이동하는 경우이다. [　　　]하고자 하는 의도를 갖게 만드는 요인들은 인간관계에서 오는 스트레스와 소진이 일차적 요인이 된다.

6 영유아 교사의 교직윤리

정답은 빨간색으로 작성해서 빨간시트로 가리고 다시 한번 복습해 보세요!

1 교직윤리의 중요성과 필요성

정답

(1) 교직관

① _____ : 가장 오래된 교직관으로 성직자가 신을 대신하여 종교예식을 거행하는 것처럼 교육에서도 교사가 사명감을 갖고 수행해야 한다는 것이다.

② _____ : 교사도 노동을 제공하고 그 대가로 보수를 받는 직업임을 강조하는 시각이다.

③ _____ : 교사는 전문적 지식과 지도 기술을 가져야 한다고 보는 견해로 교직의 자율성을 대단히 중시하며 교사의 보수는 다른 직업인의 보수보다 높게 책정되어야 한다고 본다.

④ _____ : 교직이 가지고 있는 사회적 공헌을 특별히 강조한 관점이다. 교직은 헌법에 보장된 국민의 권리를 보장하려는 목적을 가진 공공성이 있는 직업이다.

(2) 교직윤리와 중요성

① 개인생활이나 사회생활에서 꼭 지켜야 할 실천 도덕으로 생활을 바르게 이끌어 줄 ⓐ _____ 을/를 말한다. ⓑ _____ 은/는 외적 · 공식적 통제체제인 반면 ⓒ _____ 은/는 내적 · 자율적 통제체제로 개인의 자율적 판단에 근거한다.

② 캐츠(Katz)는 윤리란 직업의 특성상 발생할 수 있는 여러 가지 종류의 유혹들을 잘 다룰 수 있는 _____ 을/를 세울 수 있도록 도와주는 것이라고 정의하였다.

③ 교직에 종사하는 사람은 높은 윤리와 도덕적 규범을 지키고 실천해야 한다.

(3) 교직윤리의 필요성

① 적절한 _____ 을/를 내리기 위해 필요하다.

② 영유아 교사의 힘과 지위에 따른 _____ 을/를 올바르게 행사하기 위해 필요하다.

③ 다양한 영유아와 학부모의 _____ 을/를 조화롭게 수용하기 위해서이다.

④ 영유아 교육과 보육과정을 바람직하고 _____ 있게 운영하기 위해 필요하다.

⑤ 적절한 교사의 _____ 을/를 설정하기 위해 필요하다.

(1) ① 성직관
② 노동직관
③ 전문직관
④ 공직관

(2) ① ⓐ 규범
ⓑ 법
ⓒ 윤리
② 기준

(3) ① 의사결정
② 영향력
③ 요구
④ 일관성
⑤ 역할 범위

(4) 유치원 교사의 자질(『제6차 지도 자료, 1. 총론』)

    ①   : 신체적 및 정신적 건강, 성실하고 열정적인 태도, 인간과 생명에 대한 존엄성, 온정적인 성품

    ②   : 유아의 성장 발달 및 유아 교육에 대한 전문적 지식, 교수 기술, 올바른 교육관과 직업 윤리

2 교직윤리의 내용

(1)

유아교육은 유아의 삶에 초석이 되며, 우리 사회와 국가의 미래를 결정한다. 우리는 국민의 생애초기 교육을 책임지며 사회로부터 존경받는 교사로서 자신을 연마하고 소명의식을 가지고 유아교육전문가로서 가야 할 길을 밝힌다.

1. 우리는 유아를 사랑하고 ①   을/를 존중하며 ②   을/를 지원하고 평화로운 교실문화를 조성한다.
2. 우리는 미래지향적이며 질 높은 교육을 계획하고 실천하여 교육자로서 책임을 다한다.
3. 우리는 가정에 대한 이해와 연대를 강화하여 교육복지 사회 구축에 공헌한다.
4. 우리는 사회의 변화와 요구에 적극 부응하여 유아교육의 혁신과 발전을 위해 노력한다.
5. 우리는 교육자로서의 품위를 유지하고 부단한 자기개발을 통해 유아교육전문가로서의 위상을 갖춘다.

(2)

01 유치원 교사와 유아

    ○핵심개념 : 사랑, 평등, 개성 존중, 전인교육, 안전과 보호

1. 우리는 유아를 사랑하며 유아의 인격을 존중한다.
2. 우리는 유아의 개인적·가정적 배경에 관계없이 모든 유아를 ①   하게 대한다.
3. 우리는 유아의 개성을 존중하며 개인의 ②   와/과 잠재력에 적합한 교육을 제공한다.

4. 우리는 유아의 전인발달을 지원하는 교육과 환경을 제공한다.

5. 우리는 유아의 안녕을 위협하는 가정적 · 사회문화적 · 경제적 상황을 적극적으로 파악하고 유아를 ③ [   ] 하기 위해 노력한다.

02 유치원 교사와 가정

○ 핵심개념 : 가족에 대한 이해, 권리 보호, 협력, 지원

1. 우리는 유아를 교육하고 지원하기 위해 가정과 ④ [   ] 하고 협력관계를 구축한다.

2. 우리는 교육적 목적으로 수집한 가족 정보에 대해 기밀을 유지하고 가족의 사생활을 보장한다.

3. 우리는 유치원에서 일어난 안전사고나 위험 상황에 대해 가족에게 충분히 설명한다.

4. 우리는 가족에게 유치원을 개방하며 필요한 정보를 제공한다.

5. 우리는 유치원 운영에 관련된 중요한 의사결정 과정에 부모를 ⑤ [   ] 시킨다.

6. 우리는 가족에게 필요한 지역사회 자원에 대한 정보를 구축하고 이를 가족에게 적극 제공한다.

03 유치원 교사와 사회

○ 핵심개념 : 사회에 대한 이해, 교원의 지위 향상, 유아교육 위상 강화, 교직문화, 지역사회와의 협력

1. 우리는 사회의 흐름을 파악하고 이를 교육에 반영하고자 노력한다.

2. 우리는 유아에 관련된 법률과 정책을 이해하고, 이를 개선하기 위한 활동에 적극 참여한다.

3. 우리는 교직 관련 단체와 전문가 협회를 통해 ⑥ [   ] 확립을 위한 활동에 참여한다.

4. 우리는 유치원 교육을 사회에 널리 알려 유아교육의 위상을 높인다.

5. 우리는 교직원 간의 상호존중과 ⑦ [   ] 을/를 통해 건전한 교직문화를 형성한다.

6. 우리는 유치원과 연계하여 지역사회의 생활과 문화 향상에 기여한다.

정답

③ 보호
④ 연계
⑤ 참여
⑥ 교권
⑦ 협력

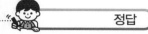
04 유치원 교사의 책무

○ 핵심개념 : 직업의식과 긍지, 인성(열정, 개방성, 창의성, 자율성), 교사로서의 품위, 연구와 자기개발

1. 우리는 교육전문가로서의 직업의식을 갖는다.

2. 우리는 건전한 국가관과 확고한 교육관을 가지고 교직에 종사한다.

3. 우리는 유아에게 최적의 교육을 제공하기 위해 열과 성을 다한다.

4. 우리는 건전한 언행과 생활태도로 유아에게 모범이 되도록 한다.

5. 우리는 열린 사고와 개방적 태도를 가지고 전문성 향상에 매진한다.

6. 우리는 다양한 분야의 전문가와 교류하고 새로운 지식과 정책을 비판적으로 수용한다.

(3) 사도강령

(3)

민주국가의 주인은 국민이므로 나라의 주인을 주인답게 길러내는 교육은 가장 중대한 국가적 과업이다. 우리 겨레가 오랜 역사와 찬란한 문화를 계승, 발전시키며, 선진제국과 어깨를 나란히 하여 인류 복지 증진에 주도적으로 기여하려면 무엇보다도 문화 국민으로서의 의식 개혁과 미래 사회에 대비한 창의적이고 자주적인 인간 육성에 온 힘을 기울여야 한다.

그러기 위하여 우리 교육자는 국가 발전과 민족중흥의 선도자로서의 사명과 긍지를 지니고 교육을 통하여 국민 각자의 능력을 최대한으로 계발하여 개인의 자아실현과 국력의 신장, 그리고 민족의 번영에 열과 성을 다하여야 한다.

또한 교육자의 품성과 언행이 학생의 성장 발달을 좌우할 뿐만 아니라 국민 윤리 재건의 관건이 된다는 사실을 명심하고 사랑과 봉사, 정직과 성실, 청렴과 품위, 준법과 질서에 바탕을 둔 사도 확립에 우리 스스로 헌신하여야 한다.

이러한 우리의 뜻은 교직에 종사하는 모든 교육자가 공동체 의식을 가지고 노력하여야만 이루어질 수 있다는 것을 인식하고, 사도헌장 제정에 때맞추어 우리의 행동 지표인 현행 교원윤리강령으로 개정하여 이를 실천함으로써 국민의 사표가 될 것을 다짐한다.

제1장 스승과 제자

스승의 주된 임무는 제자로 하여금 고매한 인격과 자주 정신을 가지고 국가 사회에 봉사할 수 있는 유능한 국민을 육성하는 데 있다. 그러므로,

1. 우리는 제자를 사랑하고 그 인격을 존중한다.
2. 우리는 제자의 심신 발달이나 가정의 환경에 따라 차별을 두지 아니하고 공정하게 지도한다.
3. 우리는 제자의 개성을 존중하며, 그들의 개인차와 욕구에 맞도록 지도한다.
4. 우리는 제자에게 직업의 존귀함을 깨닫게 하고, 그들의 능력에 알맞은 직업을 선택하도록 지도한다.
5. 우리는 제자 스스로가 원대한 이상을 세우고, 그 실현을 위하여 정진하도록 사제동행(師弟同行)한다.

제2장 스승의 자질

스승은 스승다워야 하며 제자의 거울이 되고 국민의 사표가 되어야 한다. 그러므로,

1. 우리는 확고한 교육관과 긍지를 가지고 교직에 종사한다.
2. 우리는 언행이 건전하고 생활이 청렴하여 제자와 사회의 존경을 받도록 한다.
3. 우리는 단란한 가정을 이룩하고 국법을 준수하여 사회의 모범이 된다.
4. 우리는 학부모의 경제적·사회적 지위를 이용하지 아니하며 이에 좌우되지 아니한다.
5. 우리는 자기 향상을 위하여 전문적인 지식과 전문화된 기술을 계속 연마하는 데 주력한다.

제3장 스승의 책임

스승은 제자 교육에 열과 성을 다하여 맡은 바 책임을 다하여야 한다. 그러므로,

1. 우리는 사회의 일원으로서 모든 책임과 임무를 다한다.
2. 우리는 교재 연구와 교육 자료 개발에 만전을 기하여 수업에 최선을 다한다.
3. 우리는 생활 지도의 중요성을 인식하여 제자들이 올바른 사람이 될 수 있도록 지도의 철저를 기한다.
4. 우리는 교육의 성과를 공정하게 평가하고 이를 교육에 충분히 활용한다.
5. 우리는 제자와 성인들을 위한 정규 교과 외의 활동에 적극 참여한다.

제4장 교육자와 단체

교육자는 그 지위의 향상과 복지의 증진을 위하여 교직 단체를 조직하고 적극 참여함으로써 단결된 힘을 발휘할 수 있다. 그러므로,

1. 우리는 교직 단체의 활동을 통하여 교육자의 처우와 근무 조건의 개선을 꾸준히 추진한다.

2. 우리는 교직 단체의 활동을 통하여 교육자의 자질 향상과 교권의 확립에 박차를 가한다.

3. 우리는 편당적, 편파적 활동에 참가하지 아니하고 교육을 그 방편으로 삼지 아니한다.

4. 교직단체는 국가의 주요 교육 결정에 참여하고 교육자의 여망과 주장을 충분히 반영시킨다.

5. 교직단체는 교육의 혁신과 국가의 발전을 위하여 다른 직능 단체나 사회 단체와 연대 협동한다.

제5장 스승과 사회

스승은 제자의 성장 발달을 돕기 위하여 학부모와 협력하며, 학교와 사회와의 상호작용의 원동력이 되고 국가 발전의 선도자가 된다. 그러므로,

1. 우리는 학교의 방침과 제자의 발달 상황을 가정에 알리고, 학부모의 정당한 의견을 학교 교육에 반영시킨다.

2. 우리는 사회의 실정을 정확하게 파악하고 지역사회의 생활과 문화 향상을 위하여 봉사한다.

3. 우리는 사회의 요구를 교육 계획에 반영하며 학교의 교육 활동을 사회에 널리 알린다.

4. 우리는 국민의 평생 교육을 위하여 광범위하게 협조하고 그 핵심이 된다.

5. 우리는 확고한 국가관과 건전한 가치관을 가지고 국민 의식 개혁에 솔선수범하며, 국가 발전의 선도자가 된다.

(4)

> 오늘의 교육은 개인의 성장과 사회의 발전과 내일의 국운을 좌우한다.
>
> 우리는 국민 교육의 수임자로서 존경받는 스승이요, 신뢰받는 선도자임을 자각한다. 이에 긍지와 사명을 새로이 명심하고 스승의 길을 밝힌다.
>
> 1.. 우리는 제자를 사랑하고 개성을 존중하며 한 마음 한 뜻으로 명랑한 학풍을 조성한다.
>
> 1. 우리는 폭넓은 교양과 부단한 연찬(研鑽)으로 교직의 전문성을 높여 국민의 사표(師表)가 된다.
>
> 1. 우리는 원대하고 치밀한 교육 계획의 수립과 성실한 실천으로 맡은 바 책임을 완수한다.
>
> 1. 우리는 서로 협동하여 교육의 자주 혁신과 교육자의 지위 향상에 적극 노력한다.
>
> 1. 우리는 가정 교육, 사회 교육과의 유대를 강화하여 복지 국가 건설에 공헌한다.

(4) 사도헌장

(5)

> 우리는 교육이 인간의 가치와 존엄성을 높이며, 개인의 성장과 자아실현은 물론 국가와 민족의 미래에 중대한 영향을 준다는 사실을 명심하고, 국민으로부터 부여받은 교육자의 책무를 다하기 위해 최선을 다한다.
>
> 우리는 균형 있는 지·덕·체 교육을 통하여 미래사회를 열어갈 창조정신과 세계를 향한 진취적 기상을 길러 줌으로써, 학생을 학부모의 자랑스런 자녀요, 더불어 사는 민주 사회의 주인으로 성장하게 한다.
>
> 우리는 교육자의 품성과 언행이 학생의 인격형성을 좌우할 뿐만 아니라 사회전반의 윤리적 지표가 된다는 사실을 깊이 인식하고, 윤리성과 전문성을 높이기 위해 노력한다.
>
> 이에 우리 모두의 의지를 모아 교직의 윤리를 밝히고, 사랑과 정직과 성실에 바탕을 둔 교육자의 길을 걷는다.

(5) 교직윤리헌장

영유아 교사의 전문단체와 활동

정답

(1) ① 교육기본법
  ② ⓐ 자율권
    ⓑ 신분보장
  ③ 교육기본법
    ⓐ 학교교육
    ⓑ 유아교육
    ⓒ 전문성
    ⓓ 우대
    ⓔ 신분

1 영유아 교사의 권리

(1) 영유아 교사의 법적 권리

① 유치원교사는 [   ] 제14조, 교원의 지위향상 및 교육활동 보호를 위한 특별법(이하 약칭 '교원 지위법') 제3조 등의 규정에 의해 공립유치원 교사는 물론 사립유치원 교사도 교원으로서 법적 권리가 부여되고 있다.

② 영유아 교사의 권리로는 ⓐ [   ], 경제적 · 사회적 ⓑ [   ]을/를 받을 권리, 근로권, 교권침해방지권, 교원단체활동권 등이 있다.

③ [   ]

> **제9조(ⓐ [   ]) ①** ⓑ [   ] · 초등교육 · 중등교육 및 고등교육을 하기 위하여 학교를 둔다.
>
> ② 학교는 공공성을 가지며, 학생의 교육 외에 학술 및 문화적 전통의 유지 · 발전과 주민의 평생교육을 위하여 노력하여야 한다.
>
> ③ 학교교육은 학생의 창의력 계발 및 인성(人性) 함양을 포함한 전인적(全人的) 교육을 중시하여 이루어져야 한다.
>
> ④ 학교의 종류와 학교의 설립 · 경영 등 학교교육에 관한 기본적인 사항은 따로 법률로 정한다. [전문개정 2007.12.21.]
>
> **제14조(교원) ①** 학교교육에서 교원(敎員)의 ⓒ [   ]은/는 존중되며, 교원의 경제적 · 사회적 지위는 ⓓ [   ]되고 그 ⓔ [   ]은/는 보장된다.
>
> ② 교원은 교육자로서 갖추어야 할 품성과 자질을 향상시키기 위하여 노력하여야 한다.
>
> ③ 교원은 교육자로서의 윤리의식을 확립하고, 이를 바탕으로 학생에게 학습윤리를 지도하고 지식을 습득하게 하며, 학생 개개인의 적성을 계발할 수 있도록 노력하여야 한다.
>
> ④ 교원은 특정한 정당이나 정파를 지지하거나 반대하기 위하여 학생을 지도하거나 선동하여서는 아니 된다.
>
> ⑤ 교원은 법률로 정하는 바에 따라 다른 공직에 취임할 수 있다.
>
> ⑥ 교원의 임용 · 복무 · 보수 및 연금 등에 관하여 필요한 사항은 따로 법률로 정한다. [전문개정 2007.12.21.]

④ _____ (약칭 : 교원지위법)

정답

④ 교원의 지위향상 및
교육활동 보호를 위한
특별법
ⓐ 교원 보수
ⓑ 교육 활동
ⓒ 교원치유지원센터

제2조(교원에 대한 예우) ① 국가, 지방자치단체, 그 밖의 공공단체는 교원이 사회적으로 존경받고 높은 긍지와 사명감을 가지고 교육활동을 할 수 있는 여건을 조성하도록 노력하여야 한다.

② 국가, 지방자치단체, 그 밖의 공공단체는 교원이 학생에 대한 교육과 지도를 할 때 그 권위를 존중받을 수 있도록 특별히 배려하여야 한다.

③ 국가, 지방자치단체, 그 밖의 공공단체는 그가 주관하는 행사 등에서 교원을 우대하여야 한다. 〈개정 2016.2.3.〉

제3조(ⓐ _____ 의 우대) ① 국가와 지방자치단체는 교원의 보수를 특별히 우대하여야 한다.

② 「사립학교법」 제2조에 따른 학교법인과 사립학교 경영자는 그가 설치·경영하는 학교 교원의 보수를 국공립학교 교원의 보수 수준으로 유지하여야 한다. [전문개정 2008.3.14.]

제14조(교원의 ⓑ _____ 보호) ① 국가, 지방자치단체, 그 밖의 공공단체는 교원이 ⓑ _____ 을/를 원활하게 수행할 수 있도록 적극 협조하여야 한다.

② 국가와 지방자치단체는 교원의 ⓑ _____ 을/를 보호하기 위하여 다음 각 호의 사항에 관한 시책을 수립·시행하여야 한다.

1. 제15조제1항에 따른 ⓑ _____ 침해행위와 관련된 조사·관리 및 교원의 보호조치 2. ⓑ _____ 와/과 관련된 분쟁의 조정 및 교원에 대한 법률 상담 3. 교원에 대한 민원 등의 조사·관리 4. 그 밖에 교원의 교육활동 보호를 위하여 필요하다고 인정되는 사항 [본조신설 2016.2.3.]

제17조(ⓒ _____ 의 지정 등) ① 관할청은 교육활동 침해행위로 피해를 입은 교원의 정신적 피해에 대한 치유를 지원하기 위하여 전문인력 및 시설 등 대통령령으로 정하는 요건을 갖춘 기관 또는 단체를 ⓒ _____ (으)로 지정할 수 있다.

② 관할청은 제1항에 따른 ⓒ _____ 의 운영에 드는 비용의 전부 또는 일부를 예산의 범위에서 지원할 수 있다.

(2) 영유아 교사의 권리

① _____ : 교육과정 결정과 편성권, 교재의 선택 결정권, 교육내용과 방법 결정권, 교육평가권, 영유아 지도권이 있다. 영유아 교사의 전문성 실현을 위한 가장 기본적이고 본질적인 권리이다.

② 경제적 지위와 사회적 _____ : 교원은 부당한 해고로부터 보호되어야 하고 교원의 권리는 존중되어야 한다. 교직이라는 신분이 보장되어 교사가 해임이나 불이익을 당하지 않는다는 것을 의미한다.

③ _____ : 영유아 교사가 전문직으로서 교육의 효과와 능률을 높이기 위해서는 정량의 근무부담이 주어져야 한다.

④ _____ : 1990년대 말 교원들의 노동조합이 인정되었고 교원의 교육회 조직권은 단체행동을 법으로 인정하고 있으나 정치적 활동을 목적으로 하는 정치단체 또는 정당과는 구별되며, 파업과 같이 극단적인 쟁의수단이 허용되지 않는다는 점에서 일반 노동조합과 구별된다.

⑤ _____

ⓐ _____ : 징계처분에 대하여 불복이 있을 때 교원 지위법 제7조에 의거 교육부에 설치된 교원징계재심위원회에 재심을 청구할 수 있다. 교육공무원법에서는 징계의결을 요구할 수 있는 경우를 '국가공무원법 · 지방공무원법의 징계사유에 해당한다고 인정하는 때'로 정하고 있다.

ⓑ _____ : 교원은 현행범인 경우를 제외하고는 소속 학교장의 동의없이 학원 안에서 체포되지 아니한다. 이것은 교원의 자율성과 학원의 불가침성을 지키려는 의지를 보여 주고 있다. 학원의 자유를 보장하고, 교원으로 하여금 교육과 연구 활동을 수행함에 있어 권력기관의 부당한 압력을 받지 않도록 하려는 데 그 목적이 있다.

❷ 영유아 교사의 의무

(1) 영유아 교사의 의무

① _____ 의 의무 : 가장 핵심적인 의무이다.

② _____ 의 의무 : 국가공무원법에 규정된 공무원의 모든 의무를 이행해야 한다.

③ _____ 의 의무 : 방탕, 주벽, 낭비, 과도한 부채 등을 멀리해야 한다.

④ _____의 의무 : 교사는 재직 중은 물론 퇴직 후라도 직무상 알게 된 비밀을 엄수하여야 한다.

⑤ _____의 금지 : 공무원의 신분과 정치적 중립성은 헌법으로 보장하고 있고(헌법 제6조) 교원의 _____ 금지 및 정치적 행위의 범위를 교육법으로 따로 규정하고 있다.

⑥ _____의 제한 : 단체행동권의 경우 어떠한 경우일지라도 파업, 즉 수업거부 등의 일체 쟁의행위를 금지한다.

⑦ _____의 금지 : 공무원은 공무 이외의 영리를 목적으로 하는 사업에 종사하지 못하며 소속기관의 장의 허가 없이 다른 직무를 겸할 수 없다. (국가공무원법 제64조)

④ 비밀 엄수
⑤ 정치활동
⑥ 집단행위
⑦ 영리와 겸직

2019 개정 누리과정 총론

누리과정의 성격	누리과정은 3~5세 유아를 위한 국가 수준의 공통 교육과정이다.	가. 국가 수준의 공통성과 지역, 기관 및 개인 수준의 다양성을 동시에 추구한다. 나. 유아의 전인적 발달과 행복을 추구한다. 다. 유아 중심과 놀이 중심을 추구한다. 라. 유아의 자율성과 창의성 신장을 추구한다. 마. 유아, 교사, 원장(감), 학부모 및 지역사회가 함께 실현해가는 것을 추구한다.	

누리과정의 구성 방향

1. 추구하는 인간상(신설)

누리과정이 추구하는 인간상은 다음과 같다.

가. 건강한 사람
나. 자주적인 사람
다. 창의적인 사람
라. 감성이 풍부한 사람
마. 더불어 사는 사람

2. 목적과 목표

누리과정의 목적은 유아가 놀이를 통해 심신의 건강과 조화로운 발달을 이루고 바른 인성과 민주 시민의 기초를 형성하는 데에 있다. 이를 실현하기 위한 목표는 다음과 같다.

가. 자신의 소중함을 알고, 건강하고 안전한 생활 습관을 기른다.
나. 자신의 일을 스스로 해결하는 기초능력을 기른다.
다. 호기심과 탐구심을 가지고 상상력과 창의력을 기른다.
라. 일상에서 아름다움을 느끼고 문화적 감수성을 기른다.
마. 사람과 자연을 존중하고 배려하며 소통하는 태도를 기른다.

3. 구성의 중점

누리과정 구성의 중점은 다음과 같다.

가. 3~5세 모든 유아에게 적용할 수 있도록 구성한다.
나. 추구하는 인간상 구현을 위한 지식, 기능, 태도 및 가치를 반영하여 구성한다.
다. 신체운동·건강, 의사소통, 사회관계, 예술경험, 자연탐구의 5개 영역을 중심으로 구성한다.
라. 3~5세 유아가 경험해야 할 내용으로 구성한다.
마. 0~2세 보육과정 및 초등학교 교육과정과의 연계성을 고려하여 구성한다.

누리과정의 운영

1. 편성·운영

다음의 사항에 따라 누리과정을 편성·운영한다.

가. 1일 4~5시간을 기준으로 편성한다.
나. 일과 운영에 따라 확장하여 편성할 수 있다.
다. 누리과정을 바탕으로 각 기관의 실정에 적합한 계획을 수립하여 운영한다.
라. 하루 일과에서 바깥 놀이를 포함하여 유아의 놀이가 충분히 이루어지도록 편성하여 운영한다.
마. 성, 신체적 특성, 장애, 종교, 가족 및 문화적 배경 등으로 인한 차별이 없도록 편성하여 운영한다.
바. 유아의 발달과 장애 정도에 따라 조정하여 운영한다.
사. 가정과 지역사회와의 협력과 참여에 기반하여 운영한다.
아. 교사 연수를 통해 누리과정의 운영이 개선되도록 한다.

2. 교수·학습

교사는 다음 사항에 따라 유아를 지원한다.

가. 유아가 흥미와 관심에 따라 놀이에 자유롭게 참여하고 즐기도록 한다.
나. 유아가 놀이를 통해 배우도록 한다.
다. 유아가 다양한 놀이와 활동을 경험할 수 있도록 실내외 환경을 구성한다.
라. 유아와 유아, 유아와 교사, 유아와 환경 간에 능동적인 상호작용이 이루어지도록 한다.
마. 5개 영역의 내용이 통합적으로 유아의 경험과 연계되도록 한다.
바. 개별 유아의 요구에 따라 휴식과 일상생활이 이루어지도록 한다.
사. 유아의 연령, 발달, 장애, 배경 등을 고려하여 개별 특성에 적합한 방식으로 배우도록 한다.

3. 평가

평가는 다음 사항에 중점을 두고 실시한다.

가. 누리과정 운영의 질을 진단하고 개선하기 위해 평가를 계획하고 실시한다.
나. 유아의 특성 및 변화 정도와 누리과정의 운영을 평가한다.
다. 평가의 목적에 따라 적절한 방법을 사용하여 평가한다.
라. 평가의 결과는 유아에 대한 이해와 누리과정 운영 개선을 위한 자료로 활용할 수 있다.

2019 개정 누리과정 5개 영역

신체운동·건강

실내외에서 신체활동을 즐기고, 건강하고 안전한 생활을 한다.
1) 신체활동에 즐겁게 참여한다.
2) 건강한 생활습관을 기른다.
3) 안전한 생활습관을 기른다.

신체활동 즐기기
- 신체를 인식하고 움직인다.
- 신체 움직임을 조절한다.
- 기초적인 이동운동, 제자리 운동, 도구를 이용한 운동을 한다.
- 실내외 신체활동에 자발적으로 참여한다.

건강하게 생활하기
- 자신의 몸과 주변을 깨끗이 한다.
- 몸에 좋은 음식에 관심을 가지고 바른 태도로 즐겁게 먹는다.
- 하루 일과에서 적당한 휴식을 취한다.
- 질병을 예방하는 방법을 알고 실천한다.

안전하게 생활하기
- 일상에서 안전하게 놀이하고 생활한다.
- TV, 컴퓨터, 스마트폰 등을 바르게 사용한다.
- 교통안전 규칙을 지킨다.
- 안전사고, 화재, 재난, 학대, 유괴 등에 대처하는 방법을 경험한다.

의사소통

일상생활에 필요한 의사소통 능력과 상상력을 기른다.
1) 일상생활에서 듣고 말하기를 즐긴다.
2) 읽기와 쓰기에 관심을 가진다.
3) 책이나 이야기를 통해 상상하기를 즐긴다.

듣기와 말하기
- 말이나 이야기를 관심있게 듣는다.
- 자신의 경험, 느낌, 생각을 말한다.
- 상황에 적절한 단어를 사용하여 말한다.
- 상대방이 하는 이야기를 듣고 관련해서 말한다.
- 바른 태도로 듣고 말한다.
- 고운 말을 사용한다.

읽기와 쓰기에 관심 가지기
- 말과 글의 관계에 관심을 가진다.
- 주변의 상징, 글자 등의 읽기에 관심을 가진다.
- 자신의 생각을 글자와 비슷한 형태로 표현한다.

책과 이야기 즐기기
- 책에 관심을 가지고 상상하기를 즐긴다.
- 동화, 동시에서 말의 재미를 느낀다.
- 말놀이와 이야기 짓기를 즐긴다.

사회관계

자신을 존중하고 더불어 생활하는 태도를 가진다.
1) 자신을 이해하고 존중한다.
2) 다른 사람과 사이좋게 지낸다.
3) 우리가 사는 사회와 다양한 문화에 관심을 가진다.

나를 알고 존중하기
- 나를 알고 소중히 여긴다.
- 나의 감정을 알고 상황에 맞게 표현한다.
- 내가 할 수 있는 것을 스스로 한다.

더불어 생활하기
- 가족의 의미를 알고 화목하게 지낸다.
- 친구와 서로 도우며 사이좋게 지낸다.
- 친구와의 갈등을 긍정적인 방법으로 해결한다.
- 서로 다른 감정, 생각, 행동을 존중한다.
- 친구와 어른께 예의 바르게 행동한다.
- 약속과 규칙의 필요성을 알고 지킨다.

사회에 관심 가지기
- 내가 살고 있는 곳에 대해 궁금한 것을 알아본다.
- 우리나라에 대해 자부심을 가진다.
- 다양한 문화에 관심을 가진다.

예술경험

아름다움과 예술에 관심을 가지고 창의적 표현을 즐긴다.
1) 자연과 생활 및 예술에서 아름다움을 느낀다.
2) 예술을 통해 창의적으로 표현하는 과정을 즐긴다.
3) 다양한 예술 표현을 존중한다.

아름다움 찾아보기
- 자연과 생활에서 아름다움을 느끼고 즐긴다.
- 예술적 요소에 관심을 갖고 찾아본다.

창의적으로 표현하기
- 노래를 즐겨 부른다.
- 신체, 사물, 악기로 간단한 소리와 리듬을 만들어 본다.
- 신체나 도구를 활용하여 움직임과 춤으로 자유롭게 표현한다.
- 다양한 미술 재료와 도구로 자신의 생각과 느낌을 표현한다.
- 극놀이로 경험이나 이야기를 표현한다.

예술 감상하기
- 다양한 예술을 감상하며 상상하기를 즐긴다.
- 서로 다른 예술 표현을 존중한다.
- 우리나라 전통 예술에 관심을 갖고 친숙해진다.

자연탐구

탐구하는 과정을 즐기고, 자연과 더불어 살아가는 태도를 가진다.
1) 일상에서 호기심을 가지고 탐구하는 과정을 즐긴다.
2) 생활 속의 문제를 수학적, 과학적으로 탐구한다.
3) 생명과 자연을 존중한다.

탐구과정 즐기기
- 주변 세계와 자연에 대해 지속적으로 호기심을 가진다.
- 궁금한 것을 탐구하는 과정에 즐겁게 참여한다.
- 탐구과정에서 서로 다른 생각에 관심을 가진다.

생활 속에서 탐구하기
- 물체의 특성과 변화를 여러 가지 방법으로 탐색한다.
- 물체를 세어 수량을 알아본다.
- 물체의 위치와 방향, 모양을 알고 구별한다.
- 일상에서 길이, 무게 등의 속성을 비교한다.
- 주변에서 반복되는 규칙을 찾는다.
- 일상에서 모은 자료를 기준에 따라 분류한다.
- 도구와 기계에 대해 관심을 가진다.

자연과 더불어 살기
- 주변의 동식물에 관심을 가진다.
- 생명과 자연환경을 소중히 여긴다.
- 날씨와 계절의 변화를 생활과 관련짓는다.

MEMO

MEMO

개정판

배지윤의
아테나 유아교육과정 (유아교육 총론편)
워크북 WORKBOOK

편저자 배지윤
펴낸이 김장일
펴낸곳 우리교과서

개정판 2쇄 발행 2021년 12월 24일

편 집 이효정
디자인 스노우페퍼

우리교과서 서울시 금천구 벚꽃로 254, 1204호
문의 02-2113-7535
팩스 02-2113-7536
신고번호 제396-2014-000186호

정가 25,000원

ISBN 979-11-87642-28-2

개정판

배지윤의
아테나
유아교육과정
워크북
WORKBOOK

유아교육
총론편

회독표

우리교과서

✻ 동영상 강의
http://www.ssamplus.com (KG에듀원 희소고시학원)

✻ 배지윤 유치원 임용시험 카페
http://cafe.daum.net/kindergarten100

배지윤 의

아테나

유아교육과정

워크북
WORKBOOK

유아교육
총론편

회독표

총론편 이론서 회독표

PART 1. 유아교육 사상사 및 프로그램		1	2	3	4	5	6	7	8	9	10
[1장] 철학과 교육	1. 철학의 영역										
	2. 전통 철학의 교육관										
	3. 교육철학										
	4. 아동관과 유아교육										
[2장] 고대의 유아교육	1. 소크라테스										
	2. 플라톤										
	3. 아리스토텔레스										
	4. 고대 로마의 교육										
[3장] 중세의 유아교육	1. 중세의 시대적 배경										
	2. 중세의 교육사상										
	3. 중세 교육의 실제										
	4. 르네상스시대										
[4장] 실학주의와 유아교육	1. 실학주의										
	2. 코메니우스										
[5장] 계몽주의 시대의 유아교육	1. 계몽주의										
	2. 로크										
	3. 루소										
[6장] 신인문시대의 유아교육 사상	1. 시대적 배경										
	2. 페스탈로치										
	3. 오웬										
[7장] 낭만주의와 유아교육	1. 시대적 배경										
	2. 프뢰벨										
[8장] 근현대의 유아교육	1. 슈타이너										
	2. 몬테소리										
	3. 듀이										
	4. 니일										

PART 1. 유아교육 사상사 및 프로그램		1	2	3	4	5	6	7	8	9	10
[9장] **우리나라의 보육 · 교육 사상** **및 철학**	1. 아동관 및 보육 · 교육 사상										
	2. 영유아 보육 · 교육 기관										
[10장] **뱅크 스트리트 프로그램**	1. 배경 및 이론적 기초										
	2. 교육과정										
	3. 유아교육의 사례										
[11장] **디스타 프로그램**	1. 배경 및 이론적 기초										
	2. 교육목표 및 원리										
[12장] **하이스코프** **프로그램**	1. 배경 및 이론적 기초										
	2. 교육목표 및 원리										
	3. 교육과정										
[13장] **프로젝트 접근법**	1. 배경 및 이론적 기초										
	2. 교육목표 및 원리										
	3. 교육내용										
	4. 의의										
[14장] **레지오 에밀리아 접근법**	1. 배경 및 이론적 기초										
	2. 교육목표 및 원리										
[15장] **프로젝트 스펙트럼 접근법**	1. 배경 및 이론적 기초										
	2. 교육목표 및 환경										
	3. 교수—학습방법과 교사의 역할										

PART 2. 발달심리학		1	2	3	4	5	6	7	8	9	10
[1장] **아동발달의 개념 및 연구법**	1. 발달의 개념										
	2. 아동발달 연구법										
[2장] **성숙주의 관점의 아동발달 이론**	1. 생물학적 관점										
	2. 정신분석학적 관점										
[3장] **행동주의 학습이론**	1. 파블로프										
	2. 왓슨										
	3. 손다이크										
	4. 스키너										
	5. 반두라의 사회학습 이론										
[4장] **피아제의 인지발달 이론**	1. 기본 입장										
	2. 주요 개념										
	3. 상호작용										
	4. 인지발달 단계										
	5. 피아제 이론의 평가										
[5장] **맥락적 관점에서의 아동발달**	1. 비고츠키의 사회문화이론										
	2. 브론펜브레너의 생태체계 이론										
[6장] **정보처리 이론**	1. 정보처리 이론										
	2. 망각										
	3. 전이										
[7장] **지능의 발달**	1. 지적 능력										
	2. 가드너의 다중지능 이론										
	3. 창의성										
	4. 지적 특성과 학업성취도의 관계										
	5. 지력의 발달										
	6. 사고 발달										

PART 2. 발달심리학		1	2	3	4	5	6	7	8	9	10
[8장] **자아개념 및** **성 역할 발달**	1. 애착										
	2. 자아개념의 이해										
	3. 자아존중감										
	4. 성 역할										
	5. 양성평등 교육										
[9장] **감정과 정서의 발달**	1. 정서의 개념										
	2. 정서지능의 개념										
	3. 정서발달과 지도										
[10장] **또래관계와 놀이**	1. 또래관계의 발달										
	2. 우정										
[11장] **사회인지와** **관계 기술의 발달**	1. 사회인지의 발달										
	2. 사회적 개념의 발달										
	3. 친사회적 행동의 발달										
	4. 공격적 행동										
	5. 자기조절										
[12장] **도덕성 발달과 지도**	1. 도덕성의 개념과 구성 요소										
	2. 도덕적 행동의 발달										
	3. 가치와 태도 형성의 접근 방법										

PART 3. 상담심리학		1	2	3	4	5	6	7	8	9	10
[1장] 상담이론과 실제	1. 적응적 요구로서의 스트레스										
	2. 스트레스 상황에 대한 효과적 대처										
	3. 상담의 절차										
[2장] 정신분석 상담이론	1. 정신분석 상담이론의 특징										
	2. 정신분석 상담의 실제										
[3장] 행동주의 상담이론	1. 행동주의 상담의 특징										
	2. 상호제지이론										
	3. 행동수정이론										
	4. 인지적 행동수정										
[4장] 인간 중심 상담이론	1. 특징 및 주요 개념										
	2. 상담 과정										
[5장] 인지주의 상담이론	1. 인지 · 정서 · 행동 상담										
	2. 벡의 인지상담 이론										
[장학] 유아 인성교육을 위한 부모상담의 기본 원리	1. 상담의 뜻과 기본 원리										
	2. 부모상담의 진행 과정에 따른 기본자세와 태도										

PART 4. 부모교육		1	2	3	4	5	6	7	8	9	10
[1장] 부모교육의 개념 및 목적	1. 부모교육의 개념과 필요성										
	2. 부모교육의 목적										
	3. 부모교육의 주된 내용										
	4. 영유아 교육기관에서의 부모교육										
[2장] 부모교육의 역사	1. 20세기 초 부모교육										
	2. 20세기 후반의 부모교육의 변화										
	3. 우리나라의 부모교육										
	4. 자녀양육 태도에 영향을 준 이론들										
[3장] 아동 발달 단계에 따른 부모의 역할	1. 부모의 주 양육 기능										
	2. 아동 발달 단계에 따른 부모의 역할										
	3. 부모의 양육 행동 유형과 아동의 특성										
[4장] 현대사회의 부모의 역할	1. 맞벌이 가족과 한 부모 가족의 부모 역할										
	2. 조손 가족과 다문화 가족의 부모 역할										
[5장] 부모교육 이론 및 프로그램	1. 드라이커스의 민주적 부모교육 이론										
	2. 기노트의 인본주의 부모교육 이론										
	3. 고든의 부모 효율성 훈련										
	4. 번의 교류분석 이론										
	5. 행동수정 프로그램										

PART 5. 놀이지도		1	2	3	4	5	6	7	8	9	10
[1장] **놀이이론**	1. 고전적 놀이이론										
	2. 현대의 놀이이론										
	3. 기타 놀이이론										
[2장] **연령별 놀이의 발달**	1. 영아기의 놀이										
	2. 연령병 놀이의 특징										
	3. 사회놀이의 발달										
	4. 인지놀이의 발달										
[3장] **유아의 발달과 놀이 및** **놀이관찰**	1. 유아의 발달과 놀이										
	2. 놀이관찰										
[4장] **놀이지도와 교사의 역할**	1. 놀이와 유아교육과정										
	2. 놀이지도의 의의										
	3. 놀이지도를 위한 교사의 역할										
	4. 놀이에서 유아 교사의 개입										
[5장] **놀이환경 및 놀잇감**	1. 놀이터의 유형										
	2. 놀이터의 디자인										
	3. 놀잇감의 분류										
	4. 놀잇감 선택의 일반적인 지침과 조건										
[자료] 2007 개정 교육과정 지도서 총론 **흥미영역별 계획과 운영**											

PART 6. 유아 평가		1	2	3	4	5	6	7	8	9	10
[1장] 유아교육 평가	1. 유아교육 평가의 개념										
	2. 평가 도구의 양호도										
[2장] 아동 관찰과 행동 연구	1. 관찰의 이해										
	2. 관찰법의 종류와 절차										
	3. 행동 연구의 이해										
[3장] 관찰 기록의 유형	1. 일화기록법										
	2. 연속기록법										
	3. 표본식 기록법										
	4. 시간표집법										
	5. 사건표집법										
	6. 체크리스트										
	7. 평정척도법										
[4장] 행동 연구의 유형	1. 조사연구법										
	2. 표준화검사법										
	3. 사례연구										
[5장] 포트폴리오 평가	1. 포트폴리오 평가의 이해										
[6장] 관찰을 이용한 학부모와의 소통	1. 학부모 면담의 이해										
	2. 학부모 면담 계획과 실행										

PART 7. 교사론		1	2	3	4	5	6	7	8	9	10
[1장] **유아 교사의 역할**	1. 발달 이론에 따른 교사의 역할										
	2. 영유아 교사의 교육 신념										
	3. 일반적인 교사의 역할										
	4. 학급에서의 교사의 역할										
	5. 유아 교사의 역할 갈등										
[2장] **영유아 교사의** **전문성**	1. 영유아 교사의 발달 단계에 따른 관심사										
	2. 영유아 교사에게 필요한 지식										
	3. 영유아 교사의 효능감										
	4. 유아 교사의 현직 교육										
[3장] **영유아 교사를 위한** **장학**	1. 장학의 의미와 장학지도에 관한 법적 규정										
	2. 실시 주체에 따른 장학의 유형										
	3. 장학 방법과 내용에 따른 장학 유형										
	4. 교원능력개발평가										
[4장] **유아 교사의** **반성적 사고**	1. 반성적 사고의 개념										
	2. 유아교육에서 반성적 사고의 필요성										
[5장] **영유아 교육기관의** **조직문화**	1. 조직문화										
	2. 리더십										
	3. 의사소통										
	4. 갈등관리										
	5. 직무스트레스와 완충요인										
	6. 직무수행결과										
[6장] **영유아 교사의** **교직윤리**	1. 교직윤리의 중요성과 필요성										
	2. 교직윤리의 내용										
[7장] **영유아 교사의** **전문단체와 활동**	1. 영유아 교사의 권리										
	2. 영유아 교사의 의무										

총론편 워크북 회독표

PART 1. 유아교육 사상사 및 프로그램		1단계	2단계	3단계	4단계
[1장] **철학과 교육**	1. 철학의 영역	__월__일 ○ __월__일 ○ __월__일 ○	__월__일 ○	__월__일 ○ __월__일 ○ __월__일 ○	__월__일 ○ __월__일 ○ __월__일 ○
	2. 전통 철학의 교육관	__월__일 ○ __월__일 ○ __월__일 ○	__월__일 ○	__월__일 ○ __월__일 ○ __월__일 ○	__월__일 ○ __월__일 ○ __월__일 ○
	3. 교육철학	__월__일 ○ __월__일 ○ __월__일 ○	__월__일 ○	__월__일 ○ __월__일 ○ __월__일 ○	__월__일 ○ __월__일 ○ __월__일 ○
	4. 아동관과 유아교육	__월__일 ○ __월__일 ○ __월__일 ○	__월__일 ○	__월__일 ○ __월__일 ○ __월__일 ○	__월__일 ○ __월__일 ○ __월__일 ○
[2장] **고대의 유아교육**	1. 소크라테스	__월__일 ○ __월__일 ○ __월__일 ○	__월__일 ○	__월__일 ○ __월__일 ○ __월__일 ○	__월__일 ○ __월__일 ○ __월__일 ○
	2. 플라톤	__월__일 ○ __월__일 ○ __월__일 ○	__월__일 ○	__월__일 ○ __월__일 ○ __월__일 ○	__월__일 ○ __월__일 ○ __월__일 ○
	3. 아리스토텔레스	__월__일 ○ __월__일 ○ __월__일 ○	__월__일 ○	__월__일 ○ __월__일 ○ __월__일 ○	__월__일 ○ __월__일 ○ __월__일 ○
[3장] **중세의 유아교육**	1. 중세의 이동관	__월__일 ○ __월__일 ○ __월__일 ○	__월__일 ○	__월__일 ○ __월__일 ○ __월__일 ○	__월__일 ○ __월__일 ○ __월__일 ○
	2. 중세 교육의 실제	__월__일 ○ __월__일 ○ __월__일 ○	__월__일 ○	__월__일 ○ __월__일 ○ __월__일 ○	__월__일 ○ __월__일 ○ __월__일 ○
	3. 르네상스시대	__월__일 ○ __월__일 ○ __월__일 ○	__월__일 ○	__월__일 ○ __월__일 ○ __월__일 ○	__월__일 ○ __월__일 ○ __월__일 ○
	4. 종교개혁기	__월__일 ○ __월__일 ○ __월__일 ○	__월__일 ○	__월__일 ○ __월__일 ○ __월__일 ○	__월__일 ○ __월__일 ○ __월__일 ○

PART 1. 유아교육 사상사 및 프로그램		1단계	2단계	3단계	4단계
[4장] 실학주의와 유아교육	1. 실학주의	__월__일 ◯ __월__일 ◯ __월__일 ◯	__월__일 ◯	__월__일 ◯ __월__일 ◯ __월__일 ◯	__월__일 ◯ __월__일 ◯ __월__일 ◯
	2. 코메니우스	__월__일 ◯ __월__일 ◯ __월__일 ◯	__월__일 ◯	__월__일 ◯ __월__일 ◯ __월__일 ◯	__월__일 ◯ __월__일 ◯ __월__일 ◯
[5장] 계몽주의 시대의 유아교육	1. 계몽주의	__월__일 ◯ __월__일 ◯ __월__일 ◯	__월__일 ◯	__월__일 ◯ __월__일 ◯ __월__일 ◯	__월__일 ◯ __월__일 ◯ __월__일 ◯
	2. 로크	__월__일 ◯ __월__일 ◯ __월__일 ◯	__월__일 ◯	__월__일 ◯ __월__일 ◯ __월__일 ◯	__월__일 ◯ __월__일 ◯ __월__일 ◯
	3. 루소	__월__일 ◯ __월__일 ◯ __월__일 ◯	__월__일 ◯	__월__일 ◯ __월__일 ◯ __월__일 ◯	__월__일 ◯ __월__일 ◯ __월__일 ◯
	4. 오베르랑	__월__일 ◯ __월__일 ◯ __월__일 ◯	__월__일 ◯	__월__일 ◯ __월__일 ◯ __월__일 ◯	__월__일 ◯ __월__일 ◯ __월__일 ◯
[6장] 신인문시대의 유아교육	1. 시대적 배경	__월__일 ◯ __월__일 ◯ __월__일 ◯	__월__일 ◯	__월__일 ◯ __월__일 ◯ __월__일 ◯	__월__일 ◯ __월__일 ◯ __월__일 ◯
	2. 페스탈로치	__월__일 ◯ __월__일 ◯ __월__일 ◯	__월__일 ◯	__월__일 ◯ __월__일 ◯ __월__일 ◯	__월__일 ◯ __월__일 ◯ __월__일 ◯
	3. 오웬	__월__일 ◯ __월__일 ◯ __월__일 ◯	__월__일 ◯	__월__일 ◯ __월__일 ◯ __월__일 ◯	__월__일 ◯ __월__일 ◯ __월__일 ◯
[7장] 낭만주의와 유아교육	1. 시대적 배경	__월__일 ◯ __월__일 ◯ __월__일 ◯	__월__일 ◯	__월__일 ◯ __월__일 ◯ __월__일 ◯	__월__일 ◯ __월__일 ◯ __월__일 ◯
	2. 프뢰벨	__월__일 ◯ __월__일 ◯ __월__일 ◯	__월__일 ◯	__월__일 ◯ __월__일 ◯ __월__일 ◯	__월__일 ◯ __월__일 ◯ __월__일 ◯

PART 1. 유아교육 사상사 및 프로그램		1단계	2단계	3단계	4단계
[8장] **근현대의 유아교육**	1. 슈타이너	__월__일 ◯ __월__일 ◯ __월__일 ◯	__월__일 ◯	__월__일 ◯ __월__일 ◯	__월__일 ◯ __월__일 ◯
	2. 몬테소리	__월__일 ◯ __월__일 ◯ __월__일 ◯	__월__일 ◯	__월__일 ◯ __월__일 ◯	__월__일 ◯ __월__일 ◯
	3. 듀이	__월__일 ◯ __월__일 ◯ __월__일 ◯	__월__일 ◯	__월__일 ◯ __월__일 ◯	__월__일 ◯ __월__일 ◯
	4. 니일	__월__일 ◯ __월__일 ◯ __월__일 ◯	__월__일 ◯	__월__일 ◯ __월__일 ◯	__월__일 ◯ __월__일 ◯
[9장] **우리나라의** **보육·교육 사상** **및 철학**	1. 아동관 및 보육·교육 사상	__월__일 ◯ __월__일 ◯ __월__일 ◯	__월__일 ◯	__월__일 ◯ __월__일 ◯	__월__일 ◯ __월__일 ◯
[10장] **뱅크 스트리트** **프로그램**	1. 배경 및 이론적 기초	__월__일 ◯ __월__일 ◯ __월__일 ◯	__월__일 ◯	__월__일 ◯ __월__일 ◯	__월__일 ◯ __월__일 ◯
	2. 교육과정	__월__일 ◯ __월__일 ◯ __월__일 ◯	__월__일 ◯	__월__일 ◯ __월__일 ◯	__월__일 ◯ __월__일 ◯
[11장] **디스타** **프로그램**	1. 배경 및 이론적 기초	__월__일 ◯ __월__일 ◯ __월__일 ◯	__월__일 ◯	__월__일 ◯ __월__일 ◯	__월__일 ◯ __월__일 ◯
	2. 교육목표 및 원리	__월__일 ◯ __월__일 ◯ __월__일 ◯	__월__일 ◯	__월__일 ◯ __월__일 ◯	__월__일 ◯ __월__일 ◯
[12장] **하이스코프** **프로그램**	1. 배경 및 이론적 기초	__월__일 ◯ __월__일 ◯ __월__일 ◯	__월__일 ◯	__월__일 ◯ __월__일 ◯	__월__일 ◯ __월__일 ◯
	2. 교육목표 및 원리	__월__일 ◯ __월__일 ◯ __월__일 ◯	__월__일 ◯	__월__일 ◯ __월__일 ◯	__월__일 ◯ __월__일 ◯

PART 1. 유아교육 사상사 및 프로그램		1단계	2단계	3단계	4단계
[12장] **하이스코프** **프로그램**	3. 교육과정	__월__일 ○ __월__일 ○ __월__일 ○	__월__일 ○	__월__일 ○ __월__일 ○ __월__일 ○	__월__일 ○ __월__일 ○ __월__일 ○
	4. 영유아 프로그램의 기초 이론－구성주의 이론	__월__일 ○ __월__일 ○ __월__일 ○	__월__일 ○	__월__일 ○ __월__일 ○ __월__일 ○	__월__일 ○ __월__일 ○ __월__일 ○
[13장] **프로젝트** **접근법**	1. 배경 및 이론적 기초	__월__일 ○ __월__일 ○ __월__일 ○	__월__일 ○	__월__일 ○ __월__일 ○ __월__일 ○	__월__일 ○ __월__일 ○ __월__일 ○
	2. 교육목표 및 원리	__월__일 ○ __월__일 ○ __월__일 ○	__월__일 ○	__월__일 ○ __월__일 ○ __월__일 ○	__월__일 ○ __월__일 ○ __월__일 ○
	3. 교육내용	__월__일 ○ __월__일 ○ __월__일 ○	__월__일 ○	__월__일 ○ __월__일 ○ __월__일 ○	__월__일 ○ __월__일 ○ __월__일 ○
	4. 의의	__월__일 ○ __월__일 ○ __월__일 ○	__월__일 ○	__월__일 ○ __월__일 ○ __월__일 ○	__월__일 ○ __월__일 ○ __월__일 ○
[14장] **레지오 에밀리아** **접근법**	1. 배경 및 이론적 기초	__월__일 ○ __월__일 ○ __월__일 ○	__월__일 ○	__월__일 ○ __월__일 ○ __월__일 ○	__월__일 ○ __월__일 ○ __월__일 ○
	2. 교육목표 및 원리	__월__일 ○ __월__일 ○ __월__일 ○	__월__일 ○	__월__일 ○ __월__일 ○ __월__일 ○	__월__일 ○ __월__일 ○ __월__일 ○
[15장] **프로젝트 스펙트럼** **접근법**	1. 배경 및 이론적 기초	__월__일 ○ __월__일 ○ __월__일 ○	__월__일 ○	__월__일 ○ __월__일 ○ __월__일 ○	__월__일 ○ __월__일 ○ __월__일 ○
	2. 교육목표 및 환경	__월__일 ○ __월__일 ○ __월__일 ○	__월__일 ○	__월__일 ○ __월__일 ○ __월__일 ○	__월__일 ○ __월__일 ○ __월__일 ○

PART 2. 발달심리학		1단계	2단계	3단계	4단계
[1장] **아동발달의 개념 및** **연구법**	1. 발달의 개념	__월__일 ☐ __월__일 ☐ __월__일 ☐	__월__일 ☐	__월__일 ☐ __월__일 ☐ __월__일 ☐	__월__일 ☐ __월__일 ☐ __월__일 ☐
	2. 아동발달 연구법	__월__일 ☐ __월__일 ☐ __월__일 ☐	__월__일 ☐	__월__일 ☐ __월__일 ☐ __월__일 ☐	__월__일 ☐ __월__일 ☐ __월__일 ☐
[2장] **성숙주의 관점의** **아동발달 이론**	1. 생물학적 관점	__월__일 ☐ __월__일 ☐ __월__일 ☐	__월__일 ☐	__월__일 ☐ __월__일 ☐ __월__일 ☐	__월__일 ☐ __월__일 ☐ __월__일 ☐
	2. 정신분석학적 관점	__월__일 ☐ __월__일 ☐ __월__일 ☐	__월__일 ☐	__월__일 ☐ __월__일 ☐ __월__일 ☐	__월__일 ☐ __월__일 ☐ __월__일 ☐
[3장] **행동주의 학습이론**	1. 파블로프	__월__일 ☐ __월__일 ☐ __월__일 ☐	__월__일 ☐	__월__일 ☐ __월__일 ☐ __월__일 ☐	__월__일 ☐ __월__일 ☐ __월__일 ☐
	2. 왓슨	__월__일 ☐ __월__일 ☐ __월__일 ☐	__월__일 ☐	__월__일 ☐ __월__일 ☐ __월__일 ☐	__월__일 ☐ __월__일 ☐ __월__일 ☐
	3. 손다이크	__월__일 ☐ __월__일 ☐ __월__일 ☐	__월__일 ☐	__월__일 ☐ __월__일 ☐ __월__일 ☐	__월__일 ☐ __월__일 ☐ __월__일 ☐
	4. 스키너	__월__일 ☐ __월__일 ☐ __월__일 ☐	__월__일 ☐	__월__일 ☐ __월__일 ☐ __월__일 ☐	__월__일 ☐ __월__일 ☐ __월__일 ☐
	5. 반두라	__월__일 ☐ __월__일 ☐ __월__일 ☐	__월__일 ☐	__월__일 ☐ __월__일 ☐ __월__일 ☐	__월__일 ☐ __월__일 ☐ __월__일 ☐
[4장] **피아제의** **인지발달 이론**	1. 기본 입장	__월__일 ☐ __월__일 ☐ __월__일 ☐	__월__일 ☐	__월__일 ☐ __월__일 ☐ __월__일 ☐	__월__일 ☐ __월__일 ☐ __월__일 ☐
	2. 주요 개념	__월__일 ☐ __월__일 ☐ __월__일 ☐	__월__일 ☐	__월__일 ☐ __월__일 ☐ __월__일 ☐	__월__일 ☐ __월__일 ☐ __월__일 ☐
	3. 상호작용	__월__일 ☐ __월__일 ☐ __월__일 ☐	__월__일 ☐	__월__일 ☐ __월__일 ☐ __월__일 ☐	__월__일 ☐ __월__일 ☐ __월__일 ☐

PART 2. 발달심리학		1단계	2단계	3단계	4단계
[4장] 피아제의 인지발달 이론	4. 인지발달 단계	__월__일 ◯ __월__일 ◯ __월__일 ◯	__월__일 ◯	__월__일 ◯ __월__일 ◯ __월__일 ◯	__월__일 ◯ __월__일 ◯ __월__일 ◯
	5. 피아제 이론의 평가	__월__일 ◯ __월__일 ◯ __월__일 ◯	__월__일 ◯	__월__일 ◯ __월__일 ◯ __월__일 ◯	__월__일 ◯ __월__일 ◯ __월__일 ◯
[5장] 맥락적 관점에서의 아동발달	1. 비고츠키의 사회문화이론	__월__일 ◯ __월__일 ◯ __월__일 ◯	__월__일 ◯	__월__일 ◯ __월__일 ◯ __월__일 ◯	__월__일 ◯ __월__일 ◯ __월__일 ◯
	2. 브론펜브레너의 생태체계 이론	__월__일 ◯ __월__일 ◯ __월__일 ◯	__월__일 ◯	__월__일 ◯ __월__일 ◯ __월__일 ◯	__월__일 ◯ __월__일 ◯ __월__일 ◯
[6장] 정보처리 이론	1. 정보처리 이론	__월__일 ◯ __월__일 ◯ __월__일 ◯	__월__일 ◯	__월__일 ◯ __월__일 ◯ __월__일 ◯	__월__일 ◯ __월__일 ◯ __월__일 ◯
	2. 망각	__월__일 ◯ __월__일 ◯ __월__일 ◯	__월__일 ◯	__월__일 ◯ __월__일 ◯ __월__일 ◯	__월__일 ◯ __월__일 ◯ __월__일 ◯
	3. 전이	__월__일 ◯ __월__일 ◯ __월__일 ◯	__월__일 ◯	__월__일 ◯ __월__일 ◯ __월__일 ◯	__월__일 ◯ __월__일 ◯ __월__일 ◯
[7장] 지능의 발달	1. 지적 능력	__월__일 ◯ __월__일 ◯ __월__일 ◯	__월__일 ◯	__월__일 ◯ __월__일 ◯ __월__일 ◯	__월__일 ◯ __월__일 ◯ __월__일 ◯
	2. 가드너의 다중지능 이론	__월__일 ◯ __월__일 ◯ __월__일 ◯	__월__일 ◯	__월__일 ◯ __월__일 ◯ __월__일 ◯	__월__일 ◯ __월__일 ◯ __월__일 ◯
	3. 창의성	__월__일 ◯ __월__일 ◯ __월__일 ◯	__월__일 ◯	__월__일 ◯ __월__일 ◯ __월__일 ◯	__월__일 ◯ __월__일 ◯ __월__일 ◯
	4. 지적 특성과 학업성취도의 관계	__월__일 ◯ __월__일 ◯ __월__일 ◯	__월__일 ◯	__월__일 ◯ __월__일 ◯ __월__일 ◯	__월__일 ◯ __월__일 ◯ __월__일 ◯
	5. 지력의 발달	__월__일 ◯ __월__일 ◯ __월__일 ◯	__월__일 ◯	__월__일 ◯ __월__일 ◯ __월__일 ◯	__월__일 ◯ __월__일 ◯ __월__일 ◯

PART 2. 발달심리학		1단계	2단계	3단계	4단계
[7장] 지능의 발달	6. 사고 발달	__월__일 ◯ __월__일 ◯ __월__일 ◯	__월__일 ◯	__월__일 ◯ __월__일 ◯ __월__일 ◯	__월__일 ◯ __월__일 ◯ __월__일 ◯
[8장] 자아개념 및 성 역할 발달	1. 애착	__월__일 ◯ __월__일 ◯ __월__일 ◯	__월__일 ◯	__월__일 ◯ __월__일 ◯ __월__일 ◯	__월__일 ◯ __월__일 ◯ __월__일 ◯
	2. 자아개념의 이해	__월__일 ◯ __월__일 ◯ __월__일 ◯	__월__일 ◯	__월__일 ◯ __월__일 ◯ __월__일 ◯	__월__일 ◯ __월__일 ◯ __월__일 ◯
	3. 자아존중감	__월__일 ◯ __월__일 ◯ __월__일 ◯	__월__일 ◯	__월__일 ◯ __월__일 ◯ __월__일 ◯	__월__일 ◯ __월__일 ◯ __월__일 ◯
	4. 성 역할	__월__일 ◯ __월__일 ◯ __월__일 ◯	__월__일 ◯	__월__일 ◯ __월__일 ◯ __월__일 ◯	__월__일 ◯ __월__일 ◯ __월__일 ◯
	5. 양성평등 교육	__월__일 ◯ __월__일 ◯ __월__일 ◯	__월__일 ◯	__월__일 ◯ __월__일 ◯ __월__일 ◯	__월__일 ◯ __월__일 ◯ __월__일 ◯
[9장] 감정과 정서의 발달	1. 정서의 개념	__월__일 ◯ __월__일 ◯ __월__일 ◯	__월__일 ◯	__월__일 ◯ __월__일 ◯ __월__일 ◯	__월__일 ◯ __월__일 ◯ __월__일 ◯
	2. 정서지능의 개념	__월__일 ◯ __월__일 ◯ __월__일 ◯	__월__일 ◯	__월__일 ◯ __월__일 ◯ __월__일 ◯	__월__일 ◯ __월__일 ◯ __월__일 ◯
[10장] 또래관계와 놀이	1. 또래관계의 발달	__월__일 ◯ __월__일 ◯ __월__일 ◯	__월__일 ◯	__월__일 ◯ __월__일 ◯ __월__일 ◯	__월__일 ◯ __월__일 ◯ __월__일 ◯
	2. 우정	__월__일 ◯ __월__일 ◯ __월__일 ◯	__월__일 ◯	__월__일 ◯ __월__일 ◯ __월__일 ◯	__월__일 ◯ __월__일 ◯ __월__일 ◯
[11장] 사회인지와 관계 기술의 발달	1. 사회인지의 발달	__월__일 ◯ __월__일 ◯ __월__일 ◯	__월__일 ◯	__월__일 ◯ __월__일 ◯ __월__일 ◯	__월__일 ◯ __월__일 ◯ __월__일 ◯
	2. 사회적 개념의 발달	__월__일 ◯ __월__일 ◯ __월__일 ◯	__월__일 ◯	__월__일 ◯ __월__일 ◯ __월__일 ◯	__월__일 ◯ __월__일 ◯ __월__일 ◯

PART 2. 발달심리학		1단계	2단계	3단계	4단계
[11장] 사회인지와 관계 기술의 발달	3. 친사회적 행동의 발달	__월__일 ◯ __월__일 ◯ __월__일 ◯	__월__일 ◯	__월__일 ◯ __월__일 ◯ __월__일 ◯	__월__일 ◯ __월__일 ◯ __월__일 ◯
	4. 공격적 행동	__월__일 ◯ __월__일 ◯ __월__일 ◯	__월__일 ◯	__월__일 ◯ __월__일 ◯ __월__일 ◯	__월__일 ◯ __월__일 ◯ __월__일 ◯
	5. 자기조절	__월__일 ◯ __월__일 ◯ __월__일 ◯	__월__일 ◯	__월__일 ◯ __월__일 ◯ __월__일 ◯	__월__일 ◯ __월__일 ◯ __월__일 ◯
[12장] 도덕성 발달과 지도	1. 도덕성의 개념과 구성 요소	__월__일 ◯ __월__일 ◯ __월__일 ◯	__월__일 ◯	__월__일 ◯ __월__일 ◯ __월__일 ◯	__월__일 ◯ __월__일 ◯ __월__일 ◯
	2. 도덕적 행동의 발달	__월__일 ◯ __월__일 ◯ __월__일 ◯	__월__일 ◯	__월__일 ◯ __월__일 ◯ __월__일 ◯	__월__일 ◯ __월__일 ◯ __월__일 ◯
	3. 가치와 태도 형성의 접근 방법	__월__일 ◯ __월__일 ◯ __월__일 ◯	__월__일 ◯	__월__일 ◯ __월__일 ◯ __월__일 ◯	__월__일 ◯ __월__일 ◯ __월__일 ◯

PART 3. 상담심리학		1단계	2단계	3단계	4단계
[1장] **상담이론과 실제**	1. 적응적 요구로서의 스트레스	__월__일 ◯ __월__일 ◯ __월__일 ◯	__월__일 ◯	__월__일 ◯ __월__일 ◯ __월__일 ◯	__월__일 ◯ __월__일 ◯ __월__일 ◯
	2. 스트레스 상황에 대한 효과적 대처	__월__일 ◯ __월__일 ◯ __월__일 ◯	__월__일 ◯	__월__일 ◯ __월__일 ◯ __월__일 ◯	__월__일 ◯ __월__일 ◯ __월__일 ◯
	3. 상담의 절차	__월__일 ◯ __월__일 ◯ __월__일 ◯	__월__일 ◯	__월__일 ◯ __월__일 ◯ __월__일 ◯	__월__일 ◯ __월__일 ◯ __월__일 ◯
[2장] **정신분석 상담이론**	1. 정신분석 상담이론의 특징	__월__일 ◯ __월__일 ◯ __월__일 ◯	__월__일 ◯	__월__일 ◯ __월__일 ◯ __월__일 ◯	__월__일 ◯ __월__일 ◯ __월__일 ◯
	2. 정신분석 상담의 실제	__월__일 ◯ __월__일 ◯ __월__일 ◯	__월__일 ◯	__월__일 ◯ __월__일 ◯ __월__일 ◯	__월__일 ◯ __월__일 ◯ __월__일 ◯
[3장] **행동주의 상담이론**	1. 행동주의 상담의 특징	__월__일 ◯ __월__일 ◯ __월__일 ◯	__월__일 ◯	__월__일 ◯ __월__일 ◯ __월__일 ◯	__월__일 ◯ __월__일 ◯ __월__일 ◯
	2. 상호제지이론	__월__일 ◯ __월__일 ◯ __월__일 ◯	__월__일 ◯	__월__일 ◯ __월__일 ◯ __월__일 ◯	__월__일 ◯ __월__일 ◯ __월__일 ◯
	3. 행동수정이론	__월__일 ◯ __월__일 ◯ __월__일 ◯	__월__일 ◯	__월__일 ◯ __월__일 ◯ __월__일 ◯	__월__일 ◯ __월__일 ◯ __월__일 ◯
	4. 인지적 행동수정	__월__일 ◯ __월__일 ◯ __월__일 ◯	__월__일 ◯	__월__일 ◯ __월__일 ◯ __월__일 ◯	__월__일 ◯ __월__일 ◯ __월__일 ◯

PART 3. 상담심리학		1단계	2단계	3단계	4단계
[4장] **인간 중심 상담이론**	1. 인간 중심 상담이론의 특징	__월__일 ◯ __월__일 ◯ __월__일 ◯	__월__일 ◯	__월__일 ◯ __월__일 ◯ __월__일 ◯	__월__일 ◯ __월__일 ◯ __월__일 ◯
	2. 상담 과정	__월__일 ◯ __월__일 ◯ __월__일 ◯	__월__일 ◯	__월__일 ◯ __월__일 ◯ __월__일 ◯	__월__일 ◯ __월__일 ◯ __월__일 ◯
[5장] **인지주의 상담이론**	1. 인지·정서·행동 상담	__월__일 ◯ __월__일 ◯ __월__일 ◯	__월__일 ◯	__월__일 ◯ __월__일 ◯ __월__일 ◯	__월__일 ◯ __월__일 ◯ __월__일 ◯
	2. 벡의 인지상담 이론	__월__일 ◯ __월__일 ◯ __월__일 ◯	__월__일 ◯	__월__일 ◯ __월__일 ◯ __월__일 ◯	__월__일 ◯ __월__일 ◯ __월__일 ◯

PART 4. 부모교육		1단계	2단계	3단계	4단계
[1장] **부모교육의 개념 및** **목적**	1. 부모교육의 개념과 필요성	__월__일 ◯ __월__일 ◯ __월__일 ◯	__월__일 ◯	__월__일 ◯ __월__일 ◯ __월__일 ◯	__월__일 ◯ __월__일 ◯ __월__일 ◯
	2. 부모교육의 목적	__월__일 ◯ __월__일 ◯ __월__일 ◯	__월__일 ◯	__월__일 ◯ __월__일 ◯ __월__일 ◯	__월__일 ◯ __월__일 ◯ __월__일 ◯
	3. 부모교육의 주된 내용	__월__일 ◯ __월__일 ◯ __월__일 ◯	__월__일 ◯	__월__일 ◯ __월__일 ◯ __월__일 ◯	__월__일 ◯ __월__일 ◯ __월__일 ◯
	4. 영유아교육기관에서의 부모교육	__월__일 ◯ __월__일 ◯ __월__일 ◯	__월__일 ◯	__월__일 ◯ __월__일 ◯ __월__일 ◯	__월__일 ◯ __월__일 ◯ __월__일 ◯
[2장] **부모교육의 역사**	1. 20세기 초 부모교육	__월__일 ◯ __월__일 ◯ __월__일 ◯	__월__일 ◯	__월__일 ◯ __월__일 ◯ __월__일 ◯	__월__일 ◯ __월__일 ◯ __월__일 ◯
	2. 20세기 후반의 부모교육의 변화	__월__일 ◯ __월__일 ◯ __월__일 ◯	__월__일 ◯	__월__일 ◯ __월__일 ◯ __월__일 ◯	__월__일 ◯ __월__일 ◯ __월__일 ◯
	3. 우리나라의 부모교육	__월__일 ◯ __월__일 ◯ __월__일 ◯	__월__일 ◯	__월__일 ◯ __월__일 ◯ __월__일 ◯	__월__일 ◯ __월__일 ◯ __월__일 ◯
	4. 자녀양육 태도에 영향을 준 이론들	__월__일 ◯ __월__일 ◯ __월__일 ◯	__월__일 ◯	__월__일 ◯ __월__일 ◯ __월__일 ◯	__월__일 ◯ __월__일 ◯ __월__일 ◯
[3장] **아동발달 단계에 따** **른** **부모의 역할**	1. 부모의 주 양육 기능	__월__일 ◯ __월__일 ◯ __월__일 ◯	__월__일 ◯	__월__일 ◯ __월__일 ◯ __월__일 ◯	__월__일 ◯ __월__일 ◯ __월__일 ◯
	2. 아동 발달 단계에 따른 부모의 역할	__월__일 ◯ __월__일 ◯ __월__일 ◯	__월__일 ◯	__월__일 ◯ __월__일 ◯ __월__일 ◯	__월__일 ◯ __월__일 ◯ __월__일 ◯
	3. 부모의 양육 행동 유형과 아동의 특성	__월__일 ◯ __월__일 ◯ __월__일 ◯	__월__일 ◯	__월__일 ◯ __월__일 ◯ __월__일 ◯	__월__일 ◯ __월__일 ◯ __월__일 ◯

PART 4. 부모교육		1단계	2단계	3단계	4단계
[4장] **현대사회의** **부모의 역할**	1. 맞벌이 가족과 한 부모 가족의 부모역할	__월__일 ◯ __월__일 ◯ __월__일 ◯	__월__일 ◯	__월__일 ◯ __월__일 ◯ __월__일 ◯	__월__일 ◯ __월__일 ◯ __월__일 ◯
	2. 조손 가족과 다문화 가족의 부모역할	__월__일 ◯ __월__일 ◯ __월__일 ◯	__월__일 ◯	__월__일 ◯ __월__일 ◯ __월__일 ◯	__월__일 ◯ __월__일 ◯ __월__일 ◯
[5장] **부모교육 이론** **및 프로그램**	1. 드라이커스의 민주적 부모교육 이론	__월__일 ◯ __월__일 ◯ __월__일 ◯	__월__일 ◯	__월__일 ◯ __월__일 ◯ __월__일 ◯	__월__일 ◯ __월__일 ◯ __월__일 ◯
	2. 기노트의 인본주의 부모교육 이론	__월__일 ◯ __월__일 ◯ __월__일 ◯	__월__일 ◯	__월__일 ◯ __월__일 ◯ __월__일 ◯	__월__일 ◯ __월__일 ◯ __월__일 ◯
	3. 고든의 부모효율성 훈련	__월__일 ◯ __월__일 ◯ __월__일 ◯	__월__일 ◯	__월__일 ◯ __월__일 ◯ __월__일 ◯	__월__일 ◯ __월__일 ◯ __월__일 ◯
	4. 번의 교류분석 이론	__월__일 ◯ __월__일 ◯ __월__일 ◯	__월__일 ◯	__월__일 ◯ __월__일 ◯ __월__일 ◯	__월__일 ◯ __월__일 ◯ __월__일 ◯
	5. 행동수정 프로그램	__월__일 ◯ __월__일 ◯ __월__일 ◯	__월__일 ◯	__월__일 ◯ __월__일 ◯ __월__일 ◯	__월__일 ◯ __월__일 ◯ __월__일 ◯
	6. 지역사회 연계 유형	__월__일 ◯ __월__일 ◯ __월__일 ◯	__월__일 ◯	__월__일 ◯ __월__일 ◯ __월__일 ◯	__월__일 ◯ __월__일 ◯ __월__일 ◯

PART 5. 놀이지도		1단계	2단계	3단계	4단계
[1장] 놀이이론	1. 고전적 놀이이론	__월__일 ◯ __월__일 ◯ __월__일 ◯	__월__일 ◯	__월__일 ◯ __월__일 ◯ __월__일 ◯	__월__일 ◯ __월__일 ◯ __월__일 ◯
	2. 현대의 놀이이론	__월__일 ◯ __월__일 ◯ __월__일 ◯	__월__일 ◯	__월__일 ◯ __월__일 ◯ __월__일 ◯	__월__일 ◯ __월__일 ◯ __월__일 ◯
	3. 기타 놀이이론	__월__일 ◯ __월__일 ◯ __월__일 ◯	__월__일 ◯	__월__일 ◯ __월__일 ◯ __월__일 ◯	__월__일 ◯ __월__일 ◯ __월__일 ◯
	4. 놀이의 특성	__월__일 ◯ __월__일 ◯ __월__일 ◯	__월__일 ◯	__월__일 ◯ __월__일 ◯ __월__일 ◯	__월__일 ◯ __월__일 ◯ __월__일 ◯
[2장] 연령별 놀이의 발달	1. 영아기의 놀이	__월__일 ◯ __월__일 ◯ __월__일 ◯	__월__일 ◯	__월__일 ◯ __월__일 ◯ __월__일 ◯	__월__일 ◯ __월__일 ◯ __월__일 ◯
	2. 연령별 놀이의 특징	__월__일 ◯ __월__일 ◯ __월__일 ◯	__월__일 ◯	__월__일 ◯ __월__일 ◯ __월__일 ◯	__월__일 ◯ __월__일 ◯ __월__일 ◯
	3. 사회놀이의 발달	__월__일 ◯ __월__일 ◯ __월__일 ◯	__월__일 ◯	__월__일 ◯ __월__일 ◯ __월__일 ◯	__월__일 ◯ __월__일 ◯ __월__일 ◯
	4. 인지놀이의 발달	__월__일 ◯ __월__일 ◯ __월__일 ◯	__월__일 ◯	__월__일 ◯ __월__일 ◯ __월__일 ◯	__월__일 ◯ __월__일 ◯ __월__일 ◯
[3장] 유아의 발달과 놀이 및 놀이관찰	1. 유아의 발달과 놀이	__월__일 ◯ __월__일 ◯ __월__일 ◯	__월__일 ◯	__월__일 ◯ __월__일 ◯ __월__일 ◯	__월__일 ◯ __월__일 ◯ __월__일 ◯
	2. 놀이관찰	__월__일 ◯ __월__일 ◯ __월__일 ◯	__월__일 ◯	__월__일 ◯ __월__일 ◯ __월__일 ◯	__월__일 ◯ __월__일 ◯ __월__일 ◯

PART 5. 놀이지도		1단계	2단계	3단계	4단계
[4장] **놀이지도와** **교사의 역할**	1. 놀이와 유아교육과정	__월__일 ◯ __월__일 ◯ __월__일 ◯	__월__일 ◯	__월__일 ◯ __월__일 ◯ __월__일 ◯	__월__일 ◯ __월__일 ◯ __월__일 ◯
	2. 놀이지도의 의의	__월__일 ◯ __월__일 ◯ __월__일 ◯	__월__일 ◯	__월__일 ◯ __월__일 ◯ __월__일 ◯	__월__일 ◯ __월__일 ◯ __월__일 ◯
	3. 놀이지도를 위한 교사의 역할	__월__일 ◯ __월__일 ◯ __월__일 ◯	__월__일 ◯	__월__일 ◯ __월__일 ◯ __월__일 ◯	__월__일 ◯ __월__일 ◯ __월__일 ◯
	4. 놀이에서 유아 교사의 개입	__월__일 ◯ __월__일 ◯ __월__일 ◯	__월__일 ◯	__월__일 ◯ __월__일 ◯ __월__일 ◯	__월__일 ◯ __월__일 ◯ __월__일 ◯
[5장] **놀이환경 및 놀잇감**	1. 놀이터의 유형	__월__일 ◯ __월__일 ◯ __월__일 ◯	__월__일 ◯	__월__일 ◯ __월__일 ◯ __월__일 ◯	__월__일 ◯ __월__일 ◯ __월__일 ◯
	2. 놀이터의 디자인	__월__일 ◯ __월__일 ◯ __월__일 ◯	__월__일 ◯	__월__일 ◯ __월__일 ◯ __월__일 ◯	__월__일 ◯ __월__일 ◯ __월__일 ◯
	3. 놀잇감의 분류	__월__일 ◯ __월__일 ◯ __월__일 ◯	__월__일 ◯	__월__일 ◯ __월__일 ◯ __월__일 ◯	__월__일 ◯ __월__일 ◯ __월__일 ◯
	4. 놀잇감 선택의 일반적인 지침과 조건	__월__일 ◯ __월__일 ◯ __월__일 ◯	__월__일 ◯	__월__일 ◯ __월__일 ◯ __월__일 ◯	__월__일 ◯ __월__일 ◯ __월__일 ◯

PART 6. 유아 평가		1단계	2단계	3단계	4단계
[1장] **유아교육 평가**	1. 유아교육 평가의 개념	__월__일 ◯ __월__일 ◯ __월__일 ◯	__월__일 ◯	__월__일 ◯ __월__일 ◯ __월__일 ◯	__월__일 ◯ __월__일 ◯ __월__일 ◯
	2. 평가 도구의 양호도	__월__일 ◯ __월__일 ◯ __월__일 ◯	__월__일 ◯	__월__일 ◯ __월__일 ◯ __월__일 ◯	__월__일 ◯ __월__일 ◯ __월__일 ◯
[2장] **아동 관찰과** **행동연구**	1. 관찰의 이해	__월__일 ◯ __월__일 ◯ __월__일 ◯	__월__일 ◯	__월__일 ◯ __월__일 ◯ __월__일 ◯	__월__일 ◯ __월__일 ◯ __월__일 ◯
	2. 관찰법의 종류와 절차	__월__일 ◯ __월__일 ◯ __월__일 ◯	__월__일 ◯	__월__일 ◯ __월__일 ◯ __월__일 ◯	__월__일 ◯ __월__일 ◯ __월__일 ◯
	3. 행동연구의 이해	__월__일 ◯ __월__일 ◯ __월__일 ◯	__월__일 ◯	__월__일 ◯ __월__일 ◯ __월__일 ◯	__월__일 ◯ __월__일 ◯ __월__일 ◯
[3장] **관찰 기록의 유형**	1. 일화기록법	__월__일 ◯ __월__일 ◯ __월__일 ◯	__월__일 ◯	__월__일 ◯ __월__일 ◯ __월__일 ◯	__월__일 ◯ __월__일 ◯ __월__일 ◯
	2. 연속기록법	__월__일 ◯ __월__일 ◯ __월__일 ◯	__월__일 ◯	__월__일 ◯ __월__일 ◯ __월__일 ◯	__월__일 ◯ __월__일 ◯ __월__일 ◯
	3. 표본식 기록법	__월__일 ◯ __월__일 ◯ __월__일 ◯	__월__일 ◯	__월__일 ◯ __월__일 ◯ __월__일 ◯	__월__일 ◯ __월__일 ◯ __월__일 ◯
	4. 시간표집법	__월__일 ◯ __월__일 ◯ __월__일 ◯	__월__일 ◯	__월__일 ◯ __월__일 ◯ __월__일 ◯	__월__일 ◯ __월__일 ◯ __월__일 ◯
	5. 사건표집법	__월__일 ◯ __월__일 ◯ __월__일 ◯	__월__일 ◯	__월__일 ◯ __월__일 ◯ __월__일 ◯	__월__일 ◯ __월__일 ◯ __월__일 ◯
	6. 체크리스트	__월__일 ◯ __월__일 ◯ __월__일 ◯	__월__일 ◯	__월__일 ◯ __월__일 ◯ __월__일 ◯	__월__일 ◯ __월__일 ◯ __월__일 ◯
	7. 평정척도법	__월__일 ◯ __월__일 ◯ __월__일 ◯	__월__일 ◯	__월__일 ◯ __월__일 ◯ __월__일 ◯	__월__일 ◯ __월__일 ◯ __월__일 ◯

PART 6. 유아 평가		1단계	2단계	3단계	4단계
[4장] **행동연구의 유형**	1. 조사연구법	__월__일 ◯ __월__일 ◯ __월__일 ◯	__월__일 ◯	__월__일 ◯ __월__일 ◯ __월__일 ◯	__월__일 ◯ __월__일 ◯ __월__일 ◯
	2. 표준화검사법	__월__일 ◯ __월__일 ◯ __월__일 ◯	__월__일 ◯	__월__일 ◯ __월__일 ◯ __월__일 ◯	__월__일 ◯ __월__일 ◯ __월__일 ◯
	3. 사례연구	__월__일 ◯ __월__일 ◯ __월__일 ◯	__월__일 ◯	__월__일 ◯ __월__일 ◯ __월__일 ◯	__월__일 ◯ __월__일 ◯ __월__일 ◯
[5장] **포트폴리오 평가**	1. 포트폴리오 평가의 이해	__월__일 ◯ __월__일 ◯ __월__일 ◯	__월__일 ◯	__월__일 ◯ __월__일 ◯ __월__일 ◯	__월__일 ◯ __월__일 ◯ __월__일 ◯
	2. 사회성 측정법	__월__일 ◯ __월__일 ◯ __월__일 ◯	__월__일 ◯	__월__일 ◯ __월__일 ◯ __월__일 ◯	__월__일 ◯ __월__일 ◯ __월__일 ◯
	3. 코이의 분류	__월__일 ◯ __월__일 ◯ __월__일 ◯	__월__일 ◯	__월__일 ◯ __월__일 ◯ __월__일 ◯	__월__일 ◯ __월__일 ◯ __월__일 ◯
[6장] **관찰을 이용한** **학부모와의** **소통**	1. 학부모 면담의 이해	__월__일 ◯ __월__일 ◯ __월__일 ◯	__월__일 ◯	__월__일 ◯ __월__일 ◯ __월__일 ◯	__월__일 ◯ __월__일 ◯ __월__일 ◯
	2. 학부모 면담 계획과 실행	__월__일 ◯ __월__일 ◯ __월__일 ◯	__월__일 ◯	__월__일 ◯ __월__일 ◯ __월__일 ◯	__월__일 ◯ __월__일 ◯ __월__일 ◯

PART 7. 교사론		1단계	2단계	3단계	4단계
[1장] **유아 교사의 역할**	1. 발달 이론에 따른 교사의 역할	__월__일 ◯ __월__일 ◯ __월__일 ◯	__월__일 ◯	__월__일 ◯ __월__일 ◯ __월__일 ◯	__월__일 ◯ __월__일 ◯ __월__일 ◯
	2. 영유아 교사의 교육 신념	__월__일 ◯ __월__일 ◯ __월__일 ◯	__월__일 ◯	__월__일 ◯ __월__일 ◯ __월__일 ◯	__월__일 ◯ __월__일 ◯ __월__일 ◯
	3. 일반적인 교사의 역할	__월__일 ◯ __월__일 ◯ __월__일 ◯	__월__일 ◯	__월__일 ◯ __월__일 ◯ __월__일 ◯	__월__일 ◯ __월__일 ◯ __월__일 ◯
	4. 학급에서의 교사의 역할	__월__일 ◯ __월__일 ◯ __월__일 ◯	__월__일 ◯	__월__일 ◯ __월__일 ◯ __월__일 ◯	__월__일 ◯ __월__일 ◯ __월__일 ◯
	5. 유아 교사의 역할 갈등	__월__일 ◯ __월__일 ◯ __월__일 ◯	__월__일 ◯	__월__일 ◯ __월__일 ◯ __월__일 ◯	__월__일 ◯ __월__일 ◯ __월__일 ◯
[2장] **영유아 교사의** **전문성**	1. 영유아 교사의 발달 단계에 따른관심사	__월__일 ◯ __월__일 ◯ __월__일 ◯	__월__일 ◯	__월__일 ◯ __월__일 ◯ __월__일 ◯	__월__일 ◯ __월__일 ◯ __월__일 ◯
	2. 영유아 교사에게 필요한 지식	__월__일 ◯ __월__일 ◯ __월__일 ◯	__월__일 ◯	__월__일 ◯ __월__일 ◯ __월__일 ◯	__월__일 ◯ __월__일 ◯ __월__일 ◯
	3. 영유아 교사의 효능감	__월__일 ◯ __월__일 ◯ __월__일 ◯	__월__일 ◯	__월__일 ◯ __월__일 ◯ __월__일 ◯	__월__일 ◯ __월__일 ◯ __월__일 ◯
	4. 유아 교사의 현직 교육	__월__일 ◯ __월__일 ◯ __월__일 ◯	__월__일 ◯	__월__일 ◯ __월__일 ◯ __월__일 ◯	__월__일 ◯ __월__일 ◯ __월__일 ◯
[3장] **영유아 교사를 위한** **장학**	1. 장학의 의미와 장학지도에 관한 법적 규정	__월__일 ◯ __월__일 ◯ __월__일 ◯	__월__일 ◯	__월__일 ◯ __월__일 ◯ __월__일 ◯	__월__일 ◯ __월__일 ◯ __월__일 ◯
	2. 실시 주체에 따른 장학의 유형	__월__일 ◯ __월__일 ◯ __월__일 ◯	__월__일 ◯	__월__일 ◯ __월__일 ◯ __월__일 ◯	__월__일 ◯ __월__일 ◯ __월__일 ◯
	3. 장학 방법과 내용에 따른 장학 유형	__월__일 ◯ __월__일 ◯ __월__일 ◯	__월__일 ◯	__월__일 ◯ __월__일 ◯ __월__일 ◯	__월__일 ◯ __월__일 ◯ __월__일 ◯

PART 7. 교사론		1단계	2단계	3단계	4단계
[3장] 영유아 교사를 위한 장학	4. 교원능력개발평가	__월__일 ◯ __월__일 ◯ __월__일 ◯	__월__일 ◯	__월__일 ◯ __월__일 ◯ __월__일 ◯	__월__일 ◯ __월__일 ◯ __월__일 ◯
[4장] 영유아 교사의 반성적 사고	1. 반성적 사고의 개념	__월__일 ◯ __월__일 ◯ __월__일 ◯	__월__일 ◯	__월__일 ◯ __월__일 ◯ __월__일 ◯	__월__일 ◯ __월__일 ◯ __월__일 ◯
	2. 유아교육에서 반성적 사고의 필요성	__월__일 ◯ __월__일 ◯ __월__일 ◯	__월__일 ◯	__월__일 ◯ __월__일 ◯ __월__일 ◯	__월__일 ◯ __월__일 ◯ __월__일 ◯
[5장] 영유아 교육기관의 조직문화	1. 조직문화	__월__일 ◯ __월__일 ◯ __월__일 ◯	__월__일 ◯	__월__일 ◯ __월__일 ◯ __월__일 ◯	__월__일 ◯ __월__일 ◯ __월__일 ◯
	2. 리더십	__월__일 ◯ __월__일 ◯ __월__일 ◯	__월__일 ◯	__월__일 ◯ __월__일 ◯ __월__일 ◯	__월__일 ◯ __월__일 ◯ __월__일 ◯
	3. 의사소통	__월__일 ◯ __월__일 ◯ __월__일 ◯	__월__일 ◯	__월__일 ◯ __월__일 ◯ __월__일 ◯	__월__일 ◯ __월__일 ◯ __월__일 ◯
	4. 갈등관리	__월__일 ◯ __월__일 ◯ __월__일 ◯	__월__일 ◯	__월__일 ◯ __월__일 ◯ __월__일 ◯	__월__일 ◯ __월__일 ◯ __월__일 ◯
	5. 직무스트레스와 완충요인	__월__일 ◯ __월__일 ◯ __월__일 ◯	__월__일 ◯	__월__일 ◯ __월__일 ◯ __월__일 ◯	__월__일 ◯ __월__일 ◯ __월__일 ◯
	6. 직무수행결과	__월__일 ◯ __월__일 ◯ __월__일 ◯	__월__일 ◯	__월__일 ◯ __월__일 ◯ __월__일 ◯	__월__일 ◯ __월__일 ◯ __월__일 ◯
[6장] 영유아 교사의 교직윤리	1. 교직윤리의 중요성과 필요성	__월__일 ◯ __월__일 ◯ __월__일 ◯	__월__일 ◯	__월__일 ◯ __월__일 ◯ __월__일 ◯	__월__일 ◯ __월__일 ◯ __월__일 ◯
	2. 교직윤리의 내용	__월__일 ◯ __월__일 ◯ __월__일 ◯	__월__일 ◯	__월__일 ◯ __월__일 ◯ __월__일 ◯	__월__일 ◯ __월__일 ◯ __월__일 ◯
[7장] 영유아 교사의 전문단체와 활동	1. 영유아 교사의 권리	__월__일 ◯ __월__일 ◯ __월__일 ◯	__월__일 ◯	__월__일 ◯ __월__일 ◯ __월__일 ◯	__월__일 ◯ __월__일 ◯ __월__일 ◯
	2. 영유아 교사의 의무	__월__일 ◯ __월__일 ◯ __월__일 ◯	__월__일 ◯	__월__일 ◯ __월__일 ◯ __월__일 ◯	__월__일 ◯ __월__일 ◯ __월__일 ◯

MEMO

배지윤의 **아테나 유아교육과정** 시리즈

이 름